旅と理論の社会学講義

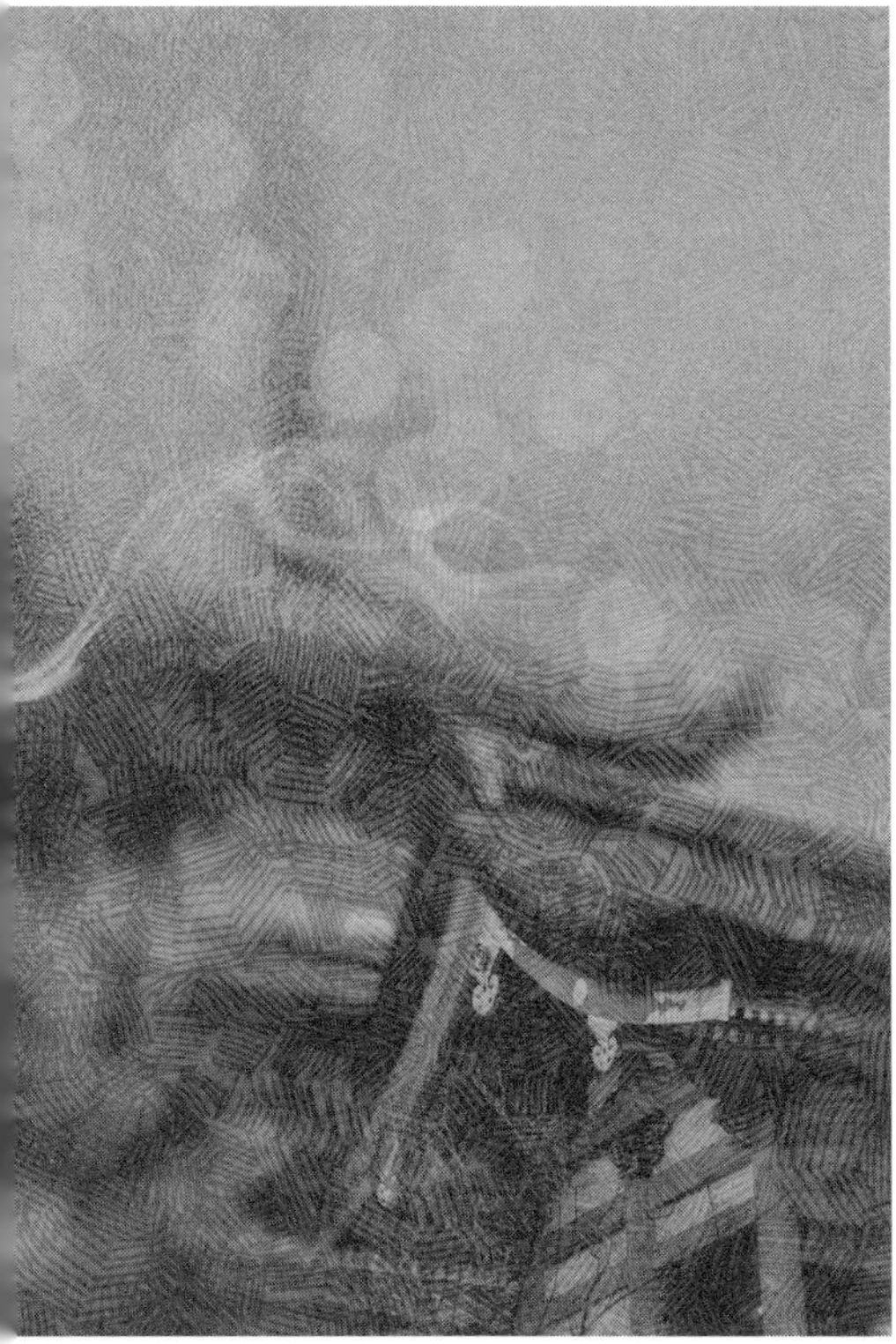

多田　治

公人の友社

はじめに　オリエンテーション

社会の主観と社会の時間

本書では、私が本務校で担当している「社会学概論」と「社会学理論」の授業をもとに、講義形式で「旅と理論の社会学」を展開します。５部11講の全体を貫く２つの軸は、「社会の主観」と「社会の時間」です。

社会の主観は一応、「個人の主観」とは別ものと考えてください。ふつう「主観」といえば、個人の主観を指しますよね。でも社会学という学問では、確立者のデュルケーム以来、社会の集合的な主観・表象に関心を注いできました。本書では知識、象徴、観光、イメージといったところが、社会の主観に当たります。

これから見ていくように社会学は、客観的事実とともに、人の主観や感覚、知識が現実をうみだす作用を重視します。現実をとらえる知識や象徴、観光、イメージが、独自の意味づけや価値づけをすることで、いかに現実を動かし、方向づけていくのか。このダイナミズムが社会の面白さと困難さであり、社会学の面白さ、魅力です。

もう一つの軸は、「社会の時間」です。社会学はそれ自体が19世紀近代の産物であり、近代・近代化とはいかなる時代かを主要課題の一つとしてきました。

図　リアリティの二重性

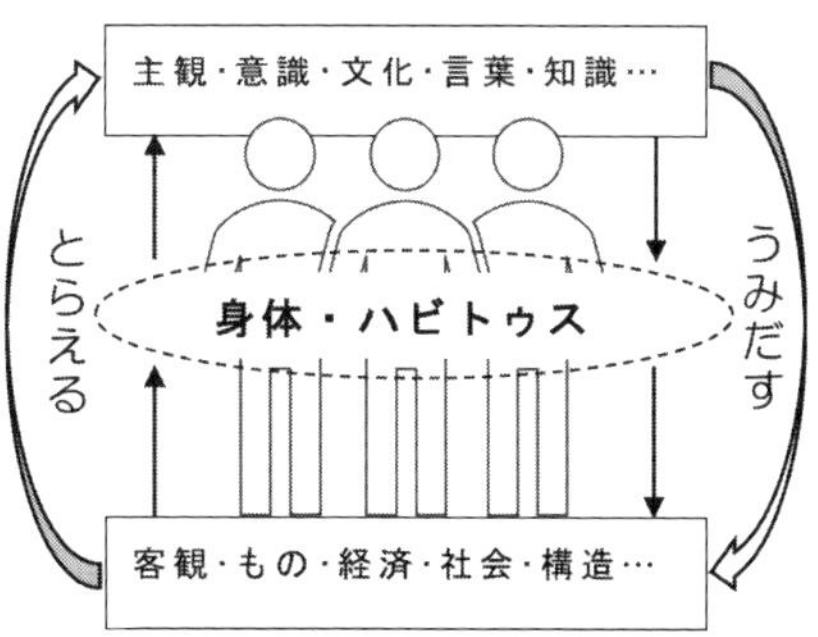

しかし他方、この近代の前提を当たり前とせず、別の角度からとらえる潮流もいろいろあり、本書もそちらを多く扱っています。

ひとつはより長期の歴史を見ていく立場であり、本書で扱うエリアスの社会的図柄、ウォーラーステインの世界システム、ブルデューの国家論の議論がそうです。またラトゥールのノンモダンやアーリのモビリティーズの議論は、「近代」「近代人」があくまでひとつの演じられるモードにすぎないことを指摘します。近代の時間は時計のクロックタイムを基調としますが、実際にはより多様な時間レジームが複雑に混ざり合って生きられています。客観的で計測や分割が可能なクロックタイムを尺度として、近代の合理性は成り立ってきましたが、決してそれだけでは完結しないのです。

旅や移動は空間を動きますが、速度や所要時間の面では、移動は時間と密接に関わっています。旅行者は時刻表を見てクロックタイムに従い移動しますが、車内からパノラマ的に流れる風景を知覚するなどして、時間を身体的・主観的に生きてもいるのですね。ドラッカーの社会生態学は、人の知覚を通してリアルタイムに生きられる時間を重視する立場です。時間はこれまであまりに自明なため見すごされてきましたが、本書は時間論を重視しています。それが今日の複雑で不透明な時代を考えるヒントを与えてくれるからです。

本書は社会学の初学者、学生、研究者、社会学を教える教員はもちろん、知識の吸収や読書を楽しみたい人、各地で地域振興に取り組む方々などにも開かれています。知ることの喜びと面白さを、皆さんに感じとってもらえれば幸いです。

目　次

本書に登場する主要論者たち

エミール・デュルケーム　Emile Durkheim，1858‒1917

フランスの社会学者。パリ大学教授。『社会分業論』『社会学的方法の規準』『自殺論』『宗教生活の基本形態』で、科学としての社会学の基盤を確立した。社会学の対象として社会的事実を見出し、道徳や宗教のような集合表象も社会に根をもつとして、「社会的事実を物のように扱うこと」を提唱した。

マックス・ウェーバー　Max Weber，1864‒1920

ドイツの社会学者・政治学者。社会学の基盤を確立した人物として、デュルケームと並ぶ。『プロテスタンティズムの倫理と資本主義の精神』が有名。行為者の主観的な意味の理解に重点をおき、方法論的個人主義やミクロ社会学の系譜の出発点に立つとされる。合理的行為や支配の正当性などの理念型を提唱した。

ピーター・ドラッカー　Peter Drucker，1909‒2005

オーストリア生まれの経営学者。主著に『断絶の時代』『マネジメント』『イノベーションと企業家精神』など多数。ユダヤ系としてナチスに直面し、アメリカで産業社会に可能性を見出し、マネジメントの基本原則を考案した。独自の知識社会論と社会生態学は、社会学や複雑性理論と親近性が強く、有益な視座が多い。

ノルベルト・エリアス　Norbert Elias, 1897–1990

ユダヤ系ドイツ人の社会学者。主著に『文明化の過程』『宮廷社会』。図柄理論で長期の歴史を記述し、宮廷の社交関係の中で情感を制御する人々の作法に文明化・宮廷的合理性を見出し、ウェーバー的な合理化・市民的合理性の一面性を乗り越えた。ブルデューの界やハビトゥスに継承されるなど、功績の再評価が進む。

アーヴィング・ゴフマン　Erving Goffman, 1922–82

カナダ生まれ、アメリカの社会学者。社会生活を劇・ドラマの上演のようにとらえる独創的な視点と手法で、ミクロな相互作用のなかで規範や秩序が保たれていく具体的な場面を記述した。役割パフォーマンスや儀礼的無関心、全制的施設などの諸概念を通して、医療や観光など多様な諸領域の研究に影響を与え続ける。

ピエール・ブルデュー　Pierre Bourdieu, 1930–2002

フランスの社会学者。主著に『ディスタンクシオン』『国家貴族』『芸術の規則』『世界の悲惨』など。ハビトゥス・界・資本の中心概念を駆使して、教育・趣味・農村・大学・文学・住宅市場など、多領域にわたる学際研究を展開し、対象を記述しながら研究者自身の主観を客観化してゆく反省的社会学の手法を確立した。

イマニュエル・ウォーラーステイン Immanuel Wallerstein, 1930–2019
アメリカの社会学者・歴史学者。ニューヨーク州立大教授。主著『近代世界システム』全4巻が多大な影響力をもつ。19世紀の社会科学成立期の前提を問いなおし、一国・生産中心の歴史観や発展段階論に対置して、国家間関係と変動プロセスを重視する近代世界システムの展開を独自に描写した。

ヴェルナー・ゾンバルト Werner Sombart, 1863–1941
ドイツの経済学者・社会学者。主著に『近代資本主義』『恋愛と贅沢と資本主義』『ユダヤ人と経済生活』『戦争と資本主義』『ブルジョワ』。贅沢や性愛、消費が近代資本主義の発展を促したという知見は、宗教的禁欲にその契機を見出したウェーバーとは真逆な点が興味深く、経済史の観点から再評価がなされている。

ディーン・マキァーネル Dean MacCannell, 1940–
アメリカの社会学者。カリフォルニア大学デービス校教授。主著に『ザ・ツーリスト』、*Empty Meeting Grounds*、*The Ethics of Sightseeing*。ゴフマンの表舞台／舞台裏の視座を用いた先駆的な観光研究で、この分野の隆盛を導く。近代社会や倫理の問題を、観光を通して考える理論的射程の深さが、独自の魅力を放つ。

ブリュノ・ラトゥール　Bruno Latour，1947–2022

フランスの哲学・科学人類学者。パリ政治学院教授。主著に『ラボラトリー・ライフ』『虚構の「近代」』『社会的なものを組み直す』。実験室の現場で活動中の科学を記述する中からアクターネットワーク理論を立ち上げ、非人間・モノも社会の諸連関を構成するという知見は今日、多方面に影響力を広げている。

ジョン・アーリ　John Urry，1946–2016

イギリスの社会学者。ランカスター大学教授。主著に『観光のまなざし』『場所を消費する』『社会を越える社会学』『モビリティーズ』。１９９０年代以降の観光研究に多大な影響を与える。２０００年代にはアクターネットワーク理論の知見も吸収して移動の社会学や複雑性理論を展開し、社会学の新たな境地を切り開いた。

第1部

知識の社会学とマネジメント

第１講　知識社会と社会学

１節　観光と知識と社会学

旅・観光と社会学を分けずに行う

私は社会学の立場から旅・観光を、広い意味で「**知識を形成・吸収・伝達・表現する営み**」としてとらえます。最近では観光と歴史と社会学を３つの軸に、４００～５００年という長期のスパンで、近世～近現代の流れをとらえ返しています。

学問と文化と旅行は、もちろん異なる営みですが、同じ地平でとらえることもできます。それこそ「知識の形成・吸収・伝達・表現」をする点で、共通するからです。これは、知覚・五感を重視するドラッカーの知識観を活用してもいます。

旅・観光と社会学はともに、眼前の風景や現実とまるごと向き合い観察し、理解しようとする点で、似た面をもっています。「学問／メディア文化／観光」をあまり分けず、貪欲に吸収していくとよいでしょう。

写真１－１　京都北部・天橋立

ドラッカーの知覚重視は旅と通じる

後にみるように、ドラッカーのいう知識は、分析以前の日常的な知覚に力点を置いています。学問知だけが知識なのではなく、生活のなかの日常知、実践知、知覚や五感のレベルも知識なのです。ドラッカーが押し出すのは、とらわれなく自由に世の中を見るアマチュアリズムです。

こうしたアマチュアリズムは、まさに旅や観光にも適用できます。旅人は、無知さえ利用して、先入観をもたず自由に各地をまわることができます。「方法としてのツーリスト」です。知覚・五感をフル活用していきましょう。

観光は現実の多面性を見せてくれる

観光はそれ自体、一見それと無縁に思える学問・メディア・産業・国家・教育・開発・ジェンダーなど、他のあらゆる諸要素とつながる総合的な現象です（⇩8講）。観光はそれ自体がメインテーマになり、かつ、他を映し出す鏡として、他のものをみる道具・手だてにもなります。

観光はあらゆるものを等価に、「見る対象」に変えてしまいます。それは恐い面もあります。とはいえ観光という切り口は、現実を多面的に見ていくための柔軟な視点を与えてくれます。つまり、社会現象をトータルに把握する方法的な道具立てになるのです。この点で社会学と観光には、やはり親近性があります。

２節　社会の主観・知識を込みで扱う社会学

リアリティの二重性

社会学は、社会の主観・知識を込みで扱う学問です。社会学でいう「現実」には、人びとの主観も含まれます。よく「リアリティがある（ない）ね」と言うとき、そのリアリティは客観的な現実より、主観的な現実感のほうにウェイトを置いていますよね。「現実」とは、客観的な現実と、人が知覚し意味づける主観的な現実が、合わさったものなのです。客観と主観が二重性をなして現実を形づくっていることを、私は**リアリティの二重性**と呼び表してきました。

社会科学、社会学が扱うのは、人の主観込みの現実です。社会科学の中でも、社会学は特に主観面（頭の中の次元）を重視する学問だと言えるでしょう。

図１－１　リアリティの二重性

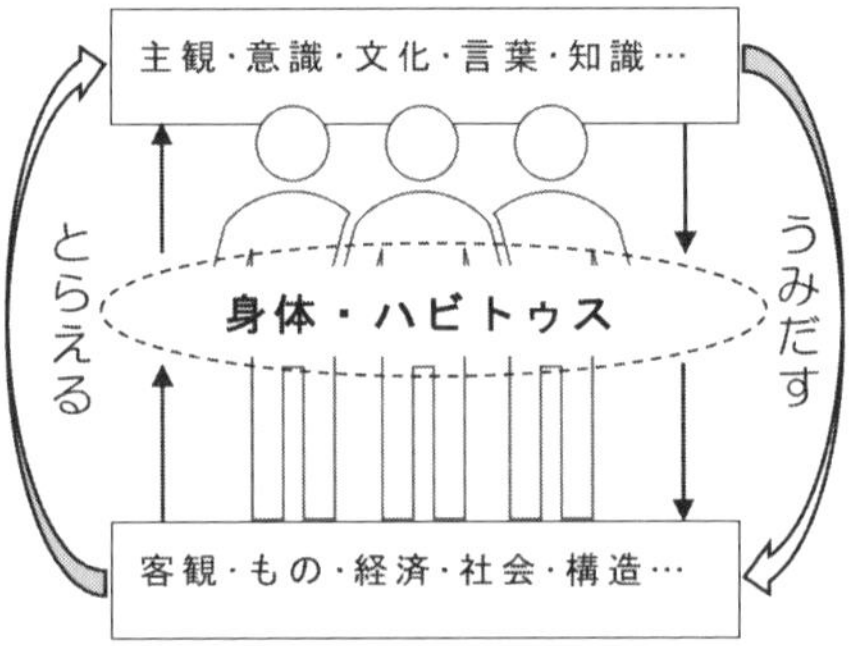

社会の主観面を扱った大物たち

社会学の代表的な古典の著作といえば、デュルケーム『自殺論』と、ウェーバー『プロテスタンティズムの倫理と資本主義の精神』（以下「プロ倫」と略記）がまず挙げられます。彼らはともに表象、宗教を主要テーマとしました。社会学のビッグ2がともに、社会の主観面を取り上げていたわけです。

デュルケームは宗教や道徳を、単に個人的なものでなく、集合的に共有される「集合表象」と位置づけました。しかもこうした集合表象は、個人を外側から拘束する力をもつ「社会的事実」であるとして、そうした集合表象もモノと同等の対象として扱うことを、提唱したのですね。

一方、ウェーバーは『プロ倫』で、宗教の教義が資本主義の発展を促したという、意外な逆説を解き明かしました。またウェーバーの理解社会学は、「社会的行為を理解する」立場を強調しました。行為は、行為者の主観的な意味づけを含んだものであり、この主観的意味づけを理解することが、理解社会学の骨子でした。社会的世界には、人の主観・意味・知識が、たえず作用しています。

人の知覚や主観込みの現実をとらえる

社会学は、当事者の知覚や主観を重視する学問です。「誰にとっての現実なのか」、それが社会学の基本視座になります。これから見ていくように、人のもつ知識は各自に主観的で、身体に根づいたものなのです。

社会学の学説・理論には長らく、客観主義と主観主義の系譜があり、二項対立の構図が続いてきました。しかし、そのどちらかを選ぶよりも、表象と現実の関係とその総体をみることが大事です。個人や集団は、人に「知覚された存在」でもあります。現実とは、人の知覚や主観込みの現実なのです。

図１－２　社会学における二項対立の系譜

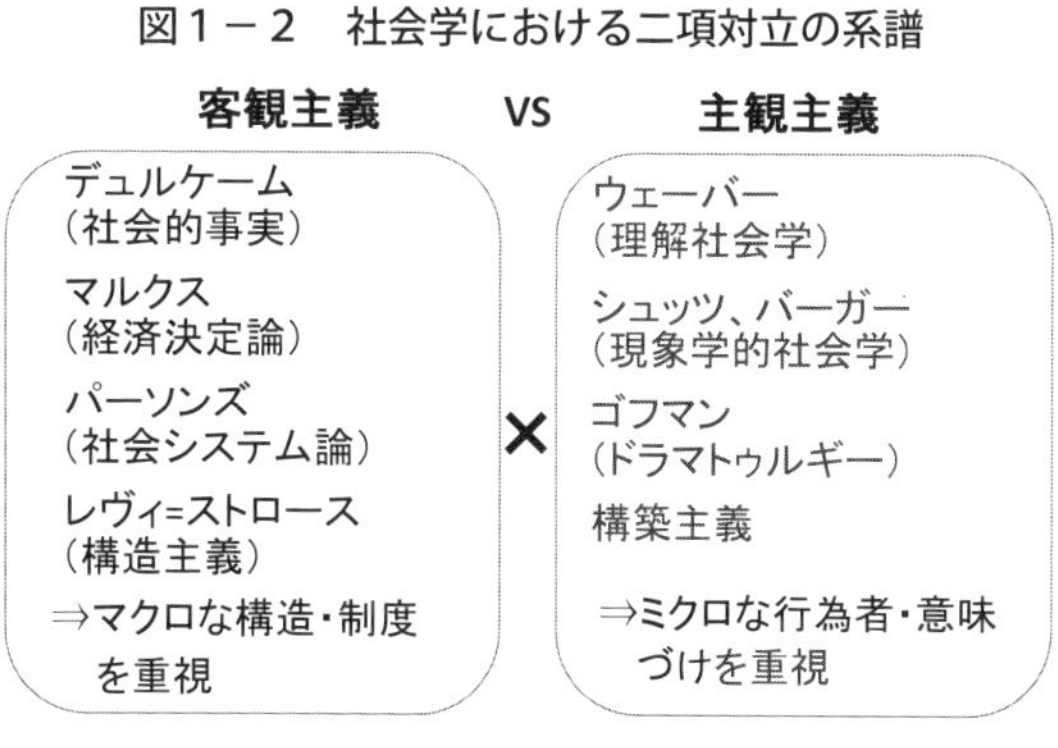

客観主義	VS	主観主義
デュルケーム（社会的事実） マルクス（経済決定論） パーソンズ（社会システム論） レヴィ=ストロース（構造主義） ⇒マクロな構造・制度を重視	×	ウェーバー（理解社会学） シュッツ、バーガー（現象学的社会学） ゴフマン（ドラマトゥルギー） 構築主義 ⇒ミクロな行為者・意味づけを重視

３節　S—O図式と現実の二重性

社会的事実を対象化したデュルケーム

デュルケームは、社会学が扱う固有の対象に、「社会的事実」を見出しました。社会的事実は、個人に対して外在的で拘束的な影響力をもつ社会現象で、宗教や道徳のような集合表象もそうです。

社会的事実を科学的に観察するには、どうすればよいか。彼は、「社会的事実を物のように考察すること」を唱えました。**図**のS—O図式は、私が長年使っているものです。認識する主体が対象を見るとき、ありのままにもの自体を見ることはできず、必ず主観的なフィルターが間に入ります。イメージや先入観が、遮蔽幕になるんですね。しかも社会の現実は、個人の意識で知覚できる範囲を越えて広がり、はるかに複雑です。

そこでデュルケームは、すべての先入観を捨てる「予先観念の切断」を主張し、主観的な観念・感情も「物のように」対象化するよう唱えました。集合表象を直接でなく、外側から物のように、人々の意識を表現する現象（例えば自殺率）を通してアプローチしたのです。この仕事はその後の社会学に、大きな影響を与えてきました。

図１－３　S—O図式：認識する主体と対象の関係

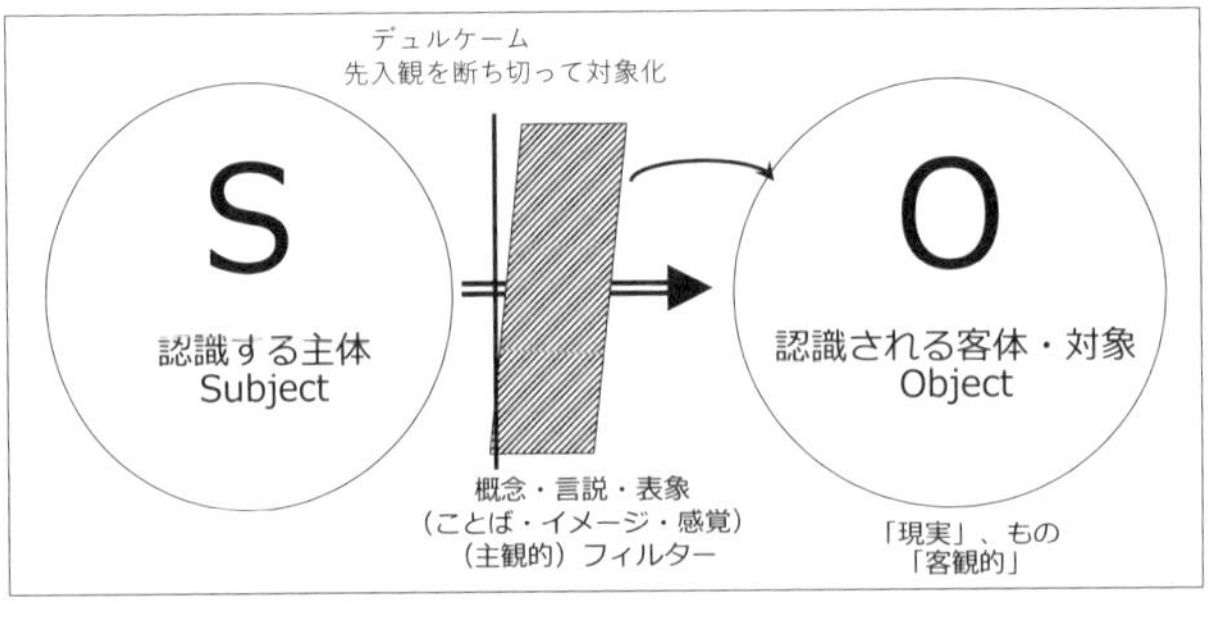

主―客二元論には媒介が入る

デカルト以来、近代の科学的認識では、世界を見る主体Subjectと見られる客体・対象Objectとに分ける、「主―客二元論」がとられてきました。もっとも、現実を無媒介に、ありのままにとらえられるわけではなく、人はことばやイメージ、感覚に媒介されながら、間接的に対象をつかむわけです。この媒介、フィルターを通すため、我々の認識はどうしても主観に曇らされることになります。

観光地沖縄もOへ固定化されてきた

観光におけるツーリストと観光地の関係も、まさにSとOの関係にあります。私が著書『沖縄イメージを旅する』で問うたのも、この主体と客体の関係性でした。ツーリストと観光地沖縄の関係、研究者と対象・沖縄の関係であり、本土と沖縄の関係です。観光の歴史は、公式的に「沖縄」を観る／語る知のフレームの変遷を投影してきたのです(⇩8講)。

支配の正当性、主観面を扱ったウェーバー

社会学が扱う対象の特質として、「社会的事実の外在性・拘束性」を強調したデュルケームに対して、ウェーバーは社会学の別の面を押し出しました。「行為者の主観的意味」です。主観的意味を含むから社会的行為は理解できるんだとして、理解社会学の立場を表明したのです。

図1－4　観念の現実構築力

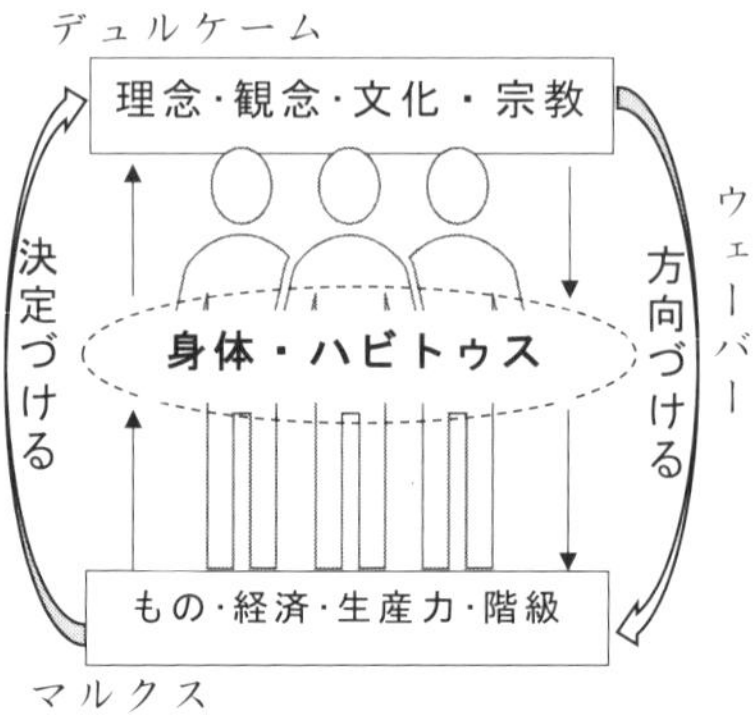

またウェーバーは、「支配の正当性」の議論も有名です。支配とは、支配者側の一方的な強制であることは少なく、多くの場合は服従者側の自発的な同意を伴います。この同意を調達するには、なんらかの形で「この人が支配することは妥当だ」という観念が広く共有され、支配の正当性が確保される必要があります。彼は、合法的支配・伝統的支配・カリスマ的支配という3つの理念型を提示しました。ここでは「正当性」（正統性）という支配の主観面に、彼が光を当てたことが重要です。

またウェーバーは、先の『プロ倫』の研究でも、マルクスの唯物史観（簡単に言えば「食えなきゃ始まらない」）が一面的として、理念・観念の果たす役割を強調したのでした。彼が社会の主観面を重視していたことがわかります。

マルクスの唯物史観、デュルケームの集合表象、ウェーバーの観念の現実力は、二重性図式では図のように位置づけられます。

客観化の客観化で認識力を高めよう

デュルケームの予先観念の切断・対象化と、ウェーバーの行為者の意味理解は、S—O図式において2段階をなすと考えればよいでしょう。ブルデューのリフレクシブ・ソシオロジー、反省的社会学において、この2段階の構えは統合されます。

図1－5　デュルケームとウェーバーの2段階まとめ

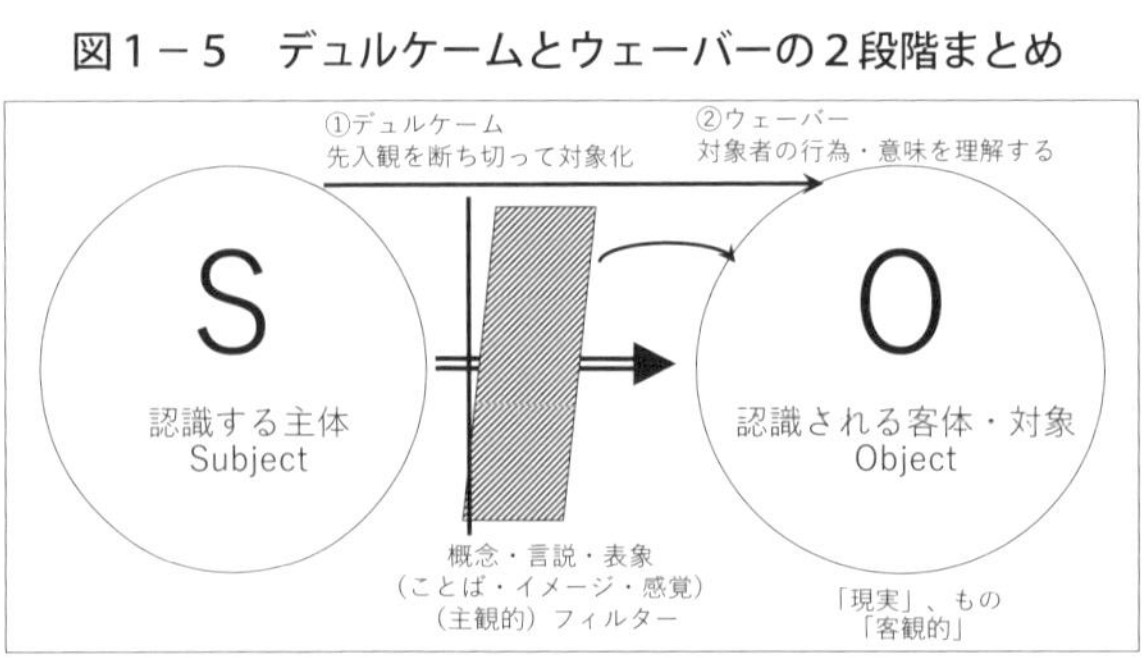

社会学者は、社会の一員でもあります。日常的な先入観を断ち切り、自分の暗黙の前提を意識化する必要があります。この①予先観念の切断、客観化する主体の客観化（S側の主観の客観化）と、②対象・当事者の象徴世界の理解（O側の主観の理解）をセットで二段構えで行うべきことを、ブルデューは説いたのです。

社会の3つの契機

シュッツ[1]は、現象学的社会学を立ち上げました。彼によれば社会的世界とは、生活する人々の意味づけを通して構成された世界、一次的構成物です。社会科学はこれを、概念やモデルで二次的に再構成することになります。「現実」は社会関係の中で、主観的に構成されるものなのですね。シュッツを継承したバーガー&ルックマンは、「知識」が社会で伝達・維持されることで、「現実」がいかに構成されていくかを解明しました。

バーガーらが示す、社会の3つの契機は次のとおりです。

①外在化「**社会は人間の産物である**」
②客体化「**社会は客観的な現実である**」
③内在化「**人間は社会の産物である**」

彼らは、主観的意味のウェーバー①と、客観的事実性のデュルケーム②③を綜合したんですね。これらは矛盾ではなく、社会の二重性を言い当てています。

図1－6　社会の3つの契機

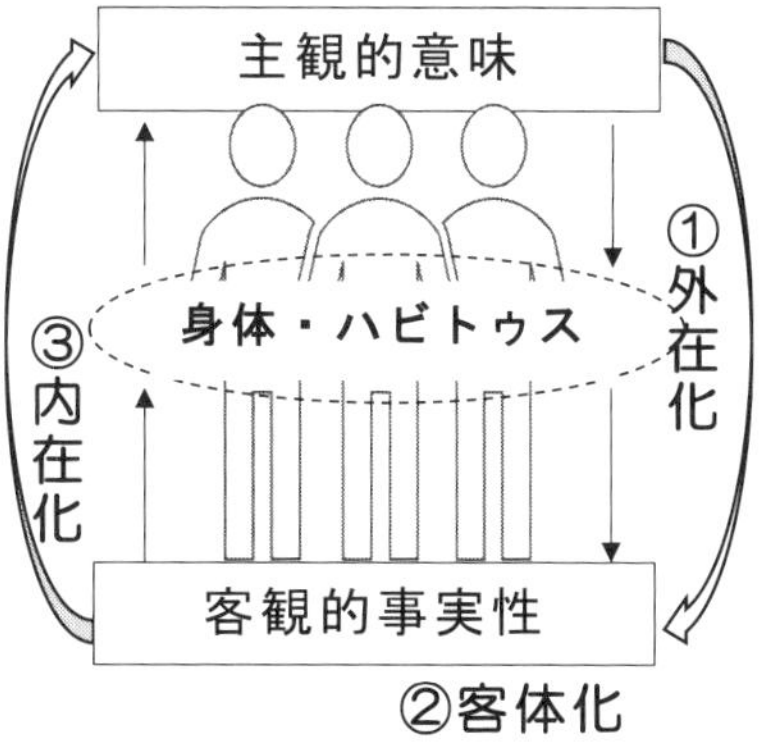

1 **アルフレッド・シュッツ**（1899-1959）
オーストリア生まれ、アメリカに渡った哲学・社会学者。フッサールの現象学とウェーバーの理解社会学を結びつけ、現象学的社会学を構想した。バーガーとルックマンは、ニューヨークの大学でシュッツから社会学を学んだ。

図１－７　知識が社会をつくる

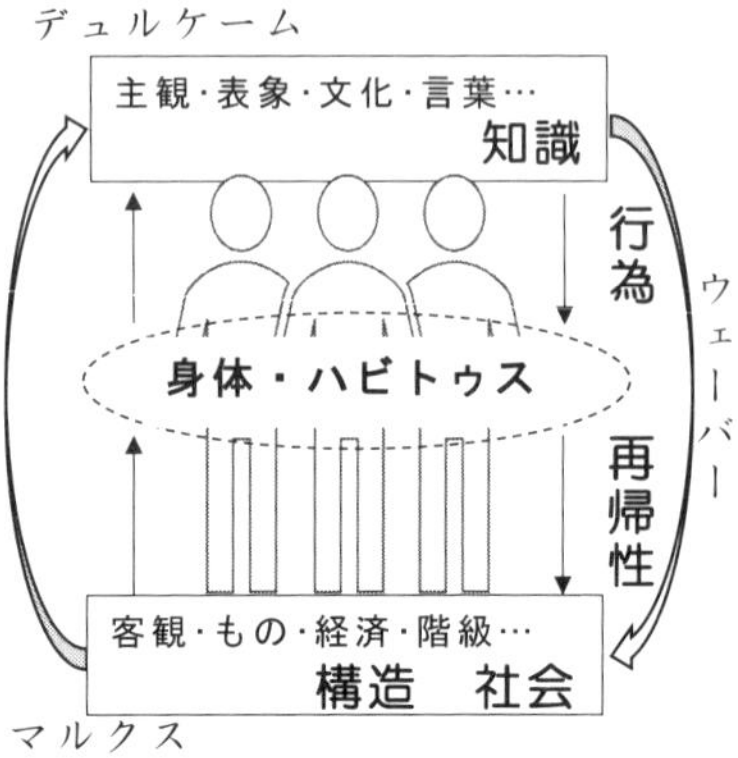

人は誰でも日常社会学者

ギデンズは構造化理論で、主観／客観、行為／構造などの二元論を乗り越え、綜合する「構造の二重性」を提示しました。「あれかこれか」の二元論から、「あれもこれも」の二重性へのシフトです。行為者は社会の知識をもって行動するので、社会を再生産しながら、少しずつ変容もさせていきます。社会の再帰性 reflexivity、「知識が社会をつくる」側面です。[2]

人は誰でも、日常社会学者です。自分の行為や環境を、自分なりの知識で理解・解釈しています。社会学者はこの世界を、より客観的・明示的に理解・解釈・説明しているにすぎません。この状況をギデンズは、二重の解釈学と呼びます。

ブルデューは『結婚戦略』において、個人が社会にもつ主観的意識と、社会の客観的構造との統一、全体性を再構築することに、社会学者の仕事の本質を見出しました。自生的な意識の理解（ウェーバー）と、社会的事実を固有に把握（デュルケーム）する作業を組み合わせ、当事者の意識に与えられた主観的真実と、学問的反省で得られた客観的真実とを、理解し統一する営みです（151－2頁）。

2 **アンソニー・ギデンズ** (Anthony Giddens, 1938-)
　イギリスの社会学者。ロンドン・スクール・オブ・エコノミクス名誉教授。主著に『社会の構成』『国民国家と暴力』『モダニティと自己アイデンティティ』など。その構造化理論では、社会についての知識をもって行動する個人・行為者が、社会を再生産しながら変容もさせる社会の再帰性 reflexivity、「知識が社会をつくる」側面を明らかにした。

４節　知識は独自の現実・歴史を生み出してきた——視点と事例

構築主義、自明性に歴史的産物を見出す

言葉やイメージ、知識は、単に現実を映すのでなく、能動的に現実を構築する面があります。現実をとらえる情報（例えばスマホ、ＳＮＳ、インターネット）が、逆に現実を形づくり、方向づける面です。

知識が社会をつくる側面を重視するのが、**構築主義**という見方・手法で、社会学や社会史、ジェンダー研究などで多用されてきました。一見当たり前で普遍的事実にみえるものが、実は歴史のなかで産み出された人為的・社会的な産物であることを強調する立場です。普遍的に思われる知識やイメージも、時代や地域によって異なり、多様な形をとります。虹の色が何色かも、国によって異なるようにです。

「知識⇩現実」、知識が現実を形づくるということについては、いろいろな理論的視点や事例があります。話題が断片的、横断的になりますが、共通の見方・理解ができると思うので、あえて参考のため、以下に列挙しておきましょう。

まなざし、知は能動的に現実を整序分類する

フーコーは彼独自の歴史研究において、まなざし、エピステーメー（知）の作用

図１−８　エピステーメー（知）の作用

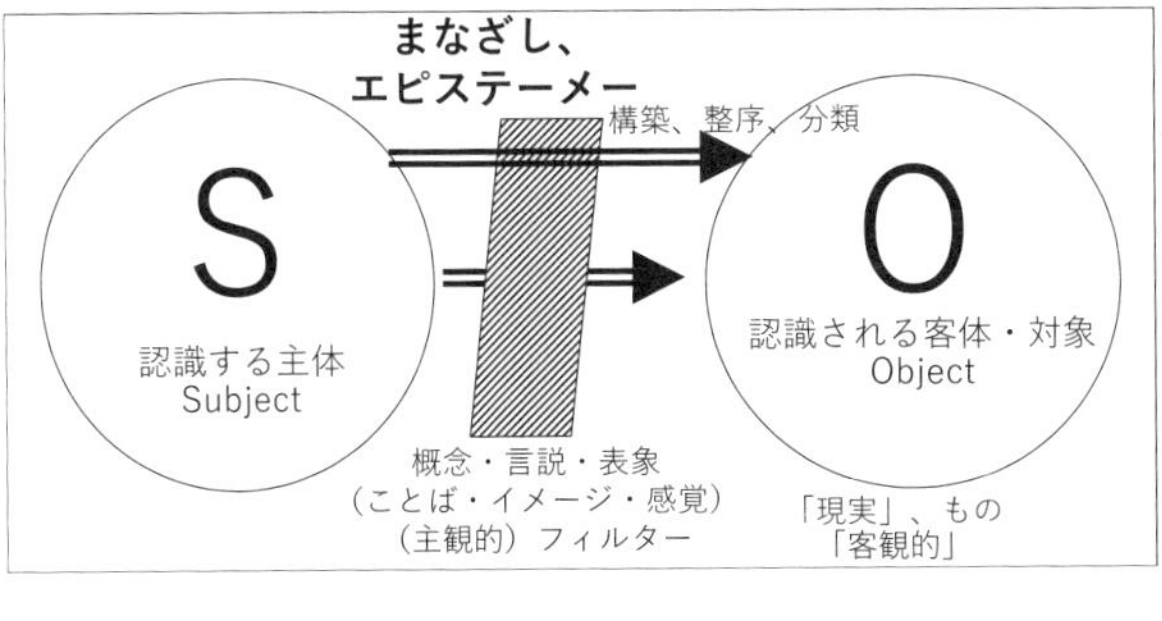

を問いました。[3]それら知の作用は、ありのままの世界を受動的に映すのでなく、むしろ世界を能動的に整序し、形づくり分類する効果を発揮してきました。まなざし、エピステーメーは、歴史的・社会的に形成された視覚の諸制度であり、モノの見方がモノを決定づけるのです。

まなざしは、個人的・心理的なレベルに還元されるものではないのですね。アーリは、このフーコーのまなざし概念を観光の領域に転用して『観光のまなざし』を世に問い、のちの観光研究に多大な影響を与えました（⇩８・９・11講）。

象徴システムは知覚上の現実をなす

ブルデューが使う「象徴」は、実に多義的な概念です（⇩５講）。主観・表象・文化・言葉・知識は、いずれも図の二重性図式の上部に当たり、ブルデューはこれらを総称して象徴システムと呼びます。象徴システムがあることで、人間の思考とコミュニケーションが成立するのですね。象徴システムは、世界を認識し構築する手段であり、知覚・主観のレベルで社会を統合する役割を担っています。象徴システムは、「知覚上の現実」を構築しているのです。

図１−９　象徴システム

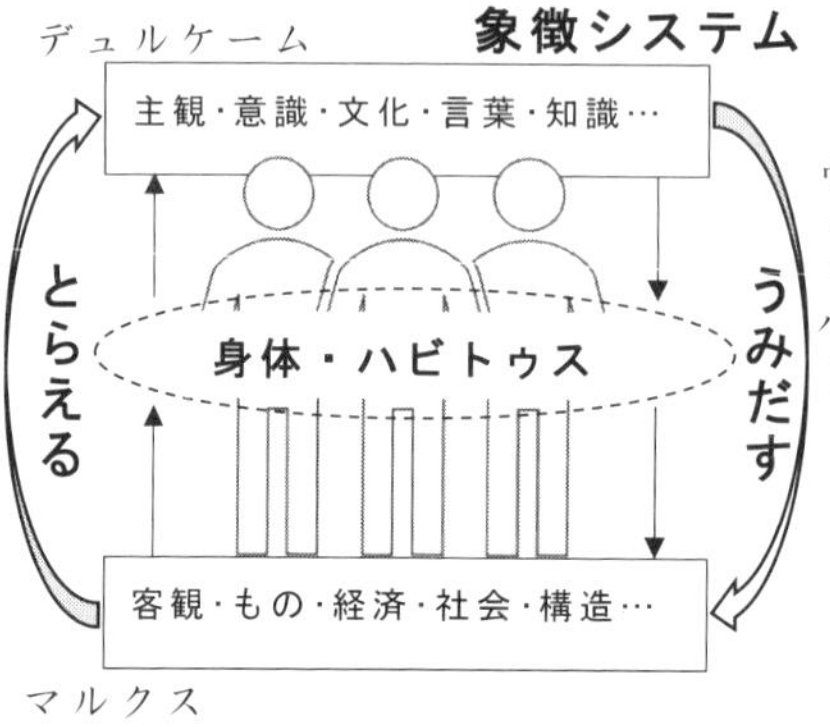

3　**ミシェル・フーコー**（Michel Foucault, 1926–84）
フランスの哲学者・思想史家。コレージュ・ド・フランス教授。『狂気の歴史』『言葉と物』『性の歴史』などで、知と権力の結びつきを歴史的に問い、まなざし・言説などの知見が後世に多大な影響を与えた。権力論の新しい古典とされる『監獄の誕生』では、学校・病院等での監視と規律権力の作用を見出した。

観光キャンペーンが方向づけた現実

１９７６年の沖縄観光キャンペーンは、海洋博の反動不況への対応から始まりました。協力を依頼された電通は県民への意識づけを重視し、沖縄の歴史にまつわる観光素材の開発を提案します。その際、戦争の悲惨なイメージは観光にマイナスになるとして、沖縄の歴史全体の中に沖縄戦を位置づけたのです。そうして復帰・海洋博の後、戦跡中心の沖縄観光が組みかえられたのでした（⇩4・8講）。キャンペーンは沖縄の実際の歴史・文化や県民を、観光振興に適合させていく方向を進めたのですね。

図１－10　沖縄観光キャンペーン

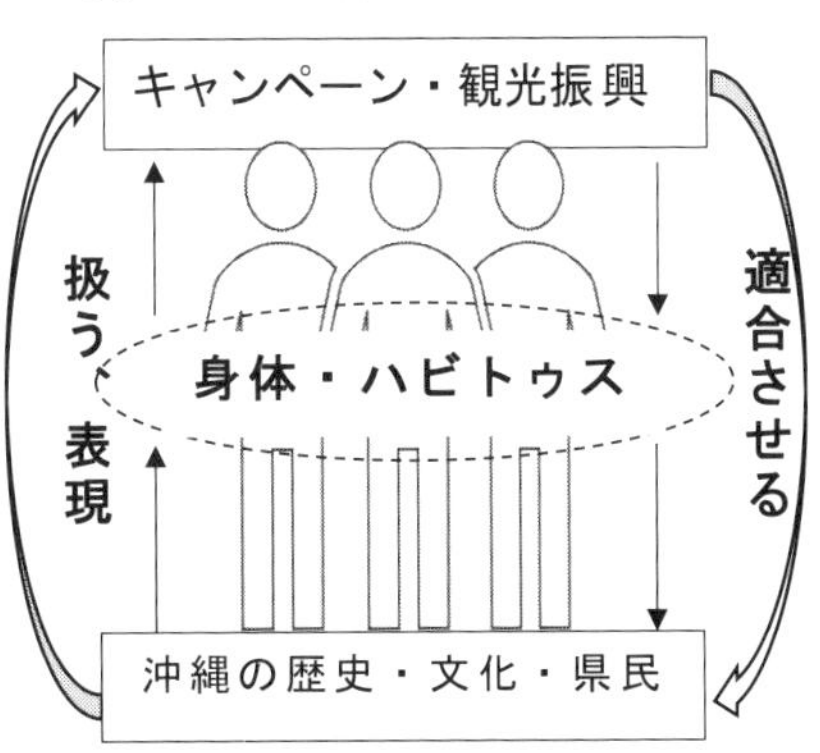

危機・災害に際してシンボル世界は独自の現実を上増しする

客観的・物理的な秩序や危機・災害に対して、独自の秩序や混乱を上増しする、言葉やシンボルの作用があります。コロナ禍の世界もそうでした。客観と主観の循環というのは、まさにドラッカーのいう社会の生態そのものです（⇩2講）。呼吸と同様、社会の生態においても言葉やシンボルが皮膚感覚で、人の生きざまを織りなしています。マスクはまさにそのシンボルです。シンボル世界は身体感覚とも密着した、人にとって欠かせないものなのですね。

明治は近代を知識にしながら進めた

日本の幕末維新期には、「西洋型の近代国家」をつくることが課題でした。①「西洋型近代とは何か」を知識として取り入れながら、②近代化を推し進めたのです。①と②は知識と社会の二重性、循環をなしていました。「知識が社会をつくる」面であり、歴史の重要性を表しています。

ドラッカーは日本の明治維新、特に渋沢栄一の活動に注目しました。当時の日本は教育や知識、人材育成を通して、内発的に近代化をなしとげたからで、ドラッカーのいう知識社会の原型を見出すことができましょう。

図１－11　明治の近代化
：知識と社会の二重性

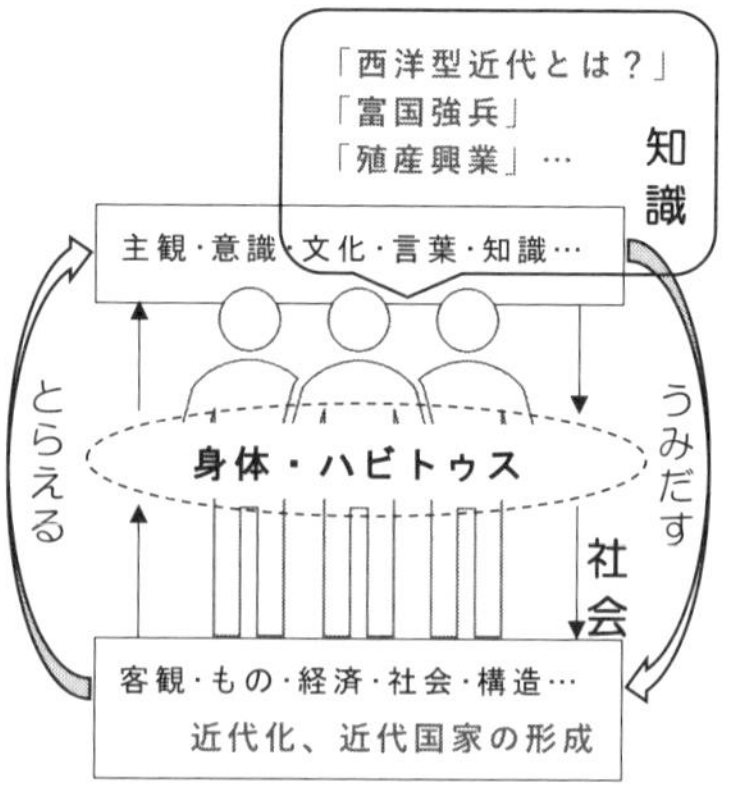

５節　当事者の主観的知識に目を向ける

知識は使ってこそエネルギーになる

ドラッカーについては次の２講でより本格的に扱いますが、その準備として彼の知識論を、ここで取り上げておきましょう。

ドラッカーは、知識を使う人間の能力に目を向けました。知識は多様な領域のどこにでも散在し、日々の慣習や文化のなかで、たえず現に機能しています。従来の認識論の伝統では軽視された行為能力を、知識の中に取り込んだのです。

ドラッカーにおいて実践知の習得への視座は、合理主義思想へのアンチテーゼの意味を含んでいました。理性よりも人々の経験、自己調整能力や自律性など、社会に内在する力を重視する立場です。社会のそこかしこにある現存素材を最大限活用しながら、漸進的に改善と創造をめざす方向が望ましいと考えたのです。

ドラッカーにおいて知識とは、行動と認識が合わさったものです。知識とは、「電気や通貨に似て、機能するときに初めて存在する一種のエネルギーである」とまで言いました。[4]使ってこそ、知識はエネルギー・資源となるのです。彼は知識を使う側の、適用の観点に立っています。

生きられた時間のなかの知覚・五感でとらえたものが、当事者の知識です。この知識観を具体化したのが、ドラッカーのマネジメント、実践的な知識でした。彼は、知識を使う人間の内発的な能力に着目しました。知識は、認識する主体と不可分なものであり、知覚を通して身体にとり込むものなのですね。

財の経済から知識の経済へと移行してくると、知識が社会・経済の主軸になってくるとドラッカーは指摘します。１９７０年前後の〈断絶〉、知識社会の到来は、脱工業化の局面でもあり（⇩4講）、工業生産にも知識が主な生産性をもたらす流れがきていたのでした。

4　『断絶の時代』２７６頁。

ドラッカーの知識労働論はＡＩやＳＮＳの時代を先取りしていた

昨今のＡＩと人間をめぐる議論は、１９５０―６０年代のオートメーション化をめぐる議論を焼き直している面があります。ＡＩやデータの時代でも、人間にとっての質の部分は残っていきます。人間が行う知識労働の生産性は、まさに質で決まる面がありま す。その質を確保する際、知識労働者が自律的・主体的にマネジメントを行えることは、今後も鍵となるでしょう。知識労働には、個人の力が発揮される必要があるのです。

コロナ禍でオンライン化や在宅勤務、ワーケーションなどが、予期せぬ形で進みました。個人主導で知識を解き放ち、自由に学びながら働ける社会が、ＩＴ化の進行もあってかなり実現してきました。

今日人々がスマホやＳＮＳでいろいろな活動を行う状況を、実はすでにドラッカーは、知識社会やネクスト・ソサエティを語るなかで、かなり言い当てていたのですね。組織や制度が相対化され、個人に立脚した仕事が行われつつある状況は、ドラッカーが初期の著作でもともと言っていた「自由で機能する社会」が、これに当たります。予期せぬ変化もうまく活用することで、活動を増進する機会に変えていく方向が、日々あちこちで模索されています。

第2講　ドラッカー的マネジメント――知覚と時間の活用

本講では井坂康志氏と私の共著『ドラッカー×社会学』からの連続性をもって、ドラッカーを取り上げます。ドラッカーの場合、実践的マネジメントの話題が中心となる性質上、「～しよう」「～するとよい」の論調が多くなり、「～である」を基調とする社会学の通常モード（本書の他講）とも異なる語り口になります。ご理解・ご了承ください。[1]

1節　無知や偶然の活用

コロナの危機も偶然から必然へ活用する

コロナ後の知識社会については、『ドラッカー×社会学』（以下『ドラ社』）でもそれ以後も、井坂さんと議論を重ねてきました。コロナ禍がもたらした変化や危機を、むしろ創造的に活用していく可能性です。先の見えない不確実な世界へ進む中、その不確実

1　なお本講は当然ながら、ドラッカーの専門家である井坂氏との議論から多くの知見を得ていることを、感謝の意とともに記しておきます。

さをも創造的に利用していく方向をさぐっていくことです。

こうした変化を一度経験したら、元の認識状態に戻ることはできません。むしろ、次の作法につなげていくことが大事になります。偶然の力は、それを自分なりに考えてフィードバックすれば、必然に変えられるのですね。あるカードが手元にあるのは偶然でも、それに意味を与えるのは自分ができる。井坂さんが、日記で日々の記録をつけることを推奨するのは、そのためでもあるわけです。危機さえもが、現状を内省する機会を与えてくれています（１６３頁）。

知らないことを組織化し活用しよう

ドラッカーの議論に、「未知なるものの体系化」があります。人は、自分が「知っている」ことにとらわれがちですが、知らないことが教えてくれる別種の知もある。知らないことを意味づけ、組織的に扱っていくというのが、「未知なるものの体系化」の中身です。「自分が何を知らないか」を知るというのは、とても重要な視点です。

いかに偶発的なものに対して自分を開いていくか。旅が、まさにこれなのです。旅人は、いろんな場所を「知らない人」として、知っていく立場にあります。ドラッカーのいう「創造的無学」とも通じます。一つ一つ、知らないことをわかっていくプロセスが大事なのですね。「方法としてのツーリスト」です（⇩8講）。

2節　ドラッカーの時間理解

不完全や試行錯誤で「すでに起こった未来」

ドラッカーは人間の不完全さや誤りやすさを、むしろ自由の出発点と位置づけました。自由は歴史性をおびており、歴史的な試行錯誤のなかで、創意工夫が生まれます。また過去の自分の回顧的理解は、人に強みや力を与えます。

ナチズムの危機へのドラッカーの知見は、マネジメントにも丹念に埋め込まれていました。マネジメントを導入することで、外からの管理から、より効果的な内からの管理へと切り替えていったのですね。

ドラッカーは、歴史的に意味と価値を与えられた社会の生態を尊重していました。不完全な人間が依拠すべきは、未来ではなく、むしろ現在と過去だと言います。そこには彼のいう「すでに起こった未来」を見ることができます。

前向きは過去を見る

『ドラッカー×社会学』をテキストに使った授業で学生の反応が多かったのは、井坂さんのこのイラストです。「前向き」は、未来でなく過去を

図2－1　前向きは過去を見る

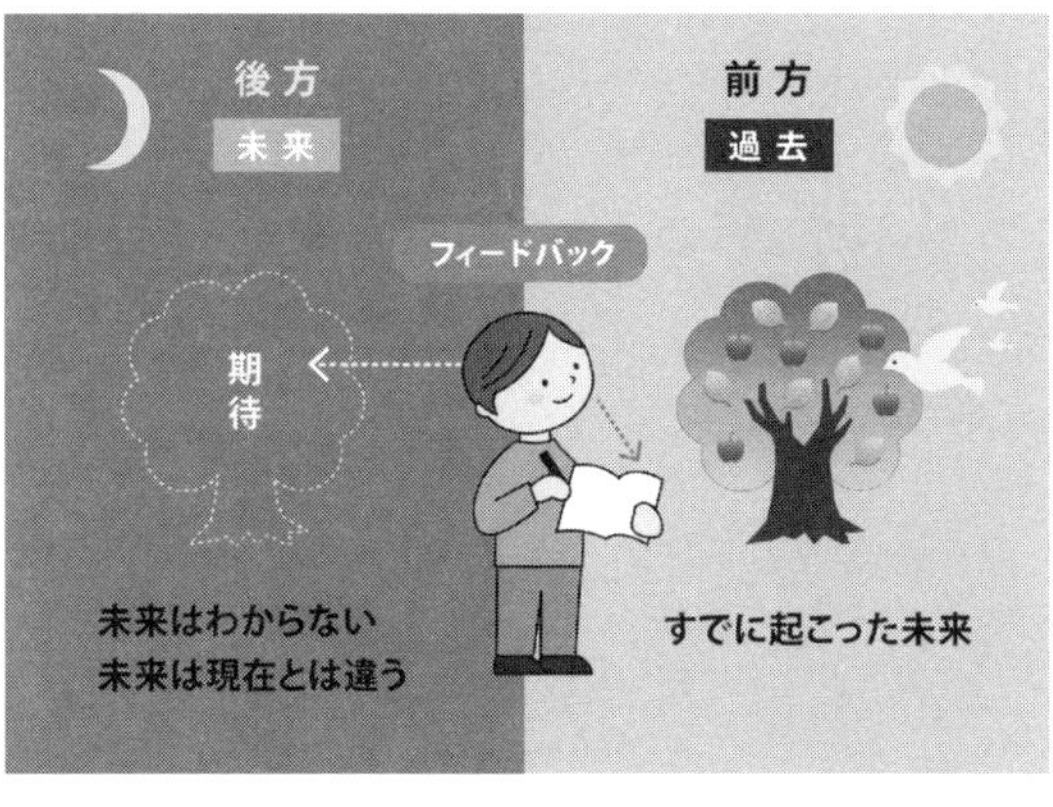

向く、というものです。未来のことは誰もわからず、わかっているのは過去です。だから通念とは逆に、我々は過去の方へ、前を見ているというのですね。過去はすでに起こったことであり、反省して理解することができます。未来を知るために、むしろ過去を活用する。歴史を知ることの重要性にもつながります。

社会科学においても知的な対象としうるのは、すでに起こったことなのです。ドラッカーのマネジメントやイノベーションも、確定した過去への理解を、不確実な未来へ投じる方法的な企てでした。未来に向き合おうとするからこそ、過去を丁寧に見ていくことが大事なのです。

ドラッカーの時間理解がマネジメントにつながった

ドラッカーの時間論は、不可逆な質の変化を重視します。20世紀の物理学は、静止した物体の属性をみる機械的世界観から、形態とプロセスをみる有機的世界観へと転換をとげたのですが、ドラッカーはこれを受け入れ活用したんですね。

未来は、一部の理性的・特権的な主体の計画や革命によって、あらかじめ決定することはできないのです。これを彼は、歴史から直接まのあたりにします。それが、１９３０―４０年代の初期三部作『経済人の終わり』『産業人の未来』『企業とは何か』の社会生態学の視座にあった、時間理解を形づくったのでした。経験的な知覚から、全体の形態や不可逆なプロセスをみる視座は、組織マネジメントの確立へと活かされました。また19世紀的モダンの「進歩」信仰を脱し、変化が常態化した世界にあって、「未知なるもの」を組織化するイノベーションの作法も編み出されました。

3節　強み・成功体験・創発性

あるがままの〈強み〉を意識化して発揮しよう

『ドラ社』で特に注目されたキーワードが、〈強み〉です。強みは、本人が自覚していないとまどろんでいるもので、それをしっかり意識することで、強みは起動し覚醒します。あるがままの状態の中には必ず、強みがあるというのです。強みがあると知るだけで、自分の可能性の見え方がちがってきます。

井坂さんが推奨する日記は、日々の行動観察であり、内省とセルフモニタリングを継続して行うことができます。強みは自分で気づいて、自分をモニタリング、内省していくことが大事なんですね。他人に方向づけされるのとはちがい、自分で自分を律することができれば、それに越したことはありません。手綱はきちんと自分が握るという強い意志をもつことが大切なのです。自分にナチュラルに、内発的に行えるのが一番よいのですね。

成功体験を内省する仕組みづくりが創発性を呼ぶ

強みを見きわめる振り返りを、ドラッカーはフィードバック分析と呼びます。フィードバック分析では、成功体験を内省することが、常識の逆を行く大事なポイントです。

ともすれば弱点を補強する、失敗を反省する方向へ発想が行きがちですが、むしろ過去の成功をきっちり見ていくことの重要性を、ドラッカーは説いています。限られた資源を、どう有効に活用するか。過去にうまくいったことを、未来にポジティブに生かしていくことに要点があります。

もちろんそれは、過去の成功をおごり高ぶるようなことではなくて、自分をクールに、冷徹に見た上で、成功したことを見るわけです。意識的に成功、美しいもの、自然に力の湧くものを見る、探す。それによってまた、自分が何を見たがっている人間なのかもわかってきます。組織や集団でいえば、誰かのよい行動を真似ることで、よい文化が育つということもあります。尊敬できる人を見つけるというのも、手っとり早い手段ですね。

成功は、予期せぬ形でやってきます。成功はいつ起こるかわからないからこそ、「予期せぬ成功を利用する」仕組みづくりが大切だと、ドラッカーは言います。予期せぬことを想定し、それに対して自分をオープンに開いておくわけです。

現実の観察にもとづき、ありのままの多元的な生きざまを重視する、社会生態学の立場をドラッカーはとります。現実の回顧や理解をベースに、人や組織の〈強み〉を生かす、漸進的な変革こそが有効だという考え方です。〈強み〉を見て生かすことで、人や組織の自律性や創発性が発揮されます。自分のなかの卓越性を見出して、それを育てていくのです。

４節　社会生態学

樹木図は社会生態学の根～枝葉を表現した

井坂さんによる次頁の樹木図は、ドラッカーの社会生態学を、生き物として表現したものです。樹が全体として生きているというのが、社会生態学の考え方をまるごと表現しています。地下の根っこの見えないところに、ドラッカーのヨーロッパでの全体主義体験がある。そこから真逆の、各自の生きざまを尊重する、多元的な社会の生態を見ていく発想・営みにつながったのでした。

自然の生み出すものには、枝であれ葉や花であれ、一つとして同じものがなく、それぞれ個性をもっています。見えないところで形成された根が、いまの自分の個性を形づくっているわけです。自然とのアナロジーで表現されたところに、この樹木図と社会生態学の特質があります。

社会生態学は、複雑系のような相関関係論をとり、人・歴史・集団を時間のなかでとらえます。過去を通じて継続的に地下に伸び広がった根っこは、現在にも養分を送り続ける**創発特性**なのです。ドラッカーの社会生態学は、彼のマネジメント方面の活動をも根底から支えていたのでした。

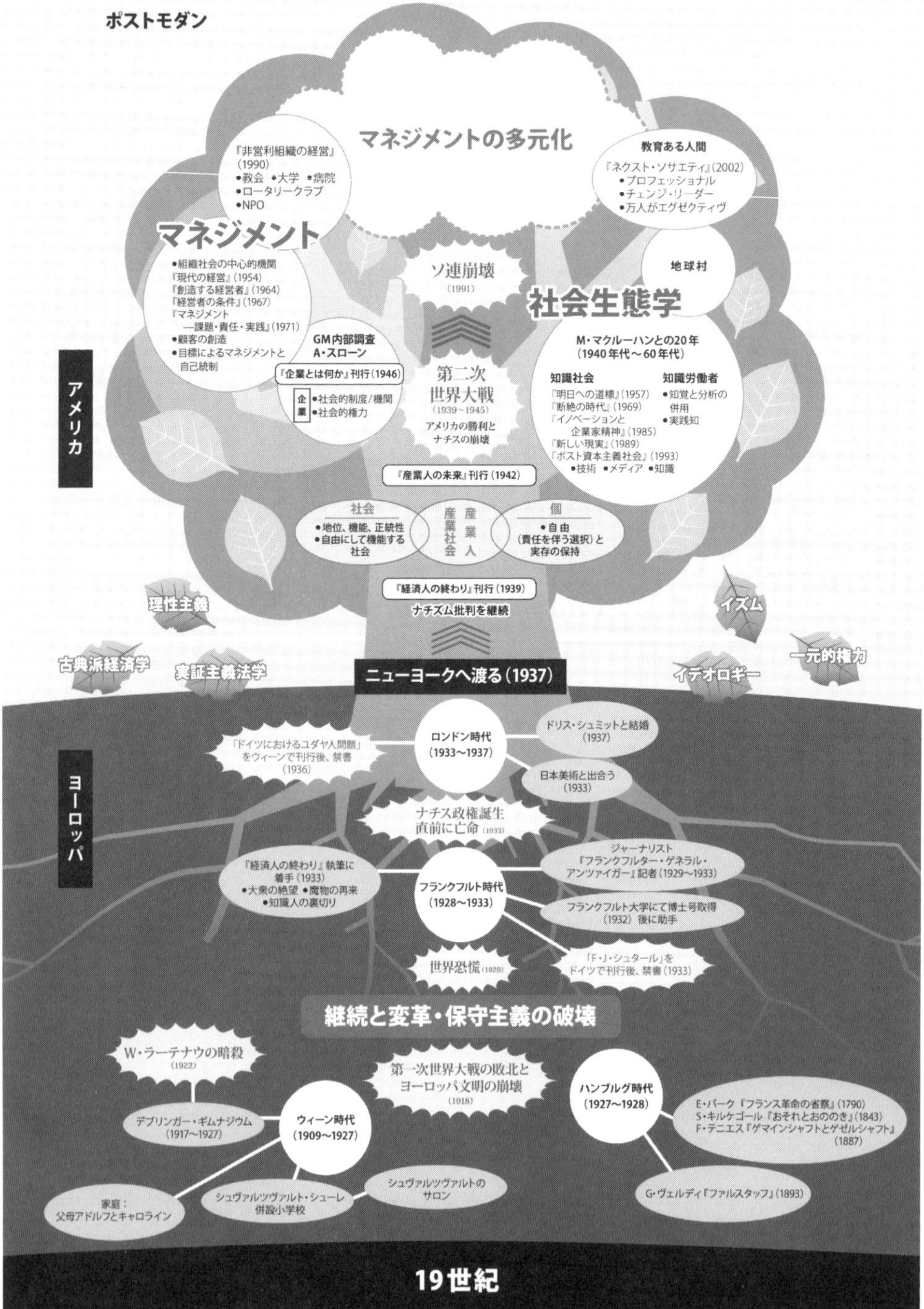

図２－２　ドラッカーの社会生態学

全体主義、理性メインの一元的思考を批判

ドラッカーにおいて全体主義体験と、マネジメントや社会生態学の仕事は、実はつながっていました。経済至上主義・合理主義・社会主義・ナチズム、これらを彼は、一元性・画一化という統一的な視座で把握していたのです。これには驚かされます。単一の理性による計画主義的な社会設計は、主体の全能性、未来の予測可能性を前提してしまうのです。ナチズムなどの全体主義国家で社会が画一化され、個が無化された、これがドラッカーの根となる原体験でした。彼は移住先のアメリカ型の産業社会で、ナチズムに対抗したわけですが、同時代のナチズムや社会主義に加え、19世紀の経済至上主義、17世紀の合理主義までをも射程に入れて問いなおし、理性メインの一元的・演繹的・還元的な思考を批判するに至ったのですね。

否定の語法なく、生態をありのまま受容する

自然の生態は、人間の理性や思考に服従していない。樹や動物が育つことには、「否定の語法がない」ことを、井坂さんは指摘しました。あるのは、生きて働いている現実だけである。その生態をありのまま受け入れることを、人間や社会に対しても同様に行うのが、社会生態学の基本的な考え方です。

それぞれの人に、そうなっている理由がある。組織や国家も、「森羅万象が生きている」生命体のメタファーでとらえます。[2] 個々の存在が、固有で自律的な継続と発展の原型を、内に宿しています。それを邪魔せず、各自のリズムとパターンを尊重して引き出すのが、

2　ちなみに社会学ではデュルケームも、生命体とのアナロジーで社会をとらえることで、社会を全体としてトータルにとらえる視座を提示・確立しました。

マネジメントの原則だとされるのですね。

人間がコントロールできることはごくわずかであり、もともと持っている力をできるだけ邪魔せず、存分に引き出す形が望ましいわけですね。

多元性と自律性こそが創発を呼ぶ

井坂さんの樹木図が示すように、ドラッカーのマネジメントと社会生態学は一本の大樹をなし、その知的エネルギーは共通の根から来ていました。ドラッカーは、経済学的知において社会性や歴史性が抜きとられ、合理主義に落とし込まれる傾向を危惧していました。彼の初期三部作では、「自由にして機能する社会の建設」こそが、通底する視座となっていきます。一元・演繹・還元的な思考を排し、人間を中心にすえた生態・実存的な視座を貫いたのですね。人間社会には多元性と自律性、そして創発性があります。人々の自由で自発的な行動には、その人なりの内面的な合理性があるのですね。

5節　即興のハビトゥスが創発をもたらす

社会生態学において、人々の身体知・慣習知が創発作用をもつ点にドラッカーが着目したことは、社会学ではゴフマンの役割演技や、ブルデューのハビトゥスとつながってきます。ここでは**身体知による創発作用**に焦点を当て、社会学の議論につなげておきましょう。

ふるまいレベルの知識の能動性

ゴフマンは、人々の対面的な相互作用に着目して、社会生活を劇・ドラマの上演のようにとらえました。「目の前の状況がいかなる場で、どうふるまうのが適切か」といった、**状況の定義**をそのつど判断しながら、人々は自己を表出するパフォーマンスを行い、役割を演じあうというのです。生活上の演技は、本人も意図せず、何気なく行うものが多いですね。人々は従来の慣習・前例や即座の判断にもとづき、場に応じて適切にふるまおうとします。

これは、言葉でわかり説明できなくとも、肌でわかっているタイプの知識です。明示的な言説的知識とは区別される、暗黙の実践的な知識が、日常生活を形づくっているんですね。ゴフマンはこうした知見から、「個人が規範を内面化し、秩序は成り立つ」としたパーソンズの社会システム論[3]に異議を唱えたのです。ミクロな次元の行為と一体化した知識の能動性を、ゴフマンは明らかにしました。

ハビトゥスは瞬時に作用する知

つづいてブルデューの**ハビトゥス**は、社会環境の中で形成された身体能力です。行為者が身体化し、無数の状況に対応できる柔軟性をもつセンスを、ハビトゥスと呼んだのです。この身体知が働くことで、人間の一貫性は保たれています。人をとりまく外的・客観的条件の中で、ハビトゥスは形成されます。

3　**社会システム論**　アメリカの社会学者タルコット・パーソンズ(1902-1979)が確立した理論で、構造機能主義やAGIL図式などを通して、社会を体系的にとらえた。社会の規範や役割を内面化するような形で、個人を受動的にとらえる傾向もみられた。60年代にはこれに異議を唱え、シンボリック相互作用論、ゴフマンの上演論、現象学的社会学、エスノメソドロジー、構築主義など、ミクロな意味と秩序形成の世界を扱う学派が続出した。

そのハビトゥスが産み出すのが、表象（知識）と実践（行為）です。表象や実践はハビトゥスを介することで、あらかじめ諸条件に適応・調和しているのですね。

ブルデューは、行為者の自覚的・主体的な「実践」praxis と区別して、プラティック pratique という言葉を使いました。それは意識的な行為も、センスによる非意識的な行為も含んだ日常的な実践、慣習行動です。ハビトゥスは意識と言説の手前で瞬間的に作用し、状況に見合った多様なプラティックを産み出します。

ハビトゥスは、ギデンズのいう実践的意識とも重なります。それは、行為の際に巧みに用いられるが、言葉では言い表せない暗黙知・身体知です。自転車の乗り方などは、よく用いられる例です。行為者は、実践的意識のレベルで社会や状況を「知っている」。その知識が社会を維持・再生産しながら、変容もさせていくことを、ギデンズは見出しました。行為者の知識能力、行為能力が社会を動かしてゆく能動性、**再帰性** reflexivity に光をあてたのです。

ポランニーは暗黙知に創発も見出した

これらは結局、哲学者マイケル・ポランニーのいう、**暗黙知の次元**です。身体に根づいた知は、言葉や論理で明示できない、暗黙の領野を広大に含んでいます。人は、「言葉にできるより多くのことを知る」のです。[4]

図２－３　ハビトゥスとプラティック

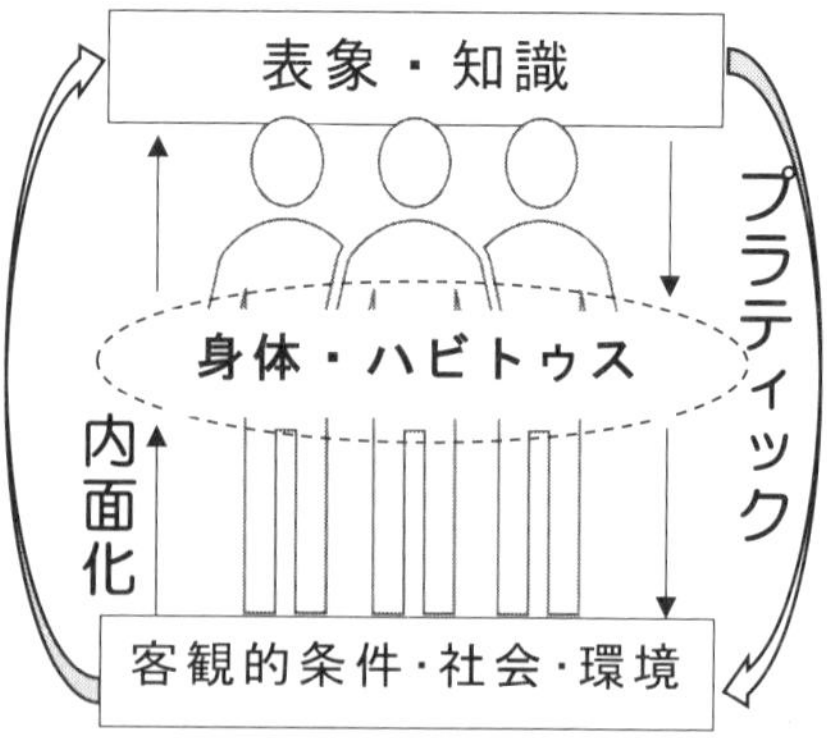

図２－４　知識の再帰性

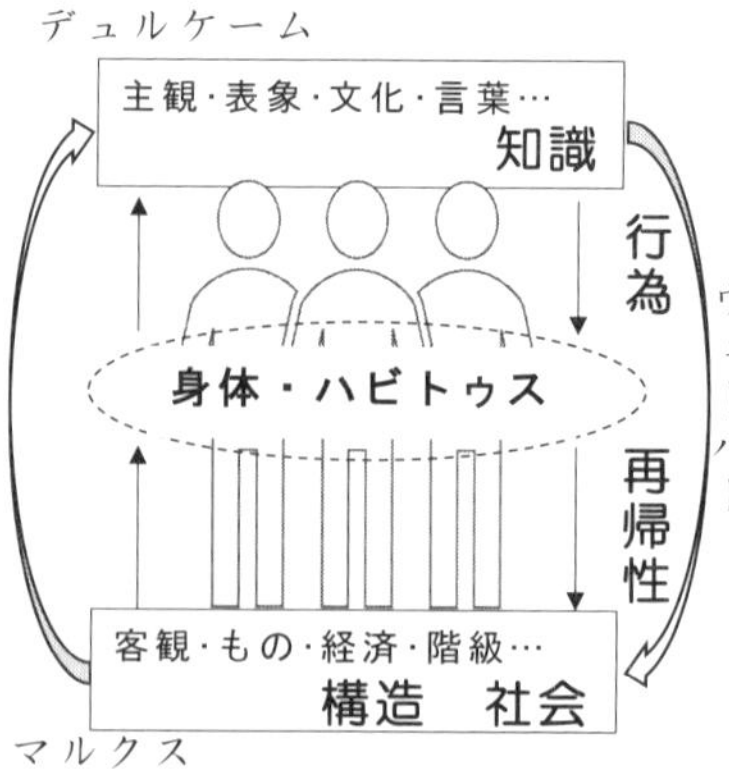

暗黙知は知識全体のなかでも、重要な位置と役割をもっています。「知っている」という言葉には、対象の知識（what）だけでなく、方法の知識（how）、「できる」という意味も含まれるとポランニーは指摘しました。身体に根づいた暗黙知は、無数の場面で実践知として働いているのですね。

ポランニーは、明証性を重んじるデカルト的な合理主義の知識観を批判しました。暗黙知は個人的で主観的な、各自の身体に内在する実践知です。知識を明瞭な論理に還元すると、実際の複雑な認識をとらえ損なうことになります。知の営みには暗黙の知覚や統合のプロセスが伴い、それが明示的認識に意味を与えています。彼は暗黙知の次元を科学の営みに、適切に組み込んだのですね。

さらに重要なのは、ポランニーがこの人間の暗黙知と、**創発**を結びつけた点です。彼のいう「隠された真実の接近を予期する人間の能力」とは、ドラッカーがイノベーションに向け提唱した「未知なるものの体系化」と対応しています。

ポランニーの暗黙知の知識観を実証研究に活用したのが、経営学者・野中郁次郎[5]の仕事です。組織のなかでも直接知識を創るのは、あくまで個人であり、その個人が生み出す知識は、体験に根ざした信念・見方・価値など、無形の暗黙知であることを指摘しました。主観的な洞察・直観・理想・情念・イメージ・シンボルなども、知識の重要な部分を占めます。企業組織では暗黙知を明示的な形式知に変換し、他人と共有可能にする必要が生じます。暗黙知と形式知が相互に作用して知識が創出されるプロセスを、野中は事例調査から明らかにしたのです。

4　**マイケル・ポランニー**（Michael Polanyi, 1891–1976）
ハンガリー生まれのユダヤ系物理学者・科学哲学者。主著に『暗黙知の次元』『個人的知識』『自由の論理』。彼が切りひらいた暗黙知の地平は、野中らの企業組織の研究をはじめ、多方面に活かされている。経済人類学者カール・ポランニーの弟。ドラッカーはウィーン時代、ポランニー家と交流があったようである（『傍観者の時代』）。

5　**野中郁次郎**（1935–）
一橋大学名誉教授。英語で出版された『知識創造企業』が多くの賞を受賞し、世界的に評価された。

６節　学校・研究にもビジネスにもマネジメントは有効

フィードバック分析、強みを生かすこと、マネジメントとは、ハビトゥスに身体化された過去の経験・記憶・知識の集積を、意識化していく営みでもあります。暗黙の身体知こそが創発作用を生み出すのであれば、この身体知を体系的に意識化する作法を身につけることが、自分の強みを生かすことにつながるでしょう。

ここでは、これまで見てきた知見を活かす方向を考えてみましょう。

学校も現場、ビジネスと社会の相互浸透

『ドラッカー×社会学』には、学生が学校の勉強で身につけた知識をどう使っていくかのノウハウが、わりと具体的に書き込んであります。そういうことを教えてくれる場や本が、意外とないんですね。いわゆる「学生のビジネス書」という面があり、実際テキストとして読んだ学生の反響は大きかったです。

長く続いたコロナ後の状況や、少子高齢化が進んで社会全体が疲弊してくると、高度成長やバブルの頃のように、経済と社会を明確に分けることができなくなってきます。社会に還元する営みをビジネスにつなげるソーシャル・ビジネス、ビジネスのソーシャル化が進んできます。ビジネスと社会の相互浸透です。困っている人々に、ビジネスで

適切に答えていく流れが来ています。一橋大学の構成でいうと、商学部で学ぶことと社会学部で学ぶこと、ビジネスと社会問題や福祉、社会貢献が浸透し、垣根が崩れてきているのですね。

これは井坂さんが強調する点ですが、ドラッカーの言うマネジメントはそもそも、社会的な概念です。まず社会があって、マネジメントがあります。

これまで学校は、ビジネスの世界に出る前段階の場とされ、それ自体が「現場」としては意識されずにきました。学校や学生、「学ぶ」「教える」も、それ自体ひとつの現場として見たほうが、より生かせる知識も多いように見受けられます。

当事者目線が社会学もビジネスも大事

人のもつ知識は、各自に主観的で、身体に根づいたものです。経験や過去の記憶を通して紡ぎあげられたものが、各自のもつ知識です。ドラッカーが言うように、顧客がとる行動の理由は、本人さえわからない場合でも、その人なりの理由はある。不合理に見えるものを、本人が合理的としている、顧客のその現実を見よというわけです。この立場を、社会学は基本的に共有しています。

前述したように社会学は、当事者の知覚や主観を重視します。「誰にとっての現実なのか」、そこにわりとこだわります。また社会学は、人の話に耳を傾けることを重んじる学問です。社会学をやった学生、社会学部の学生が就職活動をして、「社会学部で何を勉強してるの」「社会学って何をやるの」と聞かれて、うまく答えられないとよく言うのですが、社会学は当事者目線、主観に近づく学問なので、その意味で実はビジネス、お客様のニーズを理解する営みに近いところに位置しているのですね。なんらかの演繹的なモデルや仮説、専門化された枠組みや体系を通さずに、ありのままの、そこにいる人の主観的な現実に、ダイレクトに向き合おうとする学問なのです。誰にとっての商品、サービス、現実なのか。ビジネスでも社会学でも、当事者目線が大事な点は共通しています。

社会学×マネジメント

学校の勉強とビジネスを分ける「学校⇩ビジネス」の２段階の思考は、もはや時代遅れになりつつあります。今日の知識社会では仕事もつねに、新しい学びと調整を求められます。勉強や研究も、それ自体をビジネスとして自覚的にとらえ、「何をどうやって、誰に向けて、どこまでやるのか」という、明確で具体的な目的・目標を見定め、顧客と自分に向けて方法立てて取り組んでいく人が、チャンスと成功を得られるでしょう。いわゆるマネジメントです。大学の勉強や部活、就活、研究などにも、（セルフ）マネジメントの視座と手法は有効なのです。

ドラッカーの思想はあくまで行動に具現化されるもので、それを体系化したものが、マネジメントの諸原則です。誰もがマネジメントの視点をもち、自覚と責任をもって取り組めれば、現実は確実に良い方向へ進むでしょう。また本書も試みているように、社会学とマネジメントを分けずにつなぐこと自体が、知識・認識・活動の新結合であり、イノベーションの余地と可能性をはらんでいます。[6]

真に持続的であるためにこそ、イノベーションを行い、変化を自ら起こしていくべき

6　ちなみに、知識や技術、交通のイノベーションが起こったとき、それがどのように社会のイノベーションへとつながってゆくのかが、社会学ではより重要な課題となります。博覧会や観光、鉄道などのテーマに関しても、同様のことが言えるでしょう。

局面が現れます。従来ミスマッチで相いれないとされたものをつなぎ合わせるのが、知識の新結合、イノベーションです。「社会学＝認識、マネジメント＝実践」の常識的区分を、脱－分化[7]させてみましょう。社会学を行う研究・教育のプロセスも、それ自体が実践であり、マネジメントの対象となります。またマネジメントも、それをうまく実践するには、マネジメントや経済社会を適切に認識する作業が必要となります。「社会学をマネジメントする」「マネジメントを社会学する」両方の次元を組み合わせる知識の新結合、イノベーションの地平が開かれてくるのではないでしょうか。

7　**脱‐分化**(de-differentiation)
　イギリスの社会学者スコット・ラッシュが提示した概念（『ポスト・モダニティの社会学』法政大学出版局）。近代という時代は、主体／客体や諸領域への分化・差異化の時代と言われてきたが、いったん分化したものが境界を越えて浸透しあう脱‐分化もあると指摘した。

第 2 部

開発と観光・イメージ

第3講　「南国楽園」の系譜学

観光研究は近年、社会的ニーズの高まりをうけて急速に発展し、ビジネスと学術の両面から活性化されてきました。私は社会学の立場から旅・観光を、広い意味で「**知識を形成・吸収・伝達・表現する営み**」としてとらえます。今日の「インスタ映え」の旅は、まさにそうした特徴を表していますが、古く近世まで時代をさかのぼっても、旅は元来そうした知識形成の性質をおびていました。社会をとらえる知識は、社会の現実を維持しながら組みかえ、構築してゆく能動性をそなえています。観光の知も、各地の風景・場所・経済・文化等を形成してきたことが、歴史からも明らかです。知識論の視座をもって観光の歴史を扱うことで、知識社会と観光のつながりへの理解を深められるでしょう。

本講ではハワイ～宮崎～沖縄という、「南国楽園」の系譜を見ていきましょう。

1節　太平洋の楽園ハワイ

つくられた楽園と日本の深い関わり

「太平洋の楽園」リゾートで知られるハワイは、日本人にも長らく愛されてきました。でもそのハワイも、最初から楽園リゾートだったわけではありません。それは20世紀以降に人工的・意図的に作られてきた産物なのです。「太平洋の楽園」ハワイがいかに形成されたのか、その誕生プロセスを見ておきましょう。[1]

１７７８年、探検家キャプテン・クックが発見して以降、ハワイは西洋近代に包摂され、大きく変貌します。キリスト教の普及に来た宣教師の中で、ビジネスに秀でた者たちが砂糖きびプランテーションを開始し、ハワイに資本主義の基礎を築きます。19世紀末、白人勢力のクーデターで、ハワイは合衆国に併合されました。砂糖きびで富を蓄積した5大財閥は、併合後の産業振興策として観光に着目し、ワイキキの観光開発が始まったのです。

ホテルでの南国情緒あふれる宴会ルアウに、先住民の踊りや音楽が供され、激しく腰を揺するタヒチアン・ダンスまでもが、あたかもハワイの伝統舞踊のように演じられました。フラは、露出した女性の肌と腰の動きを強調し、アメリカ本土の観光客の好奇心を充たしました。先住民の伝統文化は、かつて宣教師から野蛮や不道徳として禁止され

1　山中『イメージの楽園』。

たものが、20世紀には観光の文脈で、商品価値のある見せ物として位置づけなおされたのです。ハワイの映画も音楽も、実際には大陸西海岸のハリウッドで制作されたものでした。ワイキキのビーチも楽園イメージも、20世紀の開発とメディアによる人工的な産物であり、アメリカ本土の人々が既知のイメージを確認しに、現地へ行っていたのですね。

1930年代、日米関係が悪化する中で、ハワイの軍事要塞化は急ピッチで進み、真珠湾攻撃を受けるとさらに加速し、ワイキキの海岸にも鉄条網が敷かれました。対日戦略の拠点となったハワイですが、同時にそこが、戦士の休息の場にもなっていきます。むしろ戦争を機に、ハワイの楽園イメージは広まりました。軍事基地化と観光地化はセットであり、両面の戦争特需から、ハワイ経済は空前の好況に達しました。終戦後の不況対策、59年の合衆国50番目の州への立州化によるハワイブーム、70年のジャンボ・ジェット就航などを機に、観光はさらに拡大していきます。

一方、日本人にとってのハワイは、戦前の出稼ぎ先から戦後の観光地へと変わっていきます。すでに戦前1930年代には、日本でハワイアン音楽が流行し、美しく明るい楽園イメージを醸し出していました。真珠湾攻撃と太平洋戦争を経て、戦後まもない1948(昭和23)年には岡晴夫の歌「憧れのハワイ航路」がヒットし、映画化もされます。50年代、自由に海外旅行ができない時代に、ハワイブームが来ていました。64年の海外旅行の自由化に伴い、積極的な観光キャンペーンが行われ、70年のジャンボ機就航以後、日本人観光客は急増しました。長らく憧れの地だったハワイは以後、日本人の海外旅行先の定番となります。[2]

2　矢口『憧れのハワイ』。

２節　新婚旅行ブームと南国宮崎

南国とロードパークを売り出した岩切章太郎

こうした楽園ハワイをモデルとしたのが、１９７２年の日本復帰後の沖縄であり、「日本のハワイ」として位置づけられ、観光化を進めてきました。ただし沖縄は、ハワイだけをモデルにしたわけでもありません。沖縄は海外と国内の中間的な位置づけにあり、国内観光の流れをうけて発展してきた面もあるからです。

１９６０年代の日本では、新婚旅行ブームが高まりました。戦後のベビーブーム世代が適齢期に入り、結婚式と合わせて新婚旅行へ行くのが慣例でした。旅行業者が勧めるプラン通りに旅行する人が多く、主な観光地は新婚カップルであふれ返ります。

人気のハネムーン先は伊豆～南紀～南九州と、いずれも太平洋に面した暖かい南のエリアに集中します。[3]交通の発達・高速化で、重心は東京・大阪から遠くへ南下し、宮崎・鹿児島まで達しました。一般に新婚客は寒い北よりも暖かい南を好み、そこで結婚式の緊張を緩めました。南国九州は、「南国ムードを味わえる楽園」の位置づけを与えられたのです。

図３－１　新婚旅行ブームと「南国」イメージの移動

３　白幡洋三郎、１９９６『旅行のススメ』中公新書、１８３頁。

地元のバス会社・宮崎交通の創設者・岩切章太郎[4]は、「観光宮崎の父」としてよく知られる人物です。岩切が昭和初期に定期遊覧バスを始めた当時、大分・鹿児島・熊本など九州の隣県と比べ、宮崎はこれといった名所が少なかったのです。岩切は自ら名所を創ろうと思い立ち、「建国の歴史」と「南国情緒」を宮崎観光の二大イメージとして売り出します。宮崎には、『古事記』にも出てくる神話の名所が多いのですね。戦前期は時代の流れもあり、天皇発祥地の面が強調されました。戦後は国家主義に代わって、南国イメージが押し出されたわけです。[5]

宮崎には、亜熱帯植物の群生する海岸沿いの景勝地・青島があります。岩切は青島に自生するビロウから着想を得て、宮崎の南国情緒を観光資源としてアピールし始めます。その後、より南国的で多数を人工的に植樹できるフェニックスを知った岩切は、急いで各地に植えていきます。堀切峠は、並木越しに海の絶景を眺められる名所となりました。こうして、日南海岸ロードパークと呼ばれた観光コースが形成されました。岩切が提唱した「ロードパーク」は、道路そのものを公園としてとらえ、車内から変わりゆく風景を動体視力で楽しむ、当時では新しい発想であり、のちの車社会化を先取りしていました。沿道のフェニックスは背景に広がる青い海を引き立て、南国ムードを醸し出したのです。

宮崎が「新婚旅行のメッカ」となった契機は、60年代の皇室2組の宮崎への新婚旅行と、宮崎が舞台のＮＨＫ朝ドラ「たまゆら」（川端康成原作）でした。70年代前半には、毎年約１００万の新婚カップルの３割までが、南九州を新婚旅行先に選んだともいわれます。新婚シーズンが春と秋のため、暑い夏はオフ期でした。宮崎市観光協会は、むしろ「南

写真３－１　岩切章太郎像

4　**岩切章太郎**（1893-1985）宮崎の観光資源の開発に尽力した功績は名高く、宮崎市役所のそばに像が立つ。日南海岸の堀切峠、こどものくに、サボテン公園、都井岬に加え、えびの高原などの開発も推進した。

5　岩切『心配するな工夫せよ』１８６頁。

国の暑い夏」をこそ宮崎の魅力にしようと、ハワイイメージを活用しました。「アロハで飛ぼう」キャンペーンで、空港にアロハシャツで降り立ったツアー客を、ガイドがシャインハットという帽子を渡して迎えました。「太陽とあそぼう」キャンペーンでは、水着のままホテルと海水浴場を行き来する「水着バス」が、好評を博しました。[6]

当時、南九州は日本列島の最南端でした。沖縄がまだ日本でなく、１９７２（昭和47）年まで米軍の統治下にあったからです。この「南国」情勢は、沖縄の復帰で変わってゆきます。73年のオイルショックも影響し、宮崎の南国情緒はかげりを見せます。75年の海洋博で、「日本最南端のトロピカル」が沖縄に定着し、新婚旅行ブームも沖縄へ南下しました。さらに80年代にはハワイ・グアムなど海外へ移り、かつての宮崎の地位は過ぎ去ってゆきます。

6　宮崎市観光協会、１９９７『みやざきの観光物語 宮崎市観光協会50周年記念誌』52-53。

亜熱帯・南国はどこにあるか？　――遍在と偏在

ところで、「亜熱帯」「南国」とはいかなるもので、どこにあるのでしょうか？　岩切の「南国」の開発経緯や考え方は、参考になります。青島に自生するビロウから着想を得た岩切は、南国情緒をアピールし始めますが、より南国的で多数を植樹できるフェニックスを知ると各地に植え、「フェニックスの宮崎」をアピールしたのでした。どこにでも南国イメージを植え込める便利なアイテムの登場は、その南国が、南九州になくともよいことを表しています。他地域がフェニックスを使う可能性も考えたから、岩切はいち早く動いたのでした。

１９５９（昭和34）年、ペギー葉山の歌「南国土佐を後にして」が全国ヒットし

写真３－２　宮崎・日南海岸

たとき、「宮崎の南国が土佐にとられた」という周囲の声に、岩切は逆のことを考えて実践したと言います。歌が日本中に「南国」を広めてくれたので、「南国の本場・宮崎」をアピールし、地位を定着させました。フェニックスもやがて全国に広まり、どこでも駅前などで見られるようになりますが、「フェニックスが日本中に広がるほど、フェニックスの名所は有名になる」。全国のフェニックスを、南国宮崎を連想させる広告塔に活用できると考えたのですね。

この発想は、「亜熱帯」「南国」とはいかなるものか、どこにあるのかを考えるヒントにもなります。ハワイ・宮崎・沖縄の観光開発からわかるように、亜熱帯・南国イメージは、その場所の地理的条件を活用しながらも、人工的に創り出したものでもあり、他の場所に転用でき、競合を生じうるのです。どこでも植えれば雰囲気を醸すフェニックスのように、亜熱帯・南国イメージは遍在性をもっています。他方、その「どこにでもある」高い認知度を逆用して、「南国イメージの名所・本場」を差異化し、「ここにしかない」特定の場所への偏在性をも強調できるのですね。

３節　海外旅行と沖縄

海外の新婚旅行先、ハワイとグアム

国内の新婚旅行ブームとはまた別の流れとして、１９６４年の海外旅行の自由化以降、

多くの日本人が海外に出始め、特にハワイとグアムが注目を集めました。

当初ハワイはかなり割高で、裕福な人しか行けなかったのに比べ、グアムは安いうえに、東京から3時間で行ける近さでした。国内と変わらない安さと時間で行ける点が、ハワイより気軽なグアム旅行の魅力で、しかもハワイと同様の常夏ムードを味わえました。ホテルの建設・経営も多数が日本企業によるもので、日本語で不自由しなかったのです。若者の間では、ハワイに先行してグアムの人気が高まり、新婚カップルも増えました。やがてハワイの料金も下がり、70年代半ばにはハワイの新婚客数がグアムを上回ります。

70年代はまだ南九州よりはるかに小規模ですが、ハワイとグアムは、日本人にとって海外版の新婚旅行のメッカになりました。春・秋の大安吉日、グアム行き航空機の大半が新婚組で、海外でも南国を求めたのですね。その手つかずの自然美が、当時の緑を失った都会の若者には「脱公害」、魅力の楽園として機能したのでした。

とはいえ、73年の交通公社の調査結果は興味深いです。新婚組の7割はヨーロッパへ行きたい願望を持つのに、時間と予算の都合から、実際の行先はグアムとハワイに集中していたというのです。[7]グアムとハワイは、こうした願望と現実的制約との妥協の産物でもあったのですね。

ハワイが米本土からの観光の数十年もの伝統をもつのに対し、グアムは新しく急速に発展してきたリゾートでした。ハワイの後追いをしつつも、グアムの亜熱帯・楽園のイメージは、短期間で創出されたものでした。この点で、沖縄はグアムに似ています。海外では60年代末から、新婚旅行ブームと南国・亜熱帯のムードはグアム・ハワイにおい

7　「ハワイ、グアムが大モテ　外国へのハネムーン」読売新聞1973年3月16日、29面。

て結びつき、享受されたのでした。

77年の直行便就航以降、サイパンにも日本の新婚客が来始めました。日米のかつての戦場グアム・サイパンでは、戦争を知らない若い世代が海に遊び、南国ムードを楽しみました。ただし、島がどれだけ新婚旅行のパラダイスを演出しようとも、戦争の爪跡が深く残る場所から観光だけを純粋に切り離すのは困難でした。例えば72年グアムでは、戦争後ジャングルで28年間生き続けた敗残兵の横井庄一氏が発見され、新婚カップルも巻き込むヨコイ・ブームに沸きました。ロマンチックに演出された新婚パラダイスも、戦争・軍事の現実とつながっていたわけです。沖縄戦で20万人の死者を出した沖縄も同様でした。

海外旅行としての60年代沖縄ブーム

沖縄は長らく、海外と国内の中間に位置してきました。60―70年代に沖縄が南の観光地として発展していくのも、以上のような国内・海外の観光の文脈の間にあったので、両方の性質を合わせもちました。72年の復帰の前後で、沖縄への渡航は海外旅行から国内旅行へと切り替わります。

沖縄は戦後27年間、米軍統治下に置かれ、日本人にとって「海外」でした。当時、日本本土から沖縄へ渡るのは海外旅行に当たり、パスポートとビザに相当するものが必要でした。日本で海外旅行が自由化されるのは64年ですが[8]、59年には他の外国に先がけて、沖縄渡航の制限が解かれました。

交通公社はこれに対応して、60年１月に京都から沖縄訪問団86名を送り込みました。

8　**海外旅行の自由化**　戦後日本では20年近く外貨政策のため、観光目的の海外旅行は認められておらず、ビジネスや留学など特別な目的に限定されていた。東京オリンピック開催の１９６４（昭和39）年、ようやく自由化された。

この成功を機に各地から観光団が入り、３月には早くも観光ブームが到来、那覇の旅館は満員になりました。[9]パスポートを持って、当時の沖縄の通貨ドルで買い物をし、外遊気分に浸れる。戦後それまで、日本人が簡単に得られない楽しみでした。

戦後の沖縄観光は、戦争遺族の慰霊参拝から始まりました。映画で有名な「ひめゆりの塔」をはじめ、南部戦跡は観光資源にもなりました。バスガイドの説明を聞き、生々しい戦争の痕跡と広大な米軍基地を見て、60年代の多くの旅行者は「沖縄の人に申し訳ない」と涙を流したのです。

日本人がまだ海外へ自由に行けない時代に、沖縄へ誰でも自由な往来が可能になり、国内をひと通り周った人には、沖縄がデラックス観光地として現れました。日本列島から隔絶した南にある沖縄は常夏の島であり、外貨のドルを使うことで、異国情緒も味わえたのです。交通公社は船利用による低価格化を進め、沖縄への「三万円の海外旅行」を実現しました。飛行機に比べ船は若い客が多く、新婚組もいました。「海外旅行は沖縄から」。交通公社や日本航空は、沖縄を海外への窓口として売り出したのです。[10]

国民の関心も、沖縄へ向いてきます。戦跡と基地が沖縄観光の目玉でしたが、結局のところ観光客は買い物に惹かれてしまいます。洋酒・腕時計・カメラ・宝石など、高級な外国製品を本土よりかなり安く買えたからです。当時の観光客は、お金の約６割をお土産に使っていたのです。

60年代後半の沖縄ブームは、ハワイ・グアムへの楽園観光が急速に伸び始めた時期とも重なりますが、当時はまだ戦跡・基地のリアリティが強かったです。戦没関係者が一巡すると、60年代型の戦跡観光はひと段落ついてきます。

9　「沖縄は観光ブーム」朝日新聞１９６０年３月14日、２面。

10　「売り出した観光沖縄」読売新聞１９６０年10月17日、３面。

ハワイをモデルにした沖縄観光

60年代末、沖縄の観光業者は、戦跡参拝と舶来品ショッピング、海の美しさだけでは、いずれ先細りすると危惧していました。69年の座談会「観光産業開発へのビジョン[11]」で観光関係者たちは、沖縄観光ブームの現状を「自然発生的」で一過的ととらえ、積極的に人工的な手を加えていく観光開発のビジョンを模索しました。この議論に繰り返し登場するのが、ハワイ・台湾・香港・グアム・プエルトリコなどの事例で、沖縄の比較対象・モデル、また競争相手として意識されました。いずれも自然・地理的条件が沖縄と似ている上に、すでに観光開発に成功し、沖縄の先を進んでいたからです。

個別に列挙された沖縄観光の問題点・課題においても、「ハワイのフラダンスみたいな代表的な舞踊は必要だ」、「ビーチの整備さえすれば、アメリカのハワイという形で、日本から沖縄に来るのではないか」、「沖縄独特のアロハとムームーを考案して作れば、沖縄産業の開発にもなる」など、くり返しハワイが言及されます。沖縄を「日本のハワイ」へと押し上げたいと考えていたのがわかります。

これらの課題は、今日の沖縄では整備済みのものばかりです。現在では有名な沖縄イメージ群・観光資源が、60年代の復帰前ブーム期には、まだ未開発だったんですね。沖縄固有に見える観光資源の多くは、70年代以降に人為的に開発され、ハワイをモデルにしたわけです。69年はまだ本土企業の大規模な介入前で、過渡期でした。地元の観光関係者たちは、沖縄の潜在的な観光資源を掘り起こし、ハワイを参照しながら創り出そうとしていたのでした。

11　『沖縄生産性』1969年6月号、12－20。

山城新好・琉球大教授は、ハワイの「観光立州」をモデルに、沖縄の観光立県を構想しました。[12]ハワイは合衆国の一州でありながら、地理的条件は本土とは大きく異なります。この特性が、アメリカの中にありながらもユニークな経済開発を行い、観光産業を中心に急成長をとげる契機となりました。同様に沖縄も、復帰で日本経済に組み入れられたら、日本の中でもユニークな地域として、独自の観光立県を目指すべきだ、と主張しました。ハワイも沖縄も、ナショナルな次元では本国の中にありながら、グローバルな次元では、アジア・太平洋に開かれた二面性をもっています。両次元が交差する地点がハワイ、沖縄でした。

ここから、〈亜熱帯〉イメージを強調する方向性が出てきます。それは、72年に政府が新全国総合開発計画（新全総）の中に復帰後の沖縄を新たに編入し、「日本の中でも独特な亜熱帯地域」として独立した沖縄ブロックに位置づけた考えとも、合致していました。

69年の沖縄観光開発事業団の5カ年計画のうち、亜熱帯観光基地計画は、「一言にしていえば、沖縄を極東のハワイとすることである。」[13]つまりこの「亜熱帯」とは、沖縄の地理・気候を指すだけでなく、亜熱帯の楽園ハワイのイメージを沖縄に持ち込み、ハワイ風の空間を創り出すことを含意していました。「亜熱帯＝日本のハワイ」という、沖縄の方向づけです。それは実際、海と亜熱帯のイメージを押し出した75年の海洋博で結実するのです。

12　山城新好「沖縄の観光開発とハワイ経済」『沖縄生産性』１９６９年６月号、22－29。

13　渡名喜守定「沖縄観光開発５カ年計画」『沖縄生産性』１９６９年６月号、30－31。ちなみにこの計画は①海中公園、②亜熱帯観光基地、③平和公園を３つの柱にしていました。〈海〉〈亜熱帯〉と並んで〈平和〉をテーマにして公園化する方向を打ち出したのですね。

４節　日本の南のトロピカルへ

宮崎から南下してきた〈海〉と〈亜熱帯〉のロードパーク

72年5月の返還・復帰後、沖縄へ渡るのは国内旅行となり、パスポートも不要になります。沖縄便が国際線から国内線に変わることで、当時は国内線に業務を限定されていた全日空も沖縄線の就航を開始し、そこからＡＮＡとＪＡＬの沖縄キャンペーン合戦が始まりました。両社は太陽・海・熱帯魚・砂浜といった亜熱帯のアイテムを押し出し、毎年3月から「夏の沖縄」を売り出します。新婚シーズンの春と秋を主軸に南国を売り出してきた宮崎とも、はっきり異なりました。夏へとシーズンが変わり、南国イメージはよりハワイに近づきました。

75年の復帰記念イベント・沖縄国際海洋博覧会は、〈青い海〉〈亜熱帯〉の沖縄ブランドを確立し、全国に広める起爆剤となりました。先述した宮崎・日南海岸のロードパークの手法は、海洋博で沖縄にも実現されました。中心都市・那覇と博覧会場を結ぶ幹線道路として整備された国道58号線は、岩切章太郎のロードパークの発想と符合しました。沿道にはハイビスカスやヤシなどの亜熱帯植物が植え込まれ、西海岸の海とセットで、道路自体が〈海〉と〈亜熱帯〉のロードパーク、沖縄らしさのディスプレイ装置と化しました。

写真３－３　沖縄・国道58号線

この風景の変容は、道路沿いの広大な米軍基地の存続とも両立しました。基地とリゾート、二重の現実を維持しながら、海と亜熱帯の沖縄イメージを表舞台に押し出したのです。

岩切のロードパークは、点在する名所だけを観光地とせず、点と点を線でつなぎ、「面に広げてちょうど公園の中をドライブする」[14]、道路や風景自体を公園化する発想で、宮崎の日南海岸は全国でも先駆的でした。58号線はこのノウハウを取り入れたのですね。ツアー客は、那覇の本土系ホテルからバスに乗り、ロードパークを車内からパノラマ風にまなざし、〈南国・沖縄〉を味わいながら往復しました。本土系ホテル〜58号線〜海洋博会場という、外部と遮断した一連のテーマ空間に包まれていたわけです。

車で移動しながら動体視力で風景をまなざすとき、並木が「動く額縁」となり、その向こうに広がる海や空の絶景を引き立てると、岩切は指摘していました。[15] 海洋博の会期中、沖縄での経営者向け講演に招かれた彼は、急ピッチで完成した58号線の立派さに驚きつつ、「一帯の海岸を立派なロードパークにつくり上げていただいて、あの施設（海洋博の跡地公園）と合わせて一本にすればお客さんを引き寄せる事ができる」と語っていました。海洋博公園と連動したロードパークを見通し、実際にもそうなりました。

新婚旅行ブームも南下してきた

沖縄がハネムーン市場に参入するのは、72年5月の復帰以降であり、海洋博の後から本格化してきます。グアム・ハワイの初期に比べるとかなり遅いです。ブームに火がつく77—79年の時期、沖縄は国内新婚旅行のメッカと南国パラダイスの地位を、宮崎から

14　岩切章太郎、１９７６『沖縄と観光〜自然の景観と情緒を生かした花の沖縄を〜』沖縄県経営者協会。

15　岩切の言う「動く額縁」は、シヴェルブシュが『鉄道旅行の歴史』において提示した「パノラマ的知覚」の議論と重なり、興味深い点です。（⇩7講）

奪取しました。

73年秋、日本旅行の国内旅行「赤い風船」ハネムーン商品では、沖縄サンライズ４泊５日が１７万２８００円（東京発2名分）でした。南九州フェニックス13万円台、奄美・徳之島16万円台に対して割高で、ハワイ13万円台、グアム８万円台よりも高かったのです。[16]それでも沖縄行きは増えてきます。74年も南九州が依然トップですが、沖縄、北海道が目立って増えました。76年秋は沖縄、与論島、徳之島が北海道を上回り、南の島の勢いが増してきます。

77年春は①南九州、②沖縄・奄美、③北海道、④ハワイの順です。[17]77年秋、沖縄・南西諸島が南九州を抜いてハネムーン先の1位となり、南九州、ハワイ、北海道、グアムと続きます。[18]以降、南九州が首位の座を取り返すことはありません。**表**からも、南九州→沖縄→ハワイ、という人気の推移がつかめます。

沖縄へハネムーンに出たある女性は、飛行機中がハネムーンカップルであることに驚き、「新婚旅行者を見学に行ったような新婚旅行」だったと語ります。[19]当時、新婚客は沖縄観光客の20％前後を占めていたとも言われます。カップルたちは南の島に、エメラルドの海と「星の砂」のロマンを求めました。この時期には沖縄観光は、60年代の戦跡観光の政治意識からはすでに遠く離れ、戦争・基地・政治の色を薄めていたことがわかります。

16　読売新聞１９７３年９月５日、夕刊８面。

17　「春のハネムーン」読売新聞１９７７年３月25日、８面。

18　「現地報告沖縄版『新婚さんいらっしゃい』」週刊サンケイ１９７７年11月３日、１４６-１４９。

19　『旅』１９７７年９月号、読者投稿。

海外と国内のシンクロ効果

77～79年に新婚旅行ブームを沖縄に呼び込んだのは、航空会社ＡＮＡとＪＡＬが競って行った沖縄キャンペーンの効果でした。団体包括旅行割引ＧＩＴとともに展開された沖縄キャンペーンは、旅行客を増やしただけでなく、日本人の沖縄を見る目を方向づけました。

沖縄がハワイ・グアムと同様、純粋に「ビーチで肌を焼きに行く楽園」として定着するのはこの時期です。77年５月のＪＡＬ広告は、「Let' s kiss the Sun　ＪＡＬで飛ぶ沖縄」。「沖縄、そこはもう激しい真夏の世界。地中海よりも南の亜熱帯です。」[20] 太陽と亜熱帯を前面に押し出しました。ＡＮＡとＪＡＬはこの年からビキニの水着モデルを使い始め、「青い海、白い砂浜、灼ける太陽、ビキニの女性」が数年、キャンペーンの定番となります。小麦色に焼けたビキニ女性のポスターの効果で沖縄の人気が急上昇し、暑い夏には涼しい北海道や高原へ避暑に行くという常識が覆され、若い女性たちに海を選ぶ志向が出てきます。

こうした沖縄の舞台装置は、海外旅行先として定番化したハワイやグアムのイメージとも重なります。これらの地は実際、70年代後半～80年代前半のハネムーン市場をめぐって激しく競合しました。国内と海外の両方で、新婚カップルたちはこれらの南国リゾートへ押し寄せ、そうした舞台の主役を演じました。国内の沖縄は、海外のハワイ・グアム・サイパンと並立し、イメージの上で互換的になることで、共時的な相乗効果を持ちました。「南の島」マーケットの形成から、沖縄は南九州との差異を決定的にし、優位に立ったのでした。

81年秋、東京・大阪・名古屋の交通公社の主要支店調査では、ハワイ27・５%、沖縄・与論14・１%、グアム・サイパン10・５%の順で、２組に１組が南の島のハネムーン

表３－１　春の新婚旅行先トップ３の推移

年	１位	２位	３位
1970	南九州	南紀	南伊豆
1975	南九州	北海道	沖縄・与論
1980	沖縄・与論	ハワイ	南九州・奄美
1985	ハワイ	ヨーロッパ	オーストラリア

宮崎交通、1997『宮崎交通70年史』203頁より引用。

20　読売新聞１９７７年５月17日、夕刊５面。

を楽しんだことになります。[21]中でもメインの島だけでなく離島との組み合わせコースが充実し、島の多様な選択ができるようになりました。82年春、5年連続で沖縄と南西諸島が国内1位をキープし、うち3分の2が本島以外の島を訪れていました。海外でもハワイが8年連続トップですが、行先が多様化・分散化してきたためシェアは下げ、全体の4割弱にとどまりました。[22]

「南の楽園」はその頃、オーストラリア・ニュージーランド・タヒチ・ニューカレドニア・フィジーなど、南太平洋の広域に拡散してきたのです。ハワイ・グアム・サイパンが定番化しすぎ、避けられた面もありました。とはいえ、アクセスが便利でクオリティの高いハワイは、以後も日本人のパラダイスの中核として根強い人気を保ち、沖縄と競合しながら大きな市場を保持してきたのですね。

21　「アツアツ南の島」読売新聞１９８１年10月9日、22面。

22　「新婚旅行ますます甘く」朝日新聞１９８２年３月18日、20面。

５節　作り込まれた海浜リゾート

ムーンビーチ――本格海浜リゾートの原点

もっとも、沖縄がハワイやグアムと並ぶ海浜リゾートになるためには、自然のまま海水浴ができるだけでは足りず、また広告戦略だけでも充分でなく、実際に沖縄が物理的にリゾートとして演出され、作り込まれる必要もありました。

写真３－４　ムーンビーチ

沖縄本島北部の西海岸、国道58号線沿いには、大型リゾートホテルが林立しています。80年代後半のリゾートブーム以降に開発が集中し、「沖縄のワイキキ」的な様相を呈してきました。その原点にあるのが、恩納村のムーンビーチです。

海洋博の時点では、ツアー客の大半は那覇のホテルに宿泊しました。恩納村にリゾートホテルはまだほとんどなく、観光客を乗せたバスが通過するエリアでした。その中でムーンビーチホテルは海洋博の75年開業と先駆的で、ビーチリゾート型ホテルの元祖でした。

ムーンビーチは三日月の形をした浜で、早くから米軍が美しさを認めていました。沖縄の代表的な建設・設計業者の國場幸一郎は、この地の開発の話を持ちかけられ、土地を買収してホテルを建てました。[23]ブラジルのコパカバーナを視察した國場は、単なる海水浴のビーチや宿泊用ホテルにとどまらない、本格的なリゾートを育てる拠点を沖縄につくろうと志します。ホテルの設計は、弟の幸房が行いました。ロビーフロアを開放的な吹き抜けのピロティにして、砂浜や海と直接つなげ、光や風が入り込む空間をつくりました。[24]沖縄の風土に合わせたリゾートの空間が、初めて具現化されたといえましょう。

経営面では海洋博後の反動不況に苦しめられますが、その後の沖縄キャンペーンや、山口百恵主演のドラマ「赤い衝撃」のロケで知名度が上がり、沖縄初のリゾートホテルとして脚光を浴びます。沖縄本島のハネムーンには、ムーンビーチホテルが主に使われました。

60年代の伊豆・南紀・南九州にみられたように、新婚旅行で忙しく見てまわる周遊型

23　国建、２０１０『国建の半世紀　創業50周年記念誌』、１１１頁。

24　国場幸房「沖縄ん建築紀伝　横断する眼差し」６・７回、沖縄建設新聞２００５年５月25日、６月８日

は主流でなくなり、特定の場所へ何か目的を持っていく滞在型に移行します。沖縄で青い海と白い砂浜を眺めてゆっくりすごすのも、目的の一つでした。ムーンビーチの成功に続いて、本格的な滞在型リゾートが次々に開業します。こうしたリゾート施設では、多様なマリンスポーツやアクティビティが楽しめます。ホテル自体が自己完結的な「海と亜熱帯のテーマパーク」のようになり、旅行者は外部の現実との関係を断ち切って、純粋な楽園気分に浸ることができました。

先述のように「亜熱帯」「南国」は、その場所の地理・気候を活用しながらも、人工的に創り出したものでもあるので、他の場所に転用でき、各地と競合します。「日本のハワイ」の役割を与えられた沖縄も、ハワイ・グアム・サイパンなどと競合におかれました。80年代には日本の婚姻数が減って新婚旅行ブームが衰退する上に、「お金をかけて行くなら海外へ」という考えが主流になります。円高の影響もあり、沖縄はハワイに新婚旅行のメッカの地位を譲ったものの、新婚旅行ブームから海浜リゾートへ、沖縄観光はより成熟し、ターゲットもヤング層中心からファミリー、シニアを含んだ全域へと拡充し、転換をとげたのでした。

宮崎のロードパークの手法が沖縄の恩納海岸に活用され、それに沿って立地したムーンビーチホテルの成功が、沖縄をハワイと競合する海浜リゾートへと導いたのですね。

南国の逆行・北上、さらにはインバウンドへ

こうした海浜リゾートのハワイや沖縄を、全国の観光地はモデルにし始めます。80年代末のバブル経済期、政府は内需拡大をうたい、国策としてリゾート開発ブームを全国

に呼び起こしました。大半は失敗に終わるのですが、その主要なモデルになったのが、テーマパークとしての東京ディズニーランドと、滞在型海浜リゾートとしてのハワイ・沖縄でした。

その典型例は皮肉にも、93年に開業した宮崎県のシーガイア・リゾートです。宮崎は往年の「観光宮崎」の盛り上がりを取り戻そうと、国のリゾート振興法を活用して巨大リゾート開発を行いました。その中核施設「オーシャン・ドーム」は、人工的な波をつくる屋内型巨大プールで、年間を通じて海水浴やサーフィンができるようにしました。モデルは明らかに常夏の海浜リゾートであり、ハワイ・沖縄に近いわけです。新婚旅行ブーム期には宮崎からハワイ・沖縄へと、南国がさらに「南下」した流れが、バブル期には逆行して「北上」したわけですね。

宮崎で花開いた新婚旅行ブームが縮小した後、ハワイや沖縄ではリゾート・ウェディングの人気が高まり、コロナ前まで一大マーケットを形成していました。結婚式を終えてハネムーンに行く従来型でなく、旅行先で結婚式を挙げ、ハネムーンとセレモニーを同時に楽しむ新しい楽園の形が、90年代以降に急速に広まりました。その2大拠点がハワイと沖縄なんですね。沖縄では国内市場だけでなく、インバウンド観光としても、アジアの富裕層から中間層をターゲットに、沖縄でのリゾート・ウェディングへのプロモーションが行われてきました。いまや「日本のハワイ」は日本人だけのものでなく、アジア諸国の人も享受するものとなり、沖縄は彼らにとっての南国楽園の役割も果たしつつあるのですね。

写真３－５　沖縄・古宇利島のハートロック

第４講　巨大イベントと地域開発

１節　開発装置としての万博

万国博覧会の歴史と効用

半世紀を経て、東京オリンピックと大阪万博が再び開催される流れとなりました。ここでは万博、特に１９７０年の大阪万博と75年の沖縄海洋博を取り上げ、巨大イベントと地域開発の関係を見ていきます。

万国博覧会は、複数の国が出展に参加する国際イベントです。最初の万博は１８５１年のロンドン万博で、その成功で各国が後を追って開催してきました。万博はなぜ、何のために行われてきたのでしょ

表４－１　主な万博の祝祭的な意義・テーマ

年	開催地	祝祭的意義・テーマ
1851	ロンドン	万国の産業の成果
1876	フィラデルフィア	アメリカ独立 100 年
1889	パリ	フランス革命 100 年
1893	シカゴ	新大陸発見 400 年
1904	セントルイス	ルイジアナ買収 100 年
1939	ニューヨーク	明日の世界
1958	ブリュッセル	科学文明とヒューマニズム
1967	モントリオール	人間とその世界
1970	大阪	成長の持続と調和
1975	沖縄	日本復帰／海洋
1985	つくば	人間・居住・環境と科学技術
1990	大阪	自然と人間の共生
2005	愛知	自然の叡智
2010	上海	より良い都市、より良い生活
2025	大阪	いのち輝く未来都市

うか。

博覧会は「ひろく展示を見せる会」で、視覚性を前提にしています。[1] 博覧会の効果は「実質性／祝祭性」の観点から、二つに分けられます。一つは**実質的な経済効果**です。19世紀の万博は、新しい技術や物産を展示して国民を啓発する「産業社会の学校」の場となりましたが、20世紀には娯楽化を強め、観客動員による経済効果が重視されていきます。またそのイベント開催に向け、大規模な公共事業が発生します。会場建設に加え、周辺の道路・鉄道・水道などのインフラ整備、会場の跡地利用などです。19世紀後半のパリ大改造は、万博をくり返しながら行われました。

合わせて重要なのは、**祝祭的な効果**です。大戦期まで万博は国威発揚や植民地主義と結びつきましたが、戦後は大衆消費のお祭りへと変わります。また１８５１年ロンドンの主会場・水晶宮の透明なガラス建築や、89年パリのエッフェル塔、93年シカゴの観覧車、１９００年パリの電気照明による夜景など、万博は各時代の新しいテクノロジーを先取りして活用し、観客に視覚的な非日常感を呼び起こし、〈未来〉イメージを祝祭的に演出してきました。

「実質性／祝祭性」は、日本のイベントにも見てとれます。１９６４年東京オリンピック以来、万博・オリンピック・地方博覧会・テーマパーク・ワールドカップなどのイベント文化と、高速道路や新幹線など関連するインフラ整備において、祝祭性は実質性とくり返し結びつけられ、地域開発を促してきたのですね。

1　吉見『博覧会の政治学』。

新全総と万博

全国総合開発計画（以下「全総」）は１９６２（昭和37）年、経済企画庁によって策定されます。太平洋ベルト地帯に重点的にコンビナートを開発した結果、過密・過疎や地域格差が問題となり、国土の総合的な開発の見地から全総が立ち上げられたのです。しかし工業の地方分散は進まず、過密・過疎や公害はさらに進行します。批判世論が高まる中、69年発表の新全総も開発路線をひた走り、全国的な交通ネットワークの整備で地域格差を縮めようとしました。

全総・新全総が工業を起爆剤に、開発を列島全体へ拡散させる、日常的な仕掛けであるなら、対照的に東京オリンピックと大阪万博は、イベントを起爆剤に、開発を巨大都市へ求心させる、非日常的な仕掛けでした。この対照的な仕掛けは連関しあい、当時の日本列島に〈開発〉を展開していきます。東京オリンピックも（1兆円）大阪万博も（６５００億円）、開催に向けて新幹線・高速道路・一般道・地下鉄・ホテル・上下水道など、巨額の予算を投じて関連インフラを整備し、その大半を交通が占めたのは、新全総の理念と合致していました。

高度成長期の日本を動かした流れは、**表**のようになります。東京と大阪で確立された開発・イベント・交通・観光という4つの次元は、72年復帰後の沖縄にそのまま流れ込みます。この4つの次元の関係・流れ（**図**）は、大阪万博と海洋博の間の72年に冬季オリンピックを開いた札幌にも、同型の構図を見出せます。札幌もこのときに、北海道初の高速道路や地下鉄を開業したのです。

表４－２　高度成長期の日本を動かした４次元の流れ

次元	60年代前半	→	60年代末～70年代初頭	→	72年復帰後の沖縄
開発	全国総合開発計画	→	新全国総合開発計画	→	沖縄振興開発計画
イベント	**東京オリンピック**	→	**大阪万博**	→	**沖縄海洋博**
交通	東海道新幹線	→	高速道路・モータリゼーション	→	国道58号線・沖縄自動車道
観光	海外旅行の自由化	→	ディスカバー・ジャパン	→	〈青い海〉の亜熱帯リゾート

ベースには開発があり、その非日常的な起爆剤が、オリンピック・博覧会という巨大イベントです。イベントには観客を呼ぶ交通手段が必要となり、その集客がマス・ツーリズムにつながります。巨大イベントによる開発は、交通と観光を一挙にその地域に実現させる効果をもつのです。

万博が内在的にもつ開発志向

万博と開発の関わりは、公共事業や経済効果の面だけではありません。万博の歴史を振り返るとき、万博自体が内在的に開発志向をもってきた点も重要です。

19世紀の開始以来、万博は〈未来〉〈成長〉〈進歩〉〈生産〉を謳歌し、〈科学技術〉の力を信奉し、〈開発〉〈フロンティア〉を志向し、植民地主義の面をも色濃くもっていました。第2次大戦後、万博のこうした志向は変わっていきます。それまでの万博が賛美し、人類の明るい〈未来〉を約束したはずの科学技術文明が、実際には2度の世界大戦や環境破壊、精神の荒廃を招きました。１９５８年ブリュッセル博、67年モントリオール博など戦後の万博は、こうした文明の負の側面を反省し、「人間性」の回復を唱えていくのですね。

これを引き継いだ70年大阪万博のテーマは、「人類の進歩と調和」でした。東洋初の万博であることから〈和〉の精神を押し出し、〈進歩〉に〈調和〉をつなぎました。その裏には、当時の日本国内の思惑もからんでいました。国内世論は60年代の大規模な開発による公害の噴出で、〈進歩〉〈成長〉〈開発〉路線への反発や違和感を強めていました。

図4－1　4つの次元の関係・流れ

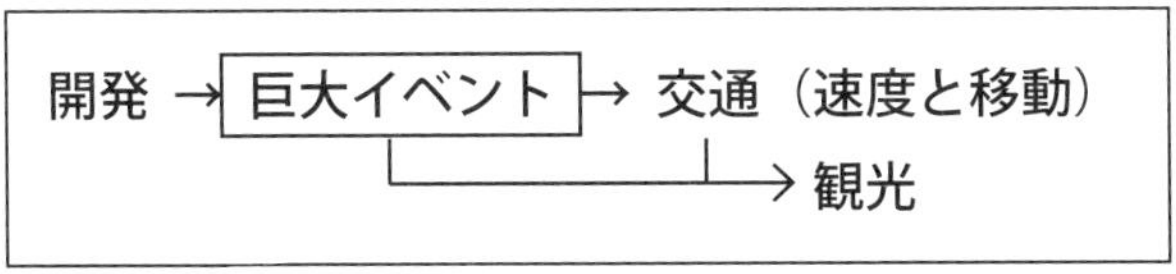

〈調和〉は、開発路線を延命させる中和剤の役割を果たすキーワードでもあったのですね。

75年の沖縄海洋博も、〈海〉のテーマのなかでこの流れを踏襲します。そのテーマ委員会では、〈開発〉という言葉に議論が集中しました。それが自然破壊や海洋汚染を連想させるため、テーマに入れないほうがよいのでは、という懸念です。結局「人類の未来にとって、開発のない進歩はありえない」として、海洋汚染・環境破壊を伴わないような〝開発の精神〟をもとに、テーマ・基本理念を考えていこうという結論に至ります。[2] 海をめぐる「開発と環境保全」の結びつきは、大阪万博の「進歩と調和」を引き継いだのですね。当時は、人類が宇宙に到達した後に残された「最後のフロンティア」として、海洋開発が脚光を浴びた時期でもありました。こうしてテーマは、「海―その望ましい未来」となりました。

2　電通編、１９７６『沖縄国際海洋博覧会公式記録（総合編）』沖縄国際海洋博覧会協会、38頁。

２節　大阪万博と都市開発

博覧会を反復してきた近代大阪

明治末期以来、大阪はおよそ20年間隔で、時代を映す代表的な博覧会を開いてきました。１９７０年の大阪万博も、その系譜に位置づけて理解できます。

まずは１９０３（明治36）年、大阪・天王寺で開かれた第５回内国勧業博覧会です。第３回東京上野、第４回京都の１００万人から４倍もの４３５万人が入場、最大規模となりました。殖産興業の一環として始まった内国勧業博ですが、大阪ではメリーゴーランドやウォーターシュート、夜のイルミネーションなど、娯楽性を高めました。跡地は、通天閣を軸としたまち・新世界や遊園地ルナパーク、天王寺公園など、この地の都市開発と結びつきました。

大正末期、大阪市が東京を抜いて人口200万超の大都市に成長し、「大大《だい》阪」と呼ばれた時期、1925（大正14）年には大大阪記念博覧会が、大阪毎日新聞社の主催で開かれます。会期47日間で189万人が入場しました。このイベントも、関一[3]・大阪市長による第二次市域拡張にともなう都市開発と連動していました。会場は天王寺公園と大阪城という、市域を代表する二大立地でした。

次は戦後復興期、昭和20年代です。1948（昭和23）年、復興大博覧会が天王寺の夕陽丘で開かれました。復興のモデルとなる市街地が整備され、会期後には囲いを撤去して多くの建物がそのまま活用されました。1952（昭和27）年の講和記念婦人とこども大博覧会（天王寺公園・大阪城公園）も、復興の枠組みのもとにありました。

これ以外にも多数の博覧会が開かれてきました。大阪は博覧会都市であり、時代ごとに都市の開発・再開発と連動させる形で博覧会を開いてきました。そのなかでも70年日本万国博覧会、大阪万博はやはり際立っていますが、こうした博覧会と都市開発の系譜に位置づけると理解も深まります。その後もバブル期に、一連の博覧会が開かれていきます（後述）。2025年の大阪・関西万博も、こうした流れの延長上にあるわけですね。

3　**関一**（せき・はじめ、1873-1935）
東京高等商業学校（現・一橋大）の教授から大阪市役所に転身し、大阪市長となる。社会政策・都市計画の知見を活用して御堂筋の拡幅や市営バス開始、地下鉄建設などを行うとともに、第二次市域拡張によって「大大阪時代」を実現した。

千里ニュータウンと大阪万博

大阪万博を語る際、先行した千里ニュータウン開発との関係も重要です。それが進んでいたから、万博も北大阪の隣接地に誘致しやすかったんですね。

明治末〜大正期、大阪市内には工場立地や人口が集中し、住居や大気、交通の劣悪な環境は深刻化していました。急務となった郊外の住宅開発を、阪急電鉄の設立者・小林一三が沿線に進めたことは有名です。戦後も復興〜高度成長期に大阪圏へ労働人口が集中し、大規模な住宅供給が必要となり、千里丘陵に日本初のニュータウン建設が開始、全国の先駆的なモデルとして脚光を浴びます。

万博がニュータウン開発の隣接地に決まり、土地買収と開催準備が比較的スムーズに進んだのも、当時の自然な流れでした。しかもその場所は、新幹線・伊丹空港・名神高速・太平洋ベルトなど、既存の開発の流れとも接続が良い立地でした。万博の会期に合わせ急きょ整備された鉄道・北大阪急行は、地下鉄御堂筋線の主要駅と会場を短時間で直結し、会期後も千里ニュータウン住民の主要な交通手段として活用されました。

写真4－1　千里の街並み

ふたつの万博の仕掛け人・堺屋太一

大阪万博から沖縄海洋博への連続性をみるとき、両方を企画推進したキーパーソンとして、池口小太郎という当時の通産官僚がいます。有名な作家・堺屋太一[4]です。彼は本名・池口の名で『日本の地域構造』『日本の万国博覧会』などの本を書き、万博やその地域開発効果を人々に啓発し、認知度を高めようとしました。

4　**堺屋太一**（1935–2019）作家。著書多数。通産官僚時代に大阪万博と沖

さらに、復帰後の沖縄で海洋博の開催を提案したのも、彼なのです。池口は72年5月の沖縄復帰と同時に、沖縄開発庁沖縄総合事務局の通商産業部企画調整課長に就任します。沖縄の観光開発を構想し、主要産業に育てようと考えた彼は、大阪万博と同様に海洋博を開催し、関連事業として道路や宿泊施設などのインフラ整備を図りました。池口（堺屋）こそが、大阪万博～海洋博～沖縄観光の流れを、人為的に仕掛けた人物だったのですね。

彼は、万博の仕掛けが単なる経済効果でなく、経済効果と社会・文化的効果が相互作用しあう「全社会的な効果」を強調しました。これは、全総～新全総の工業開発や交通ネットワークによって、ひたすら経済成長路線を貫いた経済企画庁の発想とは対照的でした。

彼は万博の全社会的な効果のうち、特に重要なものを2つ挙げます。[5] 一つは、開催地大阪を文化・社会面で活性化し、日本の東京集中の構造を改善することでした。多くの万博開催地は経済的に発展してきましたが、文化面の効果も大きいと言うのです。実際ウィーンやパリ、シカゴは、万博を通して世界的な芸術の中心地に成長したのであり、池口は大阪にもこの効果を求めました。また彼は、万博で大阪の国際的な知名度（ブルデューのいう象徴資本⇩5講）を高めることもねらいました。それにより国際観光・貿易が活発化し、外資系企業も増え、外国人居住者や留学生も増えるという、地域のブランド化の効果です。

第二次大戦中から経済も文化も、東京集中が進んできました。特に文化面では国民に東京への憧れが高まる一方で、他の地域は魅力も活気も失われてきていました。池口は万博の大阪開催で、この東京集中を解消できると考えたのでした。

縄海洋博を担当、沖縄の観光開発を導いた。在職中に執筆した小説『油断！』ではオイルショックを予言、「団塊の世代」も彼の命名。歴史小説もあり、ＮＨＫ大河ドラマ「峠の群像」「秀吉」は彼の原作による。90年代末、小渕～森内閣では経済企画庁長官を務めた。

5　池口小太郎、１９６８『日本の万国博覧会』東洋経済新報社、２３０－２３６。

万博のもう一点の全社会的な効果は、万博を機に日本の産業様式を組みかえ、「脱工業化社会」へ踏み出すことでした。池口は、来るべき脱工業化・情報・消費社会を、60年代末には見越していました。彼は万博そのものを、情報・知識・観光・時間（レジャー）産業の集約形態だととらえ、実際に万博を通じて、ファストフードのような新型の外食産業やカジュアルウェアが普及しました。新たな産業・文化・社会の〈開発〉であり、大阪万博はその媒体となりました。

復帰後の沖縄の振興開発を考える際にも、全総的な工業開発の流れと、海洋博～観光開発の流れと、両方の路線があったのですが、工業誘致は順調に進まず、ちょうど当時の脱工業化・消費社会化の潮流をうけて後者が優勢となり、観光リゾート化が主流となります。大阪万博～海洋博の開催は、工業からレジャー・観光への転換期と重なっていたのですね。

ところでこの時期は、ちょうどドラッカーの『断絶の時代』が出たタイミングとも重なります。この本でドラッカーは、財の経済から知識の経済への移行が進み、いまや知識が中心的な生産要素になったと述べました。知識社会の到来は、長い工業化時代からの断絶、脱工業化への流れでもありました。

知識社会や脱工業化を語った論者としては他にも、ダニエル・ベルやアルビン・トフラーらの仕事が有名です。しかし、実は堺屋太一自身も80年代に日本の文脈で、独自の「知価社会論」を展開していたのです。[6]

大阪万博は様々なアートや建築、パビリオン展示などで大きな話題を呼び、６４２１万人もの観客を集めて日本社会に強いインパクトをもたらしました。その70年前後の時期

写真４－２　大阪・万博記念公園

6　堺屋『知価革命』。

は、ちょうどドラッカーの断絶の時代、知識社会の始まりと符合します。日本も工業化から知識社会への転換期であり、ドラッカーと堺屋の親近性は明らかです。

３節　本土型開発の起爆剤としての沖縄海洋博

海洋博で東京・大阪に続いた沖縄

日本復帰前後、沖縄に開発の波が押し寄せる契機は、69年11月の返還決定と、70年１月の通産省の海洋博構想でした。沖縄と本土の要人が集まる沖縄経済振興懇談会は、万博開催中の大阪で70年３月に開いた第５回から議論を実質化し、そこで海洋博が議題に上ります。沖縄側には、それまでの奄美や小笠原への経済援助が、投資額のわりに開発効果が弱いことへの懸念もありました。むしろ沖縄がモデルにしたのは、オリンピックの東京と万博の大阪でした。海洋博という巨大イベントによって復帰記念（祝祭性）と経済開発（実質性）を結びつければ、より総合的な開発効果を挙げられると考えたのです。以後、海洋博は復帰後の開発の起爆剤とされ、その関連公共事業は沖縄振興開発計画の柱となりました。

60年代本土で立ち上げられた全総～新全総の巨大開発路線は、復帰後の沖縄では沖縄振興開発計画という形をとりました。これと対をなして、東京オリンピック～大阪万博～沖縄海洋博という巨大イベントの流れが合流するのです。それらの関連公共事業は、鉄道や道路などの交通に集中し、沖縄でも１８００億円の海洋博関連事業の4割までが、本島西海岸の国道58号線と高速道路・沖縄自動車道の幹線２本に当てられました。海洋博を軸とした復帰後の沖縄開発はちょうど、先にみた新全総の交通ネットワークの枠組みに組み込まれたのです。

72年の復帰後、新全総には「第四部 沖縄開発の基本構想」が増補され、「日本の最南端」「貿易の中継点」「広大な海域」「亜熱帯」など、「日本の中でも独特の個性をもつ地域」として、他地域との差異・個性が強調されました。この差異化・個性化は、〈国土〉という均質的・抽象的な空間へと沖縄が再編・統合されてゆくプロセスの一環でもあったわけです。

新全総は復帰後も沖縄に残る米軍基地に言及しつつ、「自立的発展」による「基地経済からの脱却」、「平和経済」を押し出しました。開発の主要な手段はやはり新全総のネットワーク形成、交通網の整備であり、それを円滑かつ集中的に進める開発装置として、海洋博は効果的なイベントでした。折しも沖縄本島の自動車保有台数は、１９６５年の３万５千台から海洋博前の74年には21万台まで増加し、急速なモータリゼーションが進んでいました。[7] 海洋博の開催とともに沖縄本島全体が、新全総のいう「一つの都市のように」つながったのでした。

ですが博覧会と交通の関わりは、移動の利便性向上だけの話にとどまりません。前回第３講でも出てきた海と亜熱帯のロードパークであり、移動中の車内から見る風景の、美的・視覚的な次元です。パノラマ的知覚の構図を前提に、沿道には亜熱帯植物が植え込まれ、沖縄らしさが演出されました。海洋博の〈海〉のテーマ世界は会場内で完結せず、

7　沖縄開発庁沖縄総合事務局開発建設部、１９７７『沖縄国際海洋博覧会関連事業工事誌（一般国道58号）』37頁。

場外の沖縄の空間にまで拡げられていたのですね。

本土企業の沖縄進出

海洋博が決まって沖縄開発の主導権を握ったのは、道路や空港などのインフラ整備に予算を投じた日本政府と、ホテルなどの観光開発を進める本土企業でした。特に発言力を強めたのが、総合商社を中心とした企業グループです。この時期の商社は、レジャー産業基地を全国に建設していました。[8]海洋レジャーも脚光を浴びた時期に、沖縄と海洋博が浮上してきます。総合商社にとって海洋博に出展参加することは、沖縄に進出して海洋レジャー開発を行うことと、ほぼ同義でした。実際、彼らは復帰前後から海洋博会場の周辺をはじめ、沖縄の海岸沿いの広大な土地を、レジャー用に買収し始めていました。

レジャー施設を起爆剤に地域開発を進める作業は大がかりで複雑なので、商社単体でなく、同系列のグループ事業を組織化することは必須でした。大阪万博のグループ出展（三菱未来館・三井グループ館・住友童話館・富士グループ館・みどり館〔三和系〕など）も、企業グループのまとまりを象徴的・視覚的に表現していました。海洋博も〈海〉にテーマをしぼり、この流れを引き継ぎます。三菱海洋未来館・三井こども科学館・住友館・芙蓉グループパビリオン・ＷＯＳくじら館（伊藤忠系）・海洋みどり館などは、沖縄に海洋レジャー開発を行おうとする各グループの経済的存在力を、象徴的に具現化したものでした。

これら民間グループの博覧会出展と、当時のグループ化したレジャー産業による地域

8　「白熱化する総合商社のレジャー戦略」『レジャー産業資料』70年12月号、50–94。

開発は、密接に連動していました。巨大資本を媒介して、会場内の空間世界と、会場外の一般地域社会の空間が重なり、連動していく事態です。さらに言えば、博覧会の会場空間が都市・地域の近未来モデルとされ、そのコンセプトや空間構成の主体が、現実の都市・地域開発にも役割を担うような事態が生じていたのです。〈海〉の博覧会空間・テーマパークは、会場内だけで完結せず、会場外の〈沖縄〉全体が、同様のコンセプトと主体のもとに、海洋リゾートとして演出・開発されようとしていたのですね。総合商社のレジャー開発は、新全総～列島改造といった[9]、国土開発政策からも後押しされていました。

　復帰前に三井物産・芙蓉海洋開発・伊藤忠商事の各社が作成した海洋博のマスタープランのなかで、採用されたのは三井案でした。芙蓉と伊藤忠が会場候補地に本島中部の読谷村《よみたんそん》を選んだのに対し、三井案は北部の本部《もとぶ》半島でした。那覇から2時間かかる遠い位置でしたが、より広い範囲に開発効果が及ぶ点から、むしろ本部を三井は推しました。このプランで本部地区が会場に決まり、北部リゾート開発の拠点に位置づけられました。本部半島は一躍注目を集め、土地買い占めと地価高騰、乱開発という、思わぬ副産物を呼び込むことになりました。

　復帰直後に沖縄観光ブームが来る中、県の委託を受けた余暇開発センターは、本部リゾートゾーン計画をまとめました。「海洋博を契機として、昭和50年代以降爆発的に増大する国民の余暇需要に対応する国際的水準の大規模海洋性リゾートゾーンを本部半島に形成し、沖縄の経済社会開発の主要な核とする」壮大な開発構想で、成功すれば新全総路線で、「全国の海洋性レジャー・レクリエーション基地」のモデルになるとされま

9　**列島改造**
1972（昭和47）年、田中角栄首相の著書『日本列島改造論』が刊行、91万部のベストセラーとなった。全国に土地投機ブームを誘発して物価高も招くが、翌73年のオイルショックで列島改造ブームは下火となった。

した。[10]当初は県と地元市町村を中心に開発公社を設立し、そこに民間企業が出資協力する第３セクター方式を提唱し、参加を申し込む本土企業は数十社にまで達しました。

ですがこうした流れは、県内の革新与党や県民世論の猛烈な反発にあい、第３セクター方式は頓挫し、計画は大幅に縮小されます。インフラ整備による環境破壊と、本土企業の土地買い占めは、復帰のパニックを加速化し、混乱を招いていました。新全総路線の大規模なリゾート開発を復帰直後の沖縄で行うことは、明らかに時機尚早で、当時の人々の生活意識とはかけ離れていました。海洋博公園や本部半島がこうした構想に追いつくリゾートゾーンを自然発生的に形成し、広く知られる観光スポットに成長したのは、ようやく美ら海水族館がオープンする２０００年代以降のことで、四半世紀もの時間を要したわけですね。

写真４－３　本部半島エリアの海

未来都市のモデルとしての会場空間

以上は会場外の地域開発ですが、会場の中にも目を向けてみましょう。復帰直前、琉球政府は本部半島を会場地に選定した理由として、「海洋そのものも展示物と考えるべき」「雄大な山なみと、伊江島、瀬底島、水納島等の離島が見事な調和を見せ」ていると、現地の自然美を高く評価しました。[11]会場に広がる海は、そのまま博覧会のシーンを構成し、島々も展示のオブジェに位置づけられ

10　日本工業新聞社編、通商産業省企業局・沖縄国際海洋博覧会協会監修、１９７３『海洋博ハンドブック』１４４－１５０。

11　沖縄県沖縄国際海洋博覧会協力局、１９７６『海―その望ましい未来沖縄開催のあゆみ』９頁。

たのです。海洋博協会も、会場構成の基本構想をこう述べました。「美しく雄大な海そのものが、海洋博の最大のシンボルであるとの認識の下に、できるだけ場の重点を海におき、観客に海を主体的に体験させる。」[12]

パリ万博のエッフェル塔や大阪万博の太陽の塔のように、従来の万博の中心をなすシンボルは、モニュメンタルな建築物でした。これが海洋博では、沖縄の「美しく雄大な海」の風景そのものが、最大のシンボルとして活用されたのですね。

また会場計画の基本方針では、「会場の建設や諸施設のあり方については、沖縄の今後の開発や建設のモデルとなるような配慮をする」[13]と述べられました。博覧会場の空間構成は、沖縄の都市・リゾート開発のモデルとして考えられたのですね。〈海〉のテーマのもとに構築された自律的なイメージ空間だからこそ、テクノロジーを駆使した理想的な都市空間のミニチュア版を体現できる。それが、復帰後の新しい沖縄の「望ましい未来」を先取りして形象化した、〈海〉の世界だったわけです。大阪万博も会場全体を未来都市のモデルとしており、海洋博もこれを踏襲したのですね。

海洋博のテーマ「海—その望ましい未来」を最も具現化したシンボル建築は、政府出展の未来の海上都市・アクアポリスです。エメラルドグリーンの海に、白く巨大な構造物が浮かび上がりました。これが海上に配置されることは重要で、会場の陸域からそれを海と一体的にまなざす視覚の構図により、本部の海は展示の一部となり、〈自然—人間—技術〉の関わりと結びつきを表現できたのでした。協会はこの構造物を会場の中心に配置し、どこからも見えるように配慮しました。

万博の歴史においては、水晶宮やエッフェル塔、観覧車、電気照明など、各時代

12　『海洋博ハンドブック』3頁。
13　同27頁。

写真4－4　海洋博公園

の新しいテクノロジーを先取りした展示が、未来イメージを祝祭的に演出してきたことを先にみました。それらの展示は、後の生活や経済活動のモデルを提供していました。未来の海上都市を祝祭的に演出したアクアポリスも、この流れをうけています。

ただし、都市社会学者シャロン・ズーキン[14]の指摘によれば、１８９３年シカゴ万博と１９３９年ニューヨーク万博の間では、テクノロジーの展示方法が大きく変容したといいます。[15]前者では新技術は観覧車のように、生産物として直接展示されましたが、後者の時代には直接の工業生産を離れ、博覧会の風景全体に広がっていきます。ニューヨーク博では新技術は、全体テーマ「明日の世界」に組み込まれました。大阪万博の未来都市も同様です。

この変容は、「機械生産型テクノロジーから環境創出型テクノロジーへ」と言い表せます。沖縄海洋博も、この流れをうけています。アクアポリスはまさに、〈海〉の未来都市という人工的な環境であり、様々な諸技術を組み合わせた環境創出型テクノロジーの産物でした。それはまた、手塚治虫のプロデュースによって観客誰もが楽しめる、ファンタジックな体験環境として演出されてもいました。〈海〉をめぐるテクノロジーとファンタジーを集約し、結合させた“imageneer”の世界が、アクアポリスでした。この擬似イベントとしての海上都市は、沖縄の本部半島の海に、実際に浮かび上がっていました。イメージの〈海〉の世界によってつくり変えられつつあったのは、現実の海の方であり、アクアポリスと海洋博会場は、都市・リゾート開発のモデルとして提示されていたわけですね。

14　**シャロン・ズーキン**（Sharon Zukin, 1946–）　アメリカの都市社会学者。著書に *The Cultures of Cities* など。ディズニーのようなポピュラー文化（映画、テーマパーク）が経済のネットワークを産み出し、それが都市やリゾートのビジュアルな空間に展開され、地域開発を導いたことなどを明らかにしている。

15　Zukin, 1991, *Landscapes of Power*, 225–6.

４節　博覧会を続ける大阪

博覧会の再帰的反復

大阪万博と海洋博が開発の起爆剤として、当時の地域に与えたインパクトは絶大でした。沖縄では環境破壊や土地買い占めなど大きな混乱も招いたため、海洋博は今日でもいまだ県内で正当な理解や評価をされないままであり、問題の根深さを表しています。しかし、のちの観光立県への下地は明らかに、復帰記念イベント・海洋博を通して築かれました。大阪万博と海洋博ぬきで、大阪と沖縄の現代史を語ることは困難です。70年代、工業化からレジャー・観光への転換期に、これら２大イベントが重なった点も大きいでしょう。

その後はどうなったのでしょう。以後も博覧会や万博をくり返した大阪を見てみましょう。70年万博の後も東京一極集中は進み、大阪の経済衰退や地位低下はたびたび話題にのぼりました。それは大阪だけの問題ではなく、東京圏に対して地方都市が抱える共通の問題でもありました。

そんな中、82年には大阪21世紀協会が創設されます。きっかけは、当時サントリー社長の佐治敬三と、堺屋太一の雑談でした。[16]近年元気のない大阪を元気にしようと、堺屋は「大阪築城４００年まつり」のようなイベントをやったらどうか、と提案しました。

16　大阪21世紀協会編、２００２『文化立都―世界都市・大阪をめざして―20年記念誌』24‐49。

これに佐治が意気投合し、大阪21世紀協会と同計画がスタートし、御堂筋パレードが毎年恒例の行事となります。大阪21世紀計画は、83年から21世紀まで18年間連続して大型イベントを行い、その集客効果で経済振興を図る壮大な長期計画で、出発点の83年には、大阪築城４００年まつりとその目玉・大阪城博覧会が開かれたのでした。

提唱者・堺屋は84年の著書で、「イベント・オリエンテッド・ポリシー」を提唱しています。「『行事（イベント）を起すことによって経済と文化を発展させる政策』つまり、一時的には需要を創造し文化創造活動を刺激し、長期的には新しい産業文化（カルチャーミックス）を発展させる政策」[17]であり、21世紀計画でほぼそのまま実行されました。堺屋は、大阪築城４００年まつりの委員長でもありました。70年万博の提唱者・堺屋（池口）が、80年代の大阪で、再び博覧会を推進したのは興味深い点です。しかもこの博覧会は、大阪城ホールや大阪城公園の新駅、砲兵工廠跡の高層ビル街・大阪ビジネスパークＯＢＰの整備など、このエリアの大規模な再開発とも連動していました。会期２か月の博覧会入場者は、当初予想１２０万人を大きく上回る５３１万人にも達しました。

４年後の87年には天王寺博が、21世紀協会の主催で開かれ、会期１００日間で２４７万人を動員します。大阪城と天王寺は、明治以来の大阪の博覧会と都市開発の系譜・伝統にあって、博覧会をくり返し行ってきた２大拠点です。80年代、近未来の〈21世紀〉をシンボルに掲げながら、これら歴史的象徴性の濃い場所で再び博覧会を開くことには、大阪の歴史的アイデンティティを再帰的に活性化し、更新する意味が込められていたのですね。

写真４－５　大阪城とその周辺

17　堺屋『イベント・オリエンテッド・ポリシー』57－58。

さらに90年には、大阪市制１００周年を記念して鶴見緑地で準備されていた花の博覧会が、「国際花と緑の博覧会」に発展し、大阪で開く20年ぶり２回目の万博（ただし特別博）として入場者２３１２万人を集め、「万博・博覧会の大阪」の面目をまた更新したのでした。

大阪維新と２０２５年万博への展望

もっともこれらは、バブル期の華やかなりし時代のことでした。その後、大阪がさらに経済・財政の苦境に陥った末に、２００８年の橋下徹の登場以来、大阪維新や都構想の活発な動きが展開された経緯は、一般にも広く知られるところです。

ですが、そもそも橋下徹に声をかけたのも、実は堺屋太一なのです。この点はさほど知られていません。橋下は、堺屋がかつて推進した御堂筋パレードがマンネリ化し、財政的にも問題だとして廃止に動きます。それでも堺屋は再生の望みを橋下に託して知事選を支援し、当選後も橋下府政～市政や大阪維新の会、都構想のブレーンを熱心につとめました。２０２０年東京オリンピック招致の動きが高まると、高度成長期の東京オリンピックと大阪万博はセットだったと、万博再招致を橋下や松井一郎に情熱をもって説き伏せたのも、堺屋でした。[18]彼がいなければ、２０２５年の大阪・関西万博の再招致は実現していないでしょう。

ですが今日、すでに交通・情報のインフラも充分に整備された状況では、近代化や高度成長、復帰後の沖縄にみられたような巨大開発も必要なく、起爆剤としての万博も、役割を終えているようにも見受けられます。ディズニーやＵＳＪのような常設のテーマ

18　橋下徹、２０１９『橋下徹の「問題解決の授業」』プレジデント社、Vol.１３９、電子書籍版。

パークもありますし、会期限定の視覚消費と娯楽の非日常的なお祭りを行う必要は、果たしてあるのでしょうか。万博を今日開催することの意義に、疑問を呈する声は多いですね。かつての堺屋氏の大阪・沖縄での活躍と機転、絶大なる貢献には深い驚きと敬意を表しつつも、結果的に今日の大阪、そして日本が背負いつつある重すぎる負荷には、この博覧会都市の伝統・反復の悪しき結末について、深刻な懸念を抱かずにはいられません。

それでも展望を述べるなら、ここでも堺屋（池口）の70年万博のコンセプトから、教訓を引き出すこともできるでしょう。２０２５年万博の関連事業として、交通延伸などの話題は、経済効果ばかりを説いている印象も受けます。むしろ経済効果に還元されない、祝祭性の象徴・文化的効果を、いかに引き出していけるでしょうか。単線的な経済効果でなく、社会文化的効果と経済的効果の相互作用を立ち上げ、両者を循環させていく仕組みづくりこそが、重要になってきます。「その場を楽しんで終わり」「観客を動員し、経済効果を挙げて終わり」といった、長年続くイベントや集客施設のあり方の問いなおしも、求められましょう。楽しみながらも、この万博それ自体の中身、すなわちテーマ・コンセプト・展示・技術・歴史的位置づけなどを詳しく知り、多面的な意味を深く掘り下げるような、文化的営みへの流れをつくっていくことです。次の万博が後世にも、歴史遺産（レガシー）として語り継いでいけるような、多面的な意義や効用をもたらす方向が望まれます。

写真４－６　万博公園近くのエキスポシティ

補講　北海道の開発・観光史

沖縄に先立つ開発の歴史

ごく概略的ながら、北海道の開発・観光史もとても参考になるので、合わせて見ておきましょう。本格的なリゾート化が復帰後の１９７２年以降と、後発型の沖縄に対し、早くから観光地化した北海道の経緯を重ねることで、より長期の観光の歴史を把握できます。

また戦後の北海道観光は、戦前の植民地観光を別の形で受け継いだ面をもっています。「内国植民地」としての北海道と、当時の「観光アイヌ」の位置づけを問うことが可能です。実はこの面では、南国ハワイは、沖縄よりも北海道に近いのです。すなわち、ハワイアンとアイヌという先住民が、入植者の流入とともに激減・衰退を強いられながらも、観光の文脈へと包摂され、両地に固有のエスニックな特色の演出・誇示に利用された点においてです。今回は先住民観光を深く掘り下げる余裕はないのですが、大事な点なので指摘だけしておきます。

沖縄を考えるうえで、北海道は開発の観点からも重要です。北海道では、戦前の「開拓」から戦後の「総合開発」への流れはつながっています。戦後北海道の総合開発と観光がどういう関係にあり、開発の枠組みのなかで観光がどう伸びたかを見ていくと、復帰後の沖縄の動向との比較が可能になります。

北海道の歴史をみると、明治期の開拓から戦後期の総合開発には連続性があり、異なる文脈で同様の策を繰り返した様子がうかがえます。そもそも18世紀末以降、江戸幕府が東蝦夷地を直轄支配し始めたのは、対ロシアの国防面からでした（１７９２年のラクスマンの根室来航は、ペリー来航より60年ほど早い）。これが結果的に、先住民アイヌへの支配を強めました。明治政府が屯田兵を送り込んで開拓を始めたのも、国防の意味を含んでいたのですね。[19]

また戦前期の北海道庁は独立した地方自治体でなく、中央政府の出先機関であり、北海道の統治・開拓は元来「国策」の面が強かったのですね。敗戦直後の北海道の総合開発の枠組みは、こうした流れをうけていました。以後の北海道開発では国策の面は弱まりますが、むしろ復帰後の沖縄振興開発は米軍の駐留維持と相まって、こうした「国策（国防と経済振興）」を継承し、今日に至っているともいえましょう。

北海道開発に詳しい小磯・山崎[20]は、復帰後の沖縄振興開発に、北海道開発政策の経験が生かされモデルとなったことを認めています（小磯は元・北海道開発庁の官僚）。山崎は、政府の各省庁による「機能」別の開発政策に対して、北海道と沖縄が「領域」の特性をもち、北海道開発庁・沖縄開発庁という「領域別省庁」をもってきた点で共通すると指摘します。[21]

19　毎日新聞社編、１９７３『開拓　北海道の歴史』毎日新聞社。

20　小磯修二・山崎幹根編、２００７『戦後北海道の軌跡』北海道開発協会、23‐25。

21　山崎幹根、２００６『国土開発の時代　戦後北海道をめぐる自治と統治』東京大学出版会、11‐23。

北海道の長期の観光史

表3のような名所に選ばれた場所と温泉地、（札幌・旭川・釧路・網走のような）都市を主な訪問地として、戦前から戦後にかけて徐々に、北海道旅行の基盤は形成されました。

日本の国立公園政策は欧米に比べ、もともと自然保護よりは利用・開発を優先し、自然豊かな地をレジャー・観光へと産業的に活用する方向、「国民の保健・休養・教化」を重視していました。国立公園が戦前は内務省衛生局の管轄で、戦後は厚生省に受け継がれたことも、こうした性質を表しています。戦前に指定された12の国立公園のうち、すでに観光地化された日光、富士箱根、瀬戸内海、雲仙などは、こうした利用の観点のもと、近隣都市部からの観光需要を見込んでいました。[22]そうした中で、北海道から指定された阿寒と大雪山は原始性が強く、より保護にウェイトがかかっていました。ただしこれらは北海道の中心地・札幌から遠く、戦後まもなく利用の観点から、支笏洞爺国立公園が追加されたのですね。[23]

雑誌『旅』1960（昭和35）年10月号では、その年に行った「あなたが憧れている周遊券の指定観光地の人気投票」で、阿寒国立公園が1位になりました。2位十和田、3位雲仙、4位阿蘇、5位大雪山と続き、いずれも東京・大阪など大都市からの遠隔地で、自然豊かな国立公園でした。昭和9年に国立公園に指定された名所が「行きたいところ」として、安定して憧れを持たれていたこ

表4－3　北海道の名所指定の流れ

年	選定地	指定	選定主体
1916（大5）	大沼	日本新三景	雑誌『婦人世界』
1927（昭2）	狩勝峠	日本新八景	大阪・東京毎日新聞
1934（昭9）	阿寒・大雪山	国立公園	国立公園委員会
1949（昭24）	支笏洞爺	国立公園	厚生省
1964（昭39）	知床	国立公園	厚生省
1987（昭62）	釧路湿原	国立公園	環境庁

とがわかります。当時は距離・時間・経済面から、実際にはまだ行きづらく、これらの遠隔地を未知ゆえに憧れの対象にしていた人も多かったようです。

北海道の各地の知名度を大衆・全国レベルで高める役割を果たしたのは、戦後のメディア作品でした。昭和30年代から高度成長で旅行ブームが全国的に高まるのと相まって、北海道にも観光ブームを導きました。[24]

昭和30―40年代の観光ブームによる全体的な潮流の変化として指摘できるのは、「北海道の○○を見に行く」視察から、「北海道旅行に行く」こと自体が目的になったことであり、「視察から観光へ」の変化と端的に言えるでしょう。見るべき何かを求めて旅するよりも、旅行そのものが文化・流行となり、旅が手段から目的へと転換してゆくのですね。未知のものを見に行った視察の段階から、（メディアで見た）既知のものを確認しに行く形へと旅が移行するのです。ブーアスティンの言う「擬似イベント」化です。

こうした観光の文脈のなかで、開拓期から重い意味をもった「アイヌと熊」は、北海道イメージを表す象徴的アイテムとなりました。

表４－４　戦後の北海道ブームを招いたメディア作品

年	媒体	主な作品（一部）	ブーム地
1954（昭 29）	映画	君の名は	阿寒
1958（昭 33）	小説・映画	挽歌（原田康子）	釧路
1965（昭 40）	映画	網走番外地（高倉健）	網走
1966（昭 41）	小説・映画	氷点（三浦綾子）	旭川・大雪山
1971（昭 46）	歌	知床旅情（加藤登紀子）	知床
1981（昭 56）	ドラマ	北の国から（倉本聰）	富良野

22　村串仁三郎、２００５『国立公園成立史の研究』法政大学出版局、１２９頁。

23　俵浩三、２００８『北海道・緑の環境史』北海道大学出版会、２５６‐２６７。

24　表で示したものはごく一部で、北海道は東京を除けば、映画のロケが最も多い地であるそうです。「北の映像ミュージアム」推進協議会２００９『北海道　シネマの風景』北海道新聞社、24頁。

デザイナーの栗谷川健一は、数多くの観光ポスターの制作を通して、広大で多様な地を含む北海道のイメージを、全体として視覚化して表現するのに尽力・貢献した人物です。その仕事のなかで栗谷川は、北海道らしさを表すのにアイヌを登場させることにもなった点を、「私が観光の材料にしたこともまた事実」と、自戒しながら振り返っています。[25]「ムックリを鳴らすアイヌの娘」は１９５３年、第1回世界観光ポスター・コンクールで最優秀賞を受賞しました。また66年、冬季オリンピックの札幌招致を決めた際の栗谷川による招致ポスターは「スキーの源流」で、札幌の街・山・競技場などを背景にして、弓を持ち〝かんじき〟を履いたアイヌの男性が立つ姿が大きく描かれていました。その前の63年の招致ポスター「ジャンプ」と比べると、アイヌ色を押し出している分だけインパクトが強かったのですね。

一方、観光ブームの弊害も大きく、自然破壊、サービスや土産物の質の悪さ、観光客のマナーなども問題になってきます。結果的に、観光は北海道の経済・社会において、広く共有される重要テーマになりました。本州（内地）との関係が、（北海道に来る潜在的な可能性も含め）観光によって媒介されるようになったのですね。

これはあくまで昭和30—40年代の趨勢です。戦後直後の北海道の役割・位置づけは別のものが割り当てられており、それが変化してきてもいたのでした。今度はいったんそちらに目を転じてみましょう。

25　鎌田亨、２０１２『栗谷川健一　北海道をデザインした男』北海道新聞社、１０４頁。

総合開発〜博覧会〜オリンピック

敗戦で広大な領土を失った戦後の日本は、主に本州・北海道・四国・九州の四島へと著しく収縮・限定されました。[26]そうした事情にあって、北海道は未開拓の資源をもつ広大な「残された国土」として、引揚者の入植や食糧増産、産業基盤整備など、日本全体への役割を独自に期待され、「日本再建のホープ」と称されました。先述したように、北海道の総合開発は国策とされ、政府は北海道開発庁を設置しました。北海道総合開発計画（１９５１）も、全国総合開発計画（１９６２〜、全総）より先行していたのですね。ただしこうした「国策としての北海道総合開発」は、昭和20年代的なビジョンにとどまったのでした。

実際には総合開発は期待通り進まず、批判と論争が高まります（「ドブに捨てた８００億円」[27]）。昭和30年代、太平洋ベルト中心の経済成長で、北海道の位置づけも変化していきます。太平洋ベルトへの集中から生じた地域格差に対応して全総が立ちあげられると、従来の「国策」としての北海道の総合開発の独自性は困難になったのです。炭鉱や漁業が斜陽化し、工場誘致も順調に進まない。そこへ先述の観光ブームが到来し、観光が新しい産業として急速にクローズアップされてくるのですね。

１９５８（昭和33）年に札幌・小樽で開かれた北海道大博覧会は、「最大規模」「日本一」をアピールしつつ、初期の「総合開発」のビジョンを人々に啓発する面が強かったのですね。こうした博覧会は、明治の内国勧業博覧会以来、東京・大阪・京都をはじめ、全国の地方都市が繰り返し地域振興や民衆啓発を図って開催しており[28]、博覧会それ自体が戦前・戦後を通じ、近代日本の恒例行事になっていました。札幌も戦前、１９１８（大正７）年の開道五十年記念北海道博、１９３１（昭和６）年の国産振興北海道拓殖博などを開催していました。戦後は１９５０（昭和25）年旭川の北海道開発大博覧会、

26　町村『開発主義の構造と心性』。

27　中谷宇吉郎「北海道開発に消えた八百億円」『文芸春秋』１９５７年４月号、56‐72。もとは松永安左エ門ら産業計画会議が北海道開発について出した勧告書を紹介する形で、北海道開発を痛烈に批判し、物議を醸しました。翌５月号では北海道開発庁次長が反論を載せ、この時期には北海道開発の妥当性をめぐる議論や出版が活発になりました。

28　橋爪紳也監修、２００５『別冊太陽　日本の博覧会　寺下勍コレクション』平凡社。

１９５４（昭和29）年函館の北洋漁業博に続いての北海道開催であり、４～５年に１度は博覧会の開催が通例になっていたんですね。

ただし58年の道博は、盛んに「日本最大規模」をうたって巨額を割き、他の博覧会を凌駕する志向が強かったことから、従来の伝統に埋もれず、札幌市が地方都市群の中から抜き出ようという考えが、当事者の談からもうかがえます。総合開発館、地下資源館、電力館、農林館、水産館、工業館、貿易館、北海道観光と物産館などのパビリオンは、当時の総合開発計画を忠実に体現していたのです。

ですが10年後の道百年博、つづく冬季オリンピックになると、総合開発博でみられた実質的な内容の啓発よりも、祝祭イベントの娯楽性や経済効果、札幌の関連開発（インフラ整備）の面が前面に出てくるのです。この背景には、58年の道博が主に札幌市と札幌商工会議所によって企画運営されたのに対し、68年の百年博では北海道新聞社が実質的な運営を担った事情も大きいようです。[29] 58年道博では、企画にたずさわった札幌市の職員は、北海道の総合開発への認識を高めることにかなりの力を注ぎ[30]、博覧会の目玉も総合開発館でした。しかし68年の道百年を迎える段になると札幌市は、10年前の道博で市の通常業務が滞った経験から、博覧会を積極的には引き受けず、代わりに北海道新聞社が実質的な開催・運営を引き受けたのですね。

また66年の時点で、72年冬季オリンピックの札幌開催が決まり、市と商工会議所は道百年よりもオリンピックを目標として、計画と準備、思考とエネルギーを注ぐ状態にありました。そこには「総合開発からオリンピックへ」という、フレームの移行を見ることができます。実際68年の道百年博も、オリンピック会場になる真駒内公園で開かれ、

29　坂田謙司、２００９「北海道の地方博覧会」福間良明他編『博覧の世紀』梓出版社。

30　「座談会　道博を語る」『さっぽろ経済』57年２月号。

表４－５　札幌で開催された主な巨大イベント

年	巨大イベント
1958（昭 33）	北海道大博覧会
1968（昭 43）	北海道百年記念大博覧会
1972（昭 47）	札幌冬季オリンピック
1982（昭 57）	'82 北海道博覧会

開催をアピールするオリンピック館を設け、館外には聖火台とサマージャンプ台も設置し、連日黒山の人だかりの人気を集めたのでした。[31]68年の博覧会、さらには北海道百年記念そのものが、４年後のオリンピックに向けての準備プロセスに位置づけられたのですね。それほどにオリンピックは大きな意味を持ち、関連事業もそこへ集中していったのでした。

31　北海道大博覧会事務局、１９６８『北海道百年記念　北海道大博覧会』北海道新聞社。

開発と観光を促した起爆剤

開発・巨大イベント・交通・観光の４次元の連動については、東京～大阪～沖縄に即して先述しました。同型的な構図は、札幌にも見出せます。ベースには開発があり、その非日常的な仕掛けが、オリンピック・博覧会という巨大イベント（＝起爆剤）です。祝祭を機に公共事業を集中させる、お祭り型地域開発ですね。

72年札幌のオリンピック関連開発について、具体的に見てみましょう。オリンピック関連事業費２０００億円のうち、道路整備が８５０億円（４割以上）で、北海道初の高速道路を含んでいました（札幌―小樽、札幌―千歳間）。また道初の地下鉄（南北線・東西線）がオリンピックに合わせて札幌に導入され、４２５億円（２割以上）を投入、合わせて地下商店街も建設されました。空港も含め、交通に重点を置いていました。これはまさに、海洋博の沖縄も踏襲した点です。

また交通の巨大プロジェクトとして、すでにこの時期、北海道新幹線で札幌と東京をつなぐ話題が、青函トンネルの近い将来の開通と合わせて、まことしやかに語られていたのです。[32]東京オリンピックと東海道新幹線がモデルとなったのは明らかです。実際

32　「北海道新幹線鉄道序曲」『さっぽろ経済』１３３号、71年1月、など。

にはトンネル開通は88年、新幹線は２０１６年（東京―函館間）まで長らく待たれました。近年ようやく北海道新幹線が実現に至り、さらに札幌までの延伸と、冬季オリンピックの再誘致を掲げもした経緯からすれば、「全国を一つの都市のように高速ネットワークでつなぐ」新全総の発想が今日まで根強く続き、その延長上に各地があることに、あらためて気づかされますね。

他にも直接には大会準備としつつ、人口急増に対応して様々な都市インフラを整備することで、札幌市の近代化は一挙に実現されました。具体的には、著しい渋滞を緩和するための都心部道路の拡幅整備や街灯、ロードヒーティング、各会場への道路、札幌駅の改良、オリンピック報道用の通信施設、会場地・真駒内の土地区画整理、豊平川の橋の新設、都心部の駐車場、上下水道、電力・ガス、ホテル・旅館の新築・増改築、などです。[33]これらは今日まで、札幌の都市基盤の根幹をなす役割を果たしています。

表４－６　来道観光客数・札幌市人口・北海道人口の推移

年	来道観光客数	前年度比	札幌市人口	人口増加数	札幌市　備考	北海道人口
1960			523,839	17,305	面積 284.15㎢	5,039,206
1961	358,205	―	620,987	21,415	豊平町と合併→面積 1,008㎢	5,072,512
1962	405,387	113.2	656,173	26,218		5,098,982
1963	469,930	115.9	705,037	57,833		5,120,193
1964	547,251	116.5	750,315	43,232		5,143,045
1965	596,383	109.0	794,908	39,224		5,171,800
1966	608,219	102.0	830,153	30,936		5,186,799
1967	712,685	117.2	898,025	35,776	手稲町と合併、面積 1,117㎢	5,204,758
1968	863,314	121.1	935,902	47,859	**北海道百年記念博覧会**	5,213,483
1969	947,858	109.8	973,832	40,437		5,210,197
1970	1,169,245	123.4	1,010,123	36,162		5,184,287
1971	1,519,275	129.9	1,051,928	43,475		5,185,715
1972	1,767,741	116.4	1,099,102	48,893	**オリンピック、政令指定都市へ**	5,204,604
1973	2,172,794	122.9	1,152,377	51,195		5,234,046

観光北海道と大都市札幌のパラレルな伸び

表6より、60年代から札幌オリンピックへ向かう時期には、北海道への観光客数も、札幌市の人口も、毎年右肩上がりで急成長したことがわかります。道全体の人口は停滞しているので、札幌への人口集中が進んだわけです。博覧会・オリンピックとその関連事業は、これら観光と人口・都市の成長の両方に同時並行で対応し、さらに促進する面を持ち合わせていたのですね。

　道民の中心地として発展をとげた札幌は、観光北海道においても中心地であり、千歳空港から近い地の利もあり、観光拠点の役割を果たしました。消費都市・商業都市としての札幌は、都市観光とも重なり調和する面が多く（典型的にはラーメン・すすきの・雪まつり）、観光と都市が両輪をなして伸びていったわけです。

　ただし表の期間の後、75年以降バブル期の前まで、来道観光客数の伸びは鈍化し、停滞します（ちょうど沖縄やハワイなど南国志向が伸びた時期）。とはいえその時期の北海道が、右肩上がりでなくとも毎年安定して一定数の観光客を集めていたことも事実です。

　戦後の昭和20年に22万人だった札幌市の人口は、10年後には倍近い42万、20年後の昭和40年には80万人に近づき、20年強で4倍もの急増・規模拡大をとげたのです。全国的にもまれな成長ですが、炭鉱閉鎖で職を失うなどして仕事を求めてきた人々を吸収し、道内の他地域の過疎化や停滞と対をなしてきた面も、見逃してはなりません。道全体の人口の停滞が、それを表しています。[34]

33　札幌市総務局オリンピック整理室編、1972『第11回オリンピック冬季大会　札幌市報告書』札幌市。

34　ちなみに現在の札幌市は197万人を超え、全国の市区町村の中でも横浜市・大阪市・名古屋市に次いで第4位であり、北海道全体の4割弱を占めています（札幌市の2023年データより）。なお表の統計に関して、来道観光客数は北海道経済部観光局（数字は4～翌3月の年度ごと、延べ人数でなく実数、1961年度より計測）、札幌市人口は札幌市統計書、北海道人口は北海道総合政策部地域行政局統計課のデータより。

都市と観光から社会をとらえるビジョン

都市としての東京・大阪・札幌の開発は、オリンピックや博覧会を活用して交通整備に重点を置き、観光地としての開発ともセットで進められました。また観光・イメージは、都市や生活者にとっても象徴的なアイテム、自己認識のツールとなってきました。これは沖縄も同様です。

このように、観光は開発・イベント・都市・交通などと密に連動して発展してきました。「観光と非-観光」を区別し切り離すことは困難で、他の諸要素との関係のなかに観光を位置づけて考えることは重要でしょう。逆に言えば、こうした社会連関の中で、観光はいまや欠かせない一要素となっています（全体的・社会的事実としての観光）。観光を切り口にして社会をとらえる方向は、さらに多様な方面・地域で深めていくことができるでしょう。

第3部

長い歴史と象徴・交通

第５講　生きられた歴史と象徴世界

本講ではノルベルト・エリアスの『宮廷社会』『文明化の過程』やブルデューの国家論、ウォーラーステインの世界システム論などを軸に、長期の歴史と象徴世界をとらえる見方を提示します。紙数の都合上、概略をお伝えするまでになるので、より詳細を知りたい人は『社会学理論のプラクティス』をご参照ください。

1節　長期の歴史のとらえ方

個と反復を同時にみる

エリアスはヨーロッパ宮廷社会の研究を行うなかで、**図**のような社会的図柄、関係の網の目を、歴史に反復される現象として提示しました。歴史において、事件の一回限りで個性的な相は、反復的な社会的相と、複雑に結びつくと言います。歴史研究は従来、権力エリートの個人に焦点を当ててきたとして、むしろそうした力を個人に授けるエリート組織の網の目、社会的図柄のほうに分析の焦点を移す必要を唱えました。まず個々人を見るのではなく、関係構造から出発し、そこに個々人を位置づけるという発想転換です。エリアスは社会的図柄に、歴史のなかで反復される相同性を見出したのです。

社会的図柄によってエリアスは、「個人／社会」の二項対立図式を乗りこえ、人間の相対的な自律性と依存性を関係でとらえる視座を提示しました。「個人／社会」は別ものでなく、それらが実際表すのは、過程・プロセスなのです。例えばルイ14世のような王は、絶対的な支配者ではなく、細やかな編み合わせの制約に生きていました。図柄は、そのことを理解させてくれます。

エリアスは従来の歴史研究において、歴史をみる統一的な理論的枠組みが欠けていた点を指摘します。そうして図柄・文明化・国家形成・宮廷社会などの長期過程モデルで、経験的な歴史研究を理論的考察と結びつけて提示したのです。

エリアスは文明化の研究のなかで、大事なのは個々の過程や知識をくまなく集め研究することではなく、「個々の過程に方向と独特な特色を与える基本構造をみつけだすこと」こそが大事であると指摘しました。[1]

社会的図柄の変化は、個人の生を超えて、長期にわたって緩慢に進みます。時間・プロセスの重要性を、エリアスは伝えてくれています。

図5－1　社会的図柄

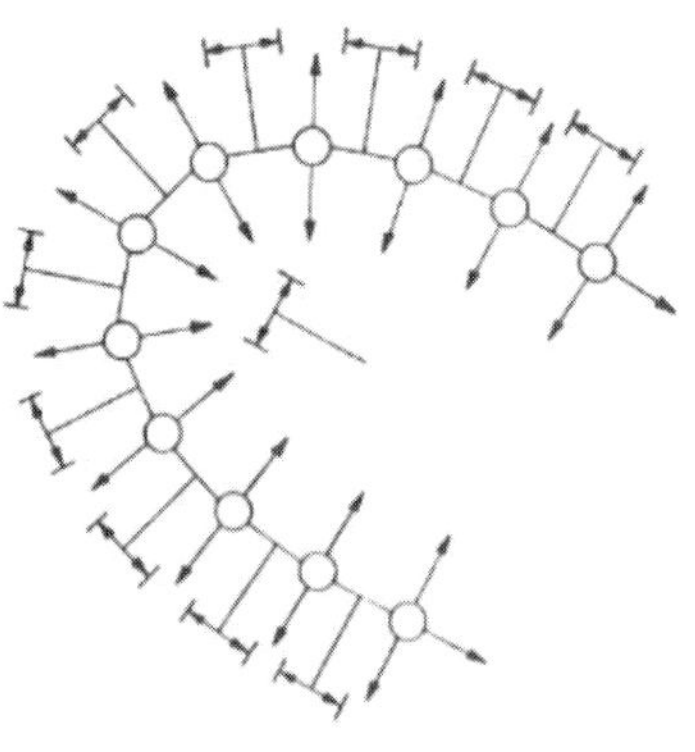

出典：ノルベルト・エリアス 1994『社会学とは何か』徳安彰訳、法政大学出版局、4頁

1　『文明化の過程』下、415頁。

王朝国家からの過程モデルを見出す

ブルデューは自らの国家論を展開するなかで、エリアスの宮廷社会論を継承しながら、近世の王朝国家から近代官僚制への移行に焦点を当てています。その際、ブルデューが歴史的探究の考え方・心がまえとして、エリアスと同様の知見を示しているのは注目に値します。[2] 官僚制の界の自律化過程を描く際に必要なのは、系譜学的な物語として記述することよりも、過程のモデルを組み立てることだ、というのです。あくまで事実に基づきながらも、一定の歴史プロセスにモデルやビジョンを見出すことが大事だというわけです。これは、過程の基本構造を見出すことを主張した先のエリアスと通じます。

またブルデューは、近代国家の特質を知るにも、先行する近世の王朝国家を見る必要性を強調します。近代国家が姿を現すのは、官僚制国家までの移行段階においてであり、王朝国家と国民国家、近世と近代の区別を見ることによってこそ、近代国家の特殊性も明確になると指摘したのです。ここでも長期の歴史を見ることの重要性を伝えています。

演繹的な時間像から生きた史的システムへ

長期の歴史に関連して、今度は世界システム論で有名なウォーラーステインを見ておきましょう。彼は、19世紀に確立した当時の社会科学の前提が今なお力を持ち、状況分析を妨げていると指摘し、その脱却を唱えました。[3]

19世紀社会科学はフランス革命の影響下で、「変化が常態」であることを受け入れました。また産業革命をモデルに、「発展 development」を中心概念としました。変化を「進

2　『国家の神秘』44頁。

3　『脱＝社会科学』。

歩」ととらえて進歩の必然性を強調し、資本主義世界経済が永続するような「非歴史的な時間」を前提にしてきたというわけです。

経済学者ロストウの発展段階論は、世界各地がいずれは先進国と同様の発展をとげるとして、**図**のようなS字曲線モデルを示しました。工業化による右肩上がりの発展の起点を、離陸 take-off ととらえたのです。こうした演繹的な発展モデルの思考は、各国の多様で複雑な現実が単一のモデルを踏襲することはないとして、１９６０年代には批判を浴びました。

対してウォーラーステインの世界システム論は、歴史のプロセスと国家・地域間の関係性を重視していました。資本主義世界経済の演繹的(非歴史的)な時間を創出した、19世紀型社会科学の時間像を脱して、世界経済を長期の「生きられた時間」のなかで、史的システムとしてとらえたのです。

図５－２　ロストウの発展段階論

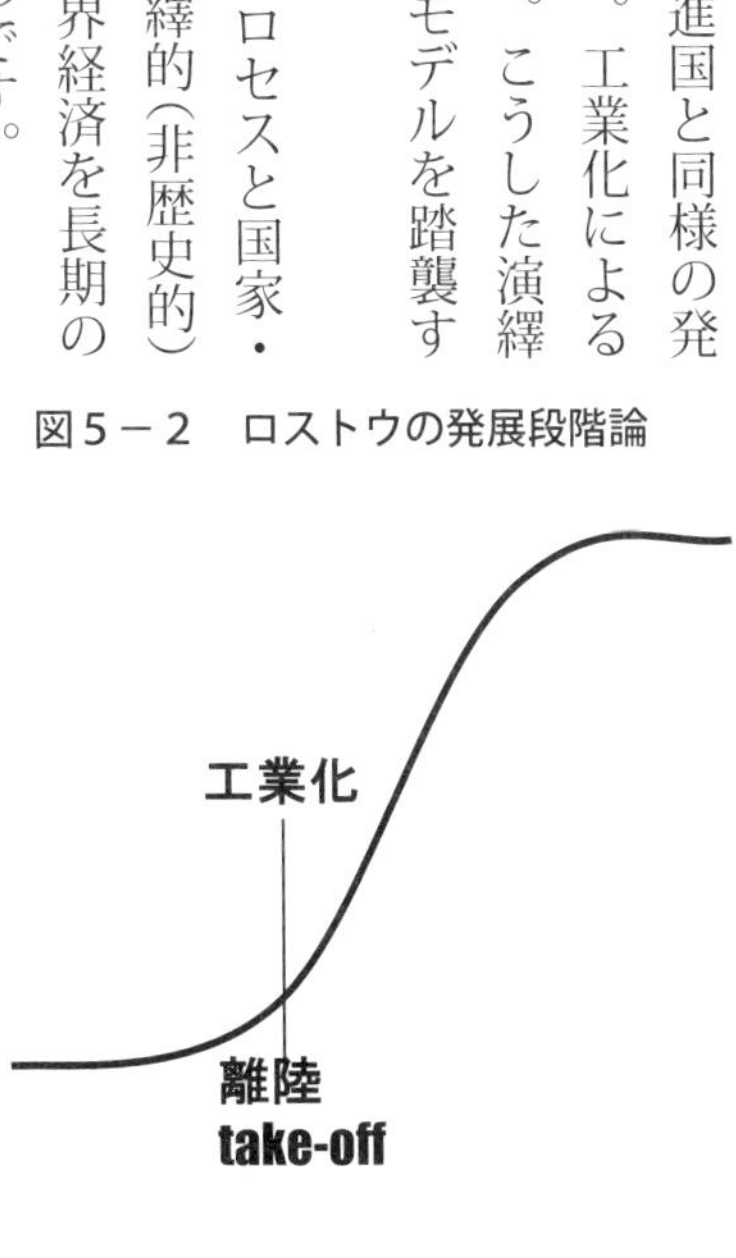

先立つ連続性を近世に見る必要

ロストウ的な発展段階論では、主産業として農業から工業への移行と、前近代から近代への移行が対応するとされました。実は社会学も長らく、近代化については同じような見方をしてきました。つまり工業化を歴史の劇的な転換点とみなし、それ以降を「近代」と位置づけたのです。しかも社会学は、こうした近代の社会を扱う学問として、自らをアイデンティファイしてきました。工業化や生産を軸として、変化や革命を重んじるこうした歴史観は、マルクスやウェーバーの強い影響を受けていたのですね。

ところが、こうした工業化・生産中心の歴史観は、歴史的事実と整合しない面も明らかになってきます。その工業化や産業革命を可能にした、ゆるやかな先行する流れも見出されてきたからです。詳しくは後述します。

社会学・社会科学は長らく、革命・政変・戦争・外圧といった、歴史の断絶・切断・非連続を重く見すぎる傾向がありました。ですがより長期の歴史からすれば、時代間の連続性もあることが見えてきます。近代の変動に先立つ近世に、近代の条件が整備された面もあるわけです。日本なら安土桃山〜江戸期がそうです。

2節　図柄＝界の関係論

図柄の個人は半自律的な関係にいる

再びエリアスの図柄理論に焦点を当てましょう。社会的図柄においては、一個人でなく多数の個人がいて、相互依存のネットワーク、関係構造を織りなしています。個人は半自律的な単位で、完全に自律的ではないことを、この**図**は理解させてくれます。また社会的な構成物は、物象化・非人間化してとらえられがちですが、それらも人の関係構造、網の目の産物であることが、直視できます。

私以外には誰も指摘しないことですが、関係ネットワークと歴史のプロセスを重視し、図柄モデルを提示したエリアスの射程は、先

図５－３　社会的図柄

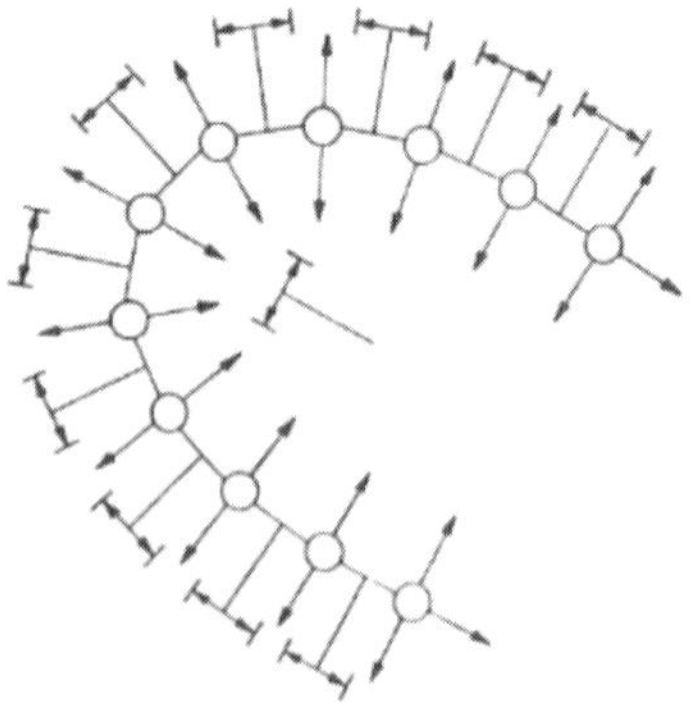

出典：ノルベルト・エリアス 1994
『社会学とは何か』徳安彰訳、
法政大学出版局、４頁

に見たドラッカーの社会生態学の視座と、重なるところが多いのです。〈孤立した個人〉像は、西洋モダンの人文社会科学で長らく力をもってきました。これをドラッカーもエリアスも、ともに批判しています。対して図柄モデルは、社会を関係でとらえます。

界で人は集合信仰に包まれ、主客が循環

図柄と合わせて、ブルデューの界もセットで見ておきましょう。ブルデューは界の概念を形成する際、エリアスの図柄からかなり影響を受け、継承しているからです。界の理論がエリアスの図柄をより精緻化させた面もあります。[4]

界（champ / field）とは、人々の社会的位置の配置構成です。ブルデューも、エリアス的な関係論の視座に立ちます。界は、プレイヤーたちのゲーム空間として立ち上がりますが、界の中で人々は、意識的・自覚的にゲームに参加しているとは限りません。出生以来の教育を通じてすでにゲームに参加しているため、ゲームへの自明な集合的信仰に包まれているのです。ブルデューはゲームのモデルで、主観的表象と客観的現実の循環を表しています。行為者はなんらかの界に帰属し、特定の価値への信仰に包まれています。経済・政治・教育・大学・芸術・スポーツなど、様々な領域が界です。界は社会的な構築物であり、長期の自律化プロセスの産物です。

界でハビトゥス形成、位置によっても異なる

界に参加するプレイヤーは、ゲームのセンス＝実践感覚をそなえています。行為者が身体化している、無数の状況に対応可能なこのセンスが、ブルデューのいう**ハビトゥス**

4　ブルデュー&ヴァカン、２００７『リフレクシヴ・ソシオロジーへの招待』藤原書店、１３１頁。

です。ハビトゥスは、社会関係の中で形成された身体能力であり、プラティック（行為）と表象（主観的な知覚・評価）を産み出し、体系的に組織化していきます。社会の中の位置によって、資本の量と構造（経済・文化など諸資本の配分比率）は異なり、位置・資本配分に適合したハビトゥスが形成されてくるのです。社会的位置もハビトゥスも、他との差異・関係のなかで定まります。

〈界―ハビトゥス―資本〉は、ブルデューにおいて密接に相関しあう概念です。これらがエリアスの図柄理論を継承し、より精緻化させてきた面を確認しておき、再びエリアスに戻ります。

図5－4　特定の界でハビトゥス形成

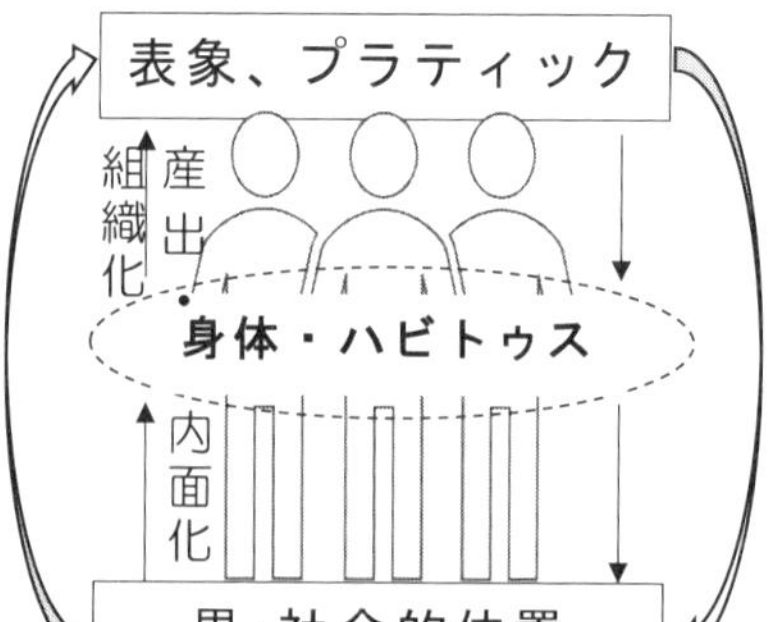

意図的でない文明化の圧力が人を動かす

エリアスのいう**文明化**の過程とは、人間の行動や感情の特定方向への変化です。文明化は、誰かが「合理的に」意図・計画・行動したものではありません。人間の相互依存の網の目から、個人の意志や理性よりもはるかに強制力をもつ秩序がうまれてくるというのです。

西欧の歴史において、暴力が中央に独占され秩序が安定すると、自己抑制を習慣づける社会の型づくり装置が確立してきます。軍事的な戦争に代わって、金銭や名声獲得をめぐる穏やかな強制が、個々人を覆ってくるとエリアスは指摘します。単発的な暴力行為は徐々に封印され、平均化された持続的な社会的圧力が広がるのです。自己制御が子どもに教育を通じて植えつけられ、制御された行動様式や習慣が自発的に生み出されるようになります。まさに、ブルデューのいうハビトゥスです。文明化は最上流階層から進みますが、相互依存の網が拡大するにつれて、長期的視野や自己抑制を担う人の範囲も拡大していきます。

威信守るため自己抑制や他者観察

近世ヨーロッパにおいて、貨幣の力で市民階層が勢力を増すと、貴族は上流の威信を守るため、王への従属に入り込みました。社会的威信を失うことへの不安こそが、外からの強制が自己抑制に切り替わる原動力となったと、エリアスは言います。

宮廷では刀の闘いに代わり、出世や成功を言葉で勝ちとる策略や争いが行われました。挨拶や会話が、話の内容以上の意味をもつわけです。社交の場の交流でたえず個々人の価値に意見・世論が形成され、他人の地位や相場価値を正確に知ることが、宮廷内では求められました。自己を監視し他人を慎重に観察することが、地位を守る条件になっていたのです。

図５－５　王という仕組み

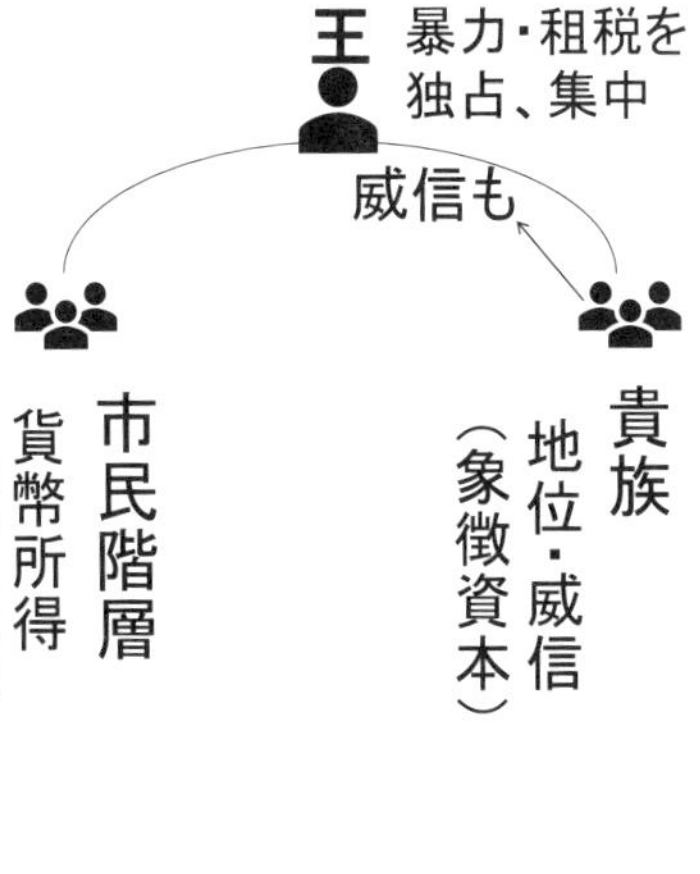

ここにみられるのは、近代の孤立した個人像とは真逆な、社会的編み合わせの中にいる個人です。エリアスが批判を念頭に置いたのは、ウェーバー的な合理性の議論に対してでした。歴史に存在しなかった「理性」のような知性の「状態」が、人間の「内」や「外」から来ることはなく、人間相互間の関係こそが変化するのだというのです。相互作用的な関係の網の目のなかで、適切に状況を知り、ふるまうことに、エリアスは宮廷的な合理性を見出しました。関係やプロセスを、固定した実体・状態へ還元するモデル化の思

考の危うさを、彼は指摘しています。

行為は関係のなかで自己表出を伝える

エリアスの関係論は、ゴフマンの議論とよく似ています。ゴフマンの上演論を見てみましょう。社会的状況のなかの行為は、行為者自身についての情報を、同時に伝えています。行為は常に、自己の印象を伝える自己表出でもあるのです。

「目の前の状況がいかなる場で、どうふるまうのが適切か」といった状況の定義をみて、人々は互いに自己の役割を演じます。目の前の他者のパフォーマンスを注視しながら、自分の指針をその場で立てるわけです。個人の外見はパフォーマーの地位や立場を、態度は役割を伝えます。このことは、のちの象徴をめぐる議論にもつながってきます。

ゴフマンは、ミクロな対面状況のなかで構築される、社会的な現実と自己に焦点を当てました。彼において自己は実体でなく、関係のなかで構築される存在なのです。エリアスの図柄論と重なることがおわかりでしょう。

身体の情感構造は関係構造とセット

文明化は、合理的に意図・計画されたものではありません。その知的作法は、すでにみたポランニーの暗黙知、ブルデューのハビトゥス／プラティック、ギデンズの実践的意識の次元に当たります。エリアスは合理化を、より全体的・身体的な衝動・情感構造のなかに位置づけました。彼の文明化はブルデューのハビトゥスと同様、意識／無意識の二元論を超えた「非－意識の原理」に立っています。

この非－意識の原理は、「関係構造のなかの個人」モデルと連動しています。たえず相互影響にさらされ、周囲に開かれ閉じてゆくさまは、ゴフマンの相互作用秩序そのものです。個々の身体がプリミティブかつ瞬時に、関係構造の動きに即応していく。社会的な関係構造と身体的な情感構造は、セットなのです。

宮廷的合理性は貴族が重んじた価値

有職市民の社会関係は、職業・金銭・商品によって媒介されたのに対し、宮廷人はより直接に社交関係の網目を生き、身なりや礼儀作法も細かく定められていました。威信を保つために、奢侈や消費も重視されました。ルイ14世は象徴的儀式で、威信や愛顧をめぐる宮廷人の競争を、支配に利用しました。

短期的な情感的指令に対し、長期的な現実志向的指令がまさるほど、より合理的になるとして、エリアスは宮廷的合理性を語りました。「名誉」は、貴族社会への帰属を表す表現であり、名誉を守ることは彼らにとって死活問題であり、それが彼らの理にかなうこと＝合理性だったのです。宮廷的合理性は社交関係における情感抑制であり、演技が重要となります。それは、「前もって数量化して予測を立てる」といったウェーバー的な市民的合理性とは、似て非なる世界です。

一方、礼儀作法は王にとっては貴族と距離を保つ道具でもあり、支配の道具でもありました。近世は貨幣経済と身分制社会が両立する時代であり、前者は市民を、後者は貴族を利したのですね。

近世の独占形成で支配も図柄におかれる

エリアスの宮廷社会論は、近世ヨーロッパを舞台としています。彼はヨーロッパ近世の特徴を、**独占形成**に見出しました。軍事力と経済力などの、中央権力への集中です。独占形成が進むからといって、一人の人間に権力が集中するとは限らず、むしろ逆です。独占形成に伴い多くの官僚が必要となり、支配層の図柄はより緊密化して相互依存を深め、トップの独占者も図柄の拘束を受けるようになるのです。分業化が進むほど、支配は王個人の手を離れ、機能分担が進みます。ブルデュー流に言えば国家の生成は、国家の作動に利害を抱く集団、官僚界の生成とセットなのです。

３節　象徴資本と宮廷国家

近世は貨幣経済とともに象徴も際立つ時代

エリアスは17―18世紀フランスの宮廷社会を扱うことで、ウェーバーのいう近代官僚制の前段階の時代に光を当てました。それはウェーバー「支配の社会学」から、近世の家産制国家論を継承する営みでもありました。

近世という時代は、貨幣経済やブルジョワの勃興で、象徴的なものを逆に際立たせた時代でもあります。威信・名誉・愛・承認・礼儀・美しさ・機知・

図５－６　貨幣経済で象徴的なものも際立つ

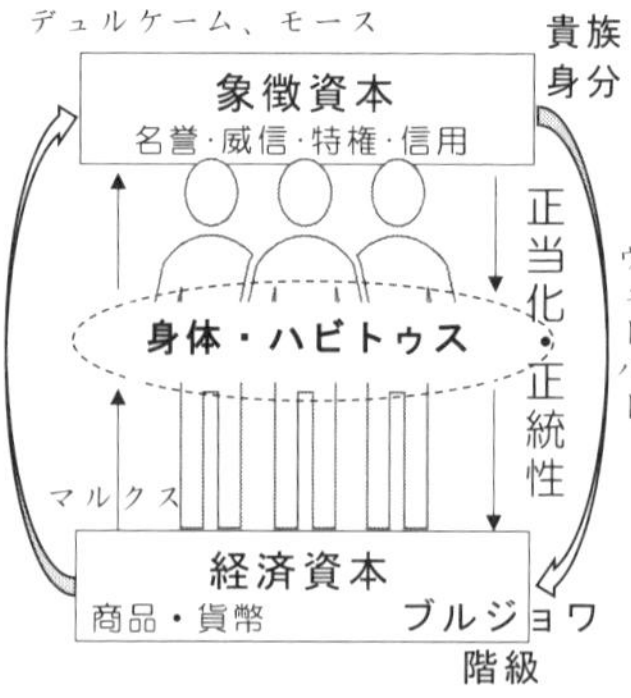

儀式・奢侈など、これら象徴的なものは、経済・金銭・商品などの物質的なものとの対比・関係のなかで、際立った意味をもっていたことが、エリアスの議論からわかります。ブルデューの用語を使えば、経済資本と象徴資本の二元的関係です。互いの関係のなかで、貴族は象徴資本を、ブルジョワは経済資本を身にまとい、人格化した存在でした。貴族の名誉や威信は、彼らが経済資本を犠牲にしても守るべき、象徴資本だったわけです。

主観の象徴資本も国家は集中独占した

エリアスは宮廷社会論において、近世における象徴的なものの重要性を伝えてくれました。それどころか、象徴的なものは近世にとどまらず通歴史的にも、現代にも重要であることを、エリアスは教えてくれているのです。

象徴的なものの重要性、これをブルデューに引きつけて「象徴資本」という用語を使う場合は、それが彼固有の表現であるため、彼がどういう含意を込めているかを確認しておく必要もありましょう。

資本とは何でしょうか。ここでは国家論の文脈に特化します。まず資本は、それがすでに集まるところにさらに集中され、他へ再分配されます。「**集中と再分配**」です。中央権力者が資本の集中と再分配によって支配・統治を確立するとき、資本は「**支配の手段・道具**」となります。すなわち資本は、それを集中させ保持することが目的になると同時に、次の活動・投資への手段にもなるのです。

これまで資本は、マルクスの影響もあり、経済的・物質的なものに限定されていました。ですが資本は、精神的・知的・主観的な次元を見出すこともできるとして、これをブルデューは**象徴資本**と概念化したんですね。「集中と再分配」「支配の手段・道具」という、先に挙げた資本の２つの特質は、象徴資本にも当てはまります。実際、エリアスが描いたルイ14世の宮廷統治の多くは、象徴資本の集中と再分配に当たる営みでした。

ブルデューはその国家論で、主観の次元においても精神構造や知覚・思考・教育の形をとって、頭脳の中にも国家が占めることを強調しました。こうした主観・思考・知のレベルでの国家の作用は、自明性のもとに見すごされやすいのですね。

ブルデューの国家論は、象徴面を重視します。それまでの多くの国家論は、物理的暴力の次元に偏っていました。ウェーバーの有名な国家の定義「物理的暴力の合法的独占」がそうです。ブルデューはこれを修正し、「物理的および象徴的暴力の合法的独占」と再定義しています。[5]

もちろん物理力資本の集中は、国家形成の決定的なファクターではあります。軍隊・警察の集中と、安定した租税徴集です。税制の確立は、経済空間の統一・国内市場の確立とセットでした。ブルデューはここに、象徴資本の視点を導入します。「なぜこの人たちに税を納めるのか」という、納税の正統性の問題です。国家による徴税と再分配が、「経済資本を象徴資本に転換させる原理」となったと言うのです。軍隊の実力行使の可能性を見せつつ、臣民の納税を妥当とする正統性が国家に付与されていくプロセスが、象徴資本の集中・独占であったというわけです。

図５－７　物理的暴力と象徴暴力の二重性・循環

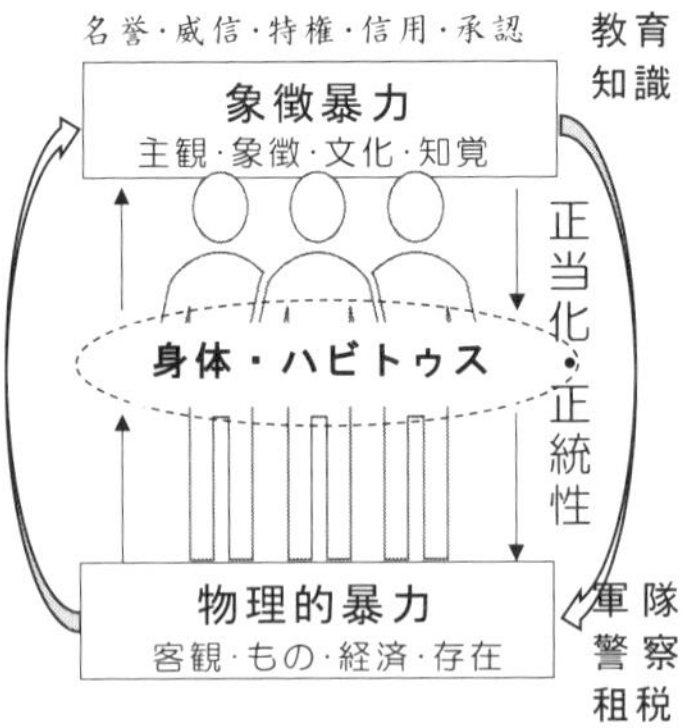

図５－８　メタ資本と諸資本の関係

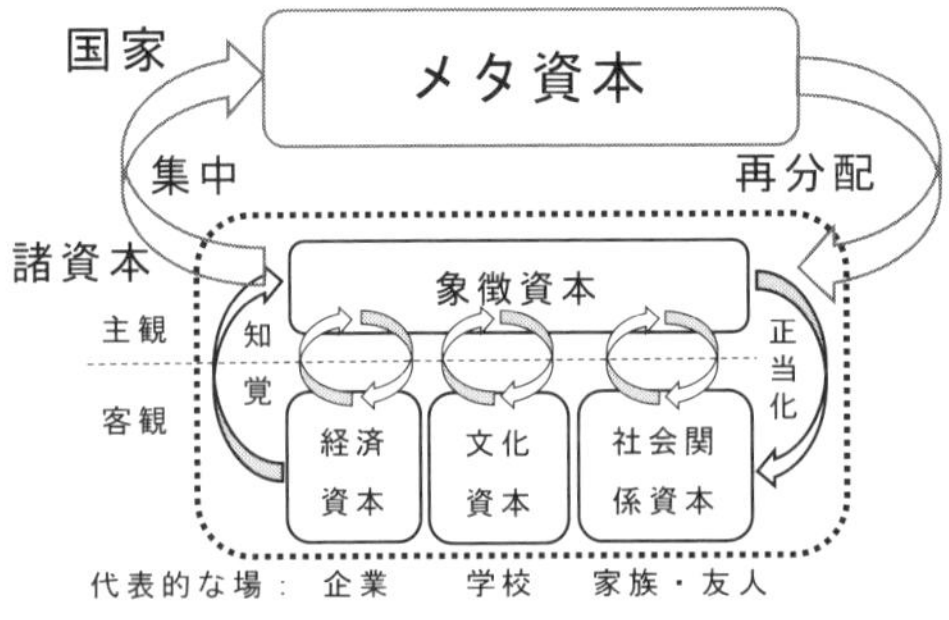

物理的な軍隊と財源の集中は、主観的な承認と正統性による象徴資本の集中と、セットで進められたことになります。

国家形成の歴史は、様々な資本が国家のもとに集約されるプロセスとも重なります。ブルデューによれば、国家は諸資本を集中させることでメタ資本の所有者となり、超越的・特権的な立場になります。国家が集中させたあらゆる資本は主観・認知をぐることで、象徴資本に転換されます。国家は正統な「認識と分割の原理」、主観的な知の枠組みを教え込む手段をもつため、象徴資本も国家に集中、再分配されるのです。[6]

国王は象徴資本を集中・再分配した

国家論の文脈で、象徴資本の基本特性を抽出しました。これをふまえて、再び宮廷社会論に接近しつつ、近世の王朝国家から近代官僚制への移行に関するブルデューの議論をたどってみましょう。

王朝国家では、国王は家の財産、特に象徴資本である貴族身分を利用して、国家（行政と領土）を構築していきました。国王一家にとって国家は、王の家と一体でした。それが宮廷です。

カントロヴィッチのいう「王の二つの身体」[7]は、超越的な制度と、それを体現する人格との二重性を表しました。国王は政策を、家の繁栄に奉仕させることを認められており、その際に婚姻戦略が決定的な役割を果たしました。婚姻戦略は、君主の人格のなかで成立する王朝の一体性を用いて、領土を拡大していったのです。国王という圧倒的な地位は、他の人々の信用・承認の連鎖に基づく、特別な象徴財であり、その地位によっ

5　『実践理性』132頁。

6　同134－142。

7　**王の二つの身体**　歴史家カントロヴィッチによる同名の書があり、ブルデューはその視座をたびたび用いた。個々の国王は、在位期間だけ国家を体現する。彼の生身の身体が死んだ後も、王位や王冠、王朝は存続する。この王朝国家の超越性は、王冠＝王家の超越性でもある。「王の二つの身体」は、個々の王の自然的身体と王家の超越的身体の二重性、超越的な制度とそれを体現する人格との二重性を指している。

て象徴資本を集中させることができたのです。[8]

近代官僚制は徴税の正統性を、公共支出によって裏づけるのに対し、王朝国家では国王が周囲に対し人格的に贈与・施しを行うことで、徴税を正統づけたとブルデューは指摘します。王は象徴資本を「人格」に集中させて再分配を行う、これが宮廷社会の仕組みだったのですね。

また象徴資本は、国家がもつ任命の権力の基礎でもありました。貴族の爵位授与権を国王が握るにつれて、身分上の名誉から国家が与える名誉へと切り替わっていきます。国家によってコード化され保証された象徴資本へと、移行が進むのですね。

近世の中央集権と象徴的支配は、日本では戦国時代を束ねた織田信長〜豊臣秀吉から徳川の時代が、それに当たります。これについては次講で扱います。

ジオカルチャーは政治経済と連動循環

国家論のところなので、ウォーラーステインがジオカルチャーの議論で、国家と知の関係を語っている点も、合わせて見ておきましょう。

彼によればフランス革命は、上部構造のイデオロギーが、下部構造の経済にようやく追いついた瞬間であったとされます。初めての本格的な反システム運動となったこの革命は、世界システムにショックを与え、文化・イデオロギーを経済・政治に追いつかせる役割を果たしたのです。

8　ブルデューは、家の論理と官僚制の論理、世襲主義と能力主義の矛盾こそが、王朝国家の変容に決定的な役割を果たしたと指摘します。要因そのもの（官僚制）より、諸要因間の矛盾こそが歴史を動かすという論点は重要です。王朝国家は世襲・血統・家柄にもとづく再生産様式を存続させつつ、国家官僚制で制度化される公務員集団と学校教育による再生産様式をも発展させ、後者が前者の正当性を掘り崩していったというのですね。

図５－９　自由主義と反システム主義

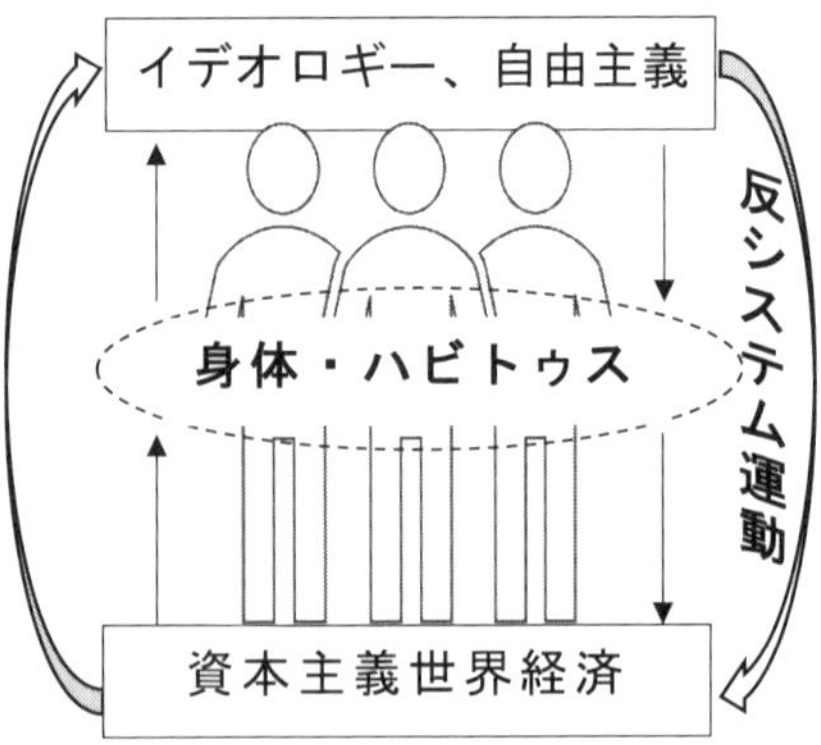

『近代世界システム』の第4巻で彼は、ジオカルチャーという概念を導入します。それは世界システムに広く浸透し、社会的行動を制約する一連の思想、価値観、規範であり、資本主義経済や世界システムと連動した、文化的枠組みを指しています。

ウォーラーステインは、先述した19世紀社会科学自体が、近代世界システムや国民国家のジオカルチャーであったとして、その生成プロセスを対象化しました。当時の大学と社会科学は、統治者が支配に役立てるための知識体系として要請されていたというわけです。ここでも国家統治と学問知の連動、客観と主観の循環がみられるのは、興味深いですね。

図５－10　ジオカルチャーとしての社会科学

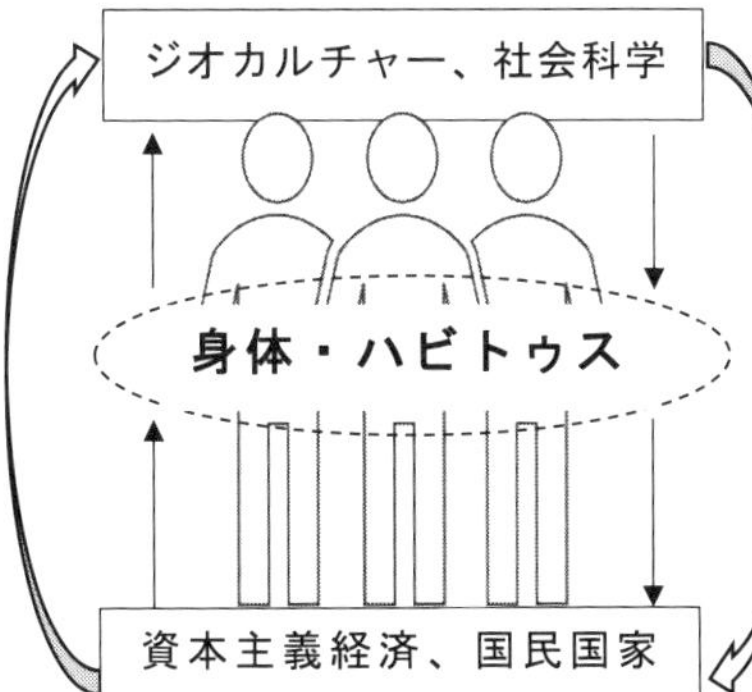

4節　経済資本と象徴資本

本節では近世の宮廷国家を離れ、いったんここでブルデューの「象徴」概念を確認したうえで、経済資本と象徴資本の関係に焦点を当ててみましょう。

主観の次元としての象徴

ブルデューは主観の次元を扱うために、「象徴」概念を多用しています。彼の「象徴」は実に多義的で、幅広く使われます。①ものの見方・分け方の原理、②意味・価値、③文化・

主観・認識の諸制度、④名誉・威信・承認、⑤正当化・正統性、⑥認知度・知名度・有名性、⑦聖別の儀礼、⑧代表・代理、などの意味・文脈が重ねられています。しかしどの意味でも、二重性図式の上部を指す点は共通しています。

言葉や文化などの象徴システムは、それがあることで思考やコミュニケーションを可能にします。それ自体が、世界を認識し構築する手段なのです。言葉や文化は、社会を統合すると同時に、それらを共有しない人どうしの間ではコミュニケーションを分断し、対立や紛争をもたらす面もあります。

象徴闘争と象徴資本

家族や結婚における姓、固有名詞も、社会で共有される象徴システムのひとつです。結婚で「誰々」「誰々の息子」などの固有名詞と立場を獲得し、系譜上の地位を得れば、世襲財産への特権も獲得することになります。

象徴システムを操って自らをよりよく名指し、実際の社会的地位を上げようとする人々の闘争を、ブルデューは**象徴闘争**と呼びました。ひとは社会的世界を知覚するとき、自分が身につけてきた関心に従って分類や評価を行い、それを自明視しています。他者との関係では意図せず、自分の関心の**正統性**をめぐる闘争に入ることがあります。象徴システムの用い方の正統性をめぐる闘争が、象徴闘争なのです。

階級・性・世代・地域・国民などの客観的な集団は、人びとの主観的な

図５－11　象徴システム

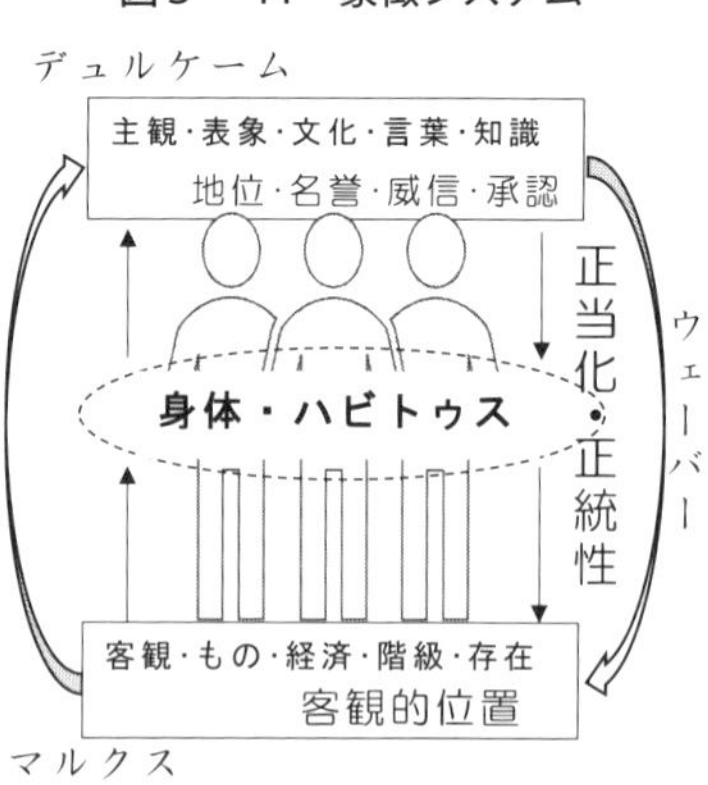

図５－12　結婚における固有名詞

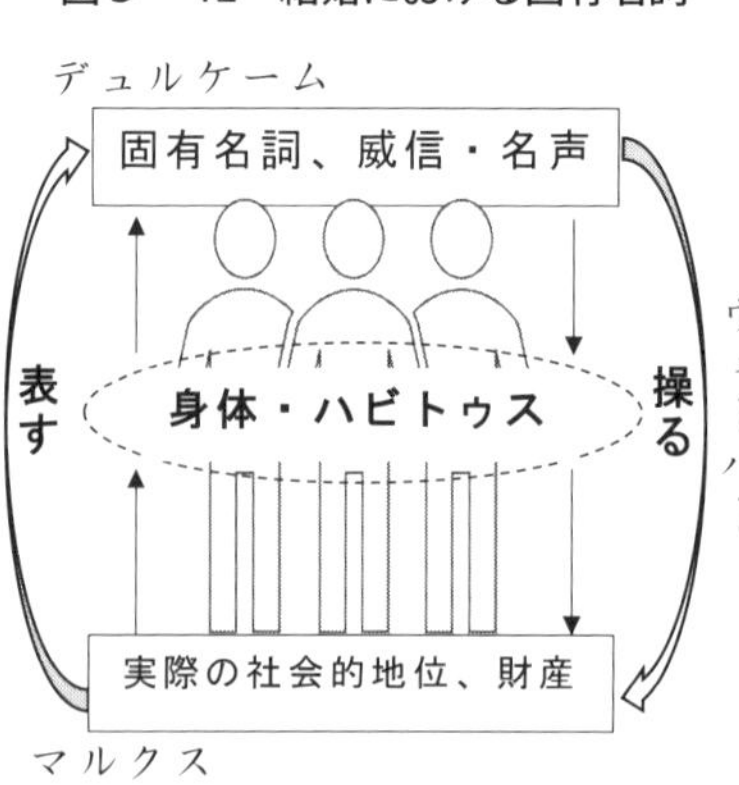

認知と承認を通すことでアイデンティティをもつ、「知覚された存在」でもあります。諸個人の物質的・客観的な諸特性、資本は、社会関係のなかでひとたび知覚・評価されると、肩書や身分として流通する、**象徴資本**となります。様々な資本が特に認知・承認を与えられたものが、象徴資本です。さまざまな集団は、自分の利害に見合った世界の定義・分類を押し出す、象徴闘争に従事しています。

図5－13　象徴資本と他の資本の関係

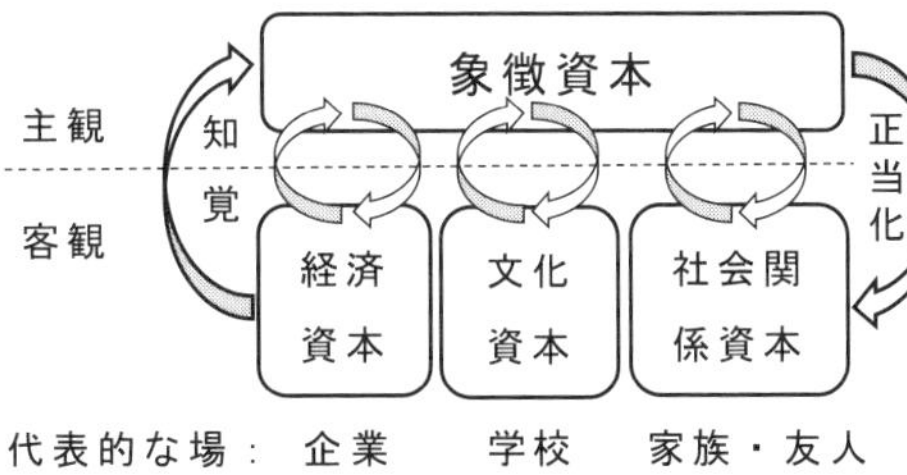

経済面と家名・身分面を結婚は結節する

ブルデューはフランスの故郷ベアルンで行った農村調査を、『結婚戦略』にまとめています。それによれば旧来の社会では、婚姻は家族的農業経営の基盤でした。結婚するのは家族であり、人は家族と結婚しました。家産の一体性を保ち、家系を継続していくためです。家族とはまず家名であり、社会における個人の地位を表す一指標、すなわち象徴資本でもありました。

図5－14　結婚における家名と婚資

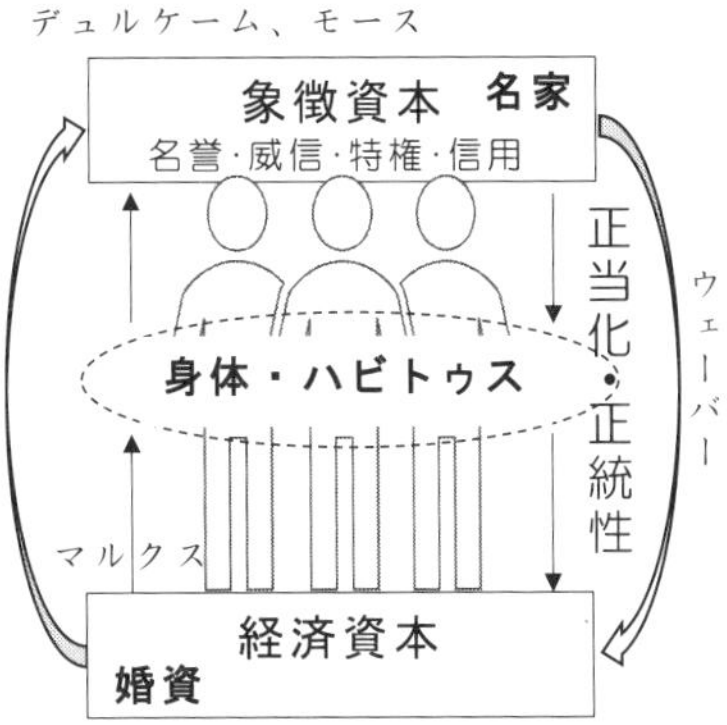

しかし同時に家産の保持という、経済面も重要でした。婚資を配偶者の親に渡す慣習があり、それはまさしく家族の問題でした。高すぎる婚資を受けとることには抵抗もあり、分相応の相手を選ぶのも大事なことでした。経済的なやりとりが抵当かつ、人間関係のシンボルにもなっていたわけです。婚姻交換の論理は、経済的要請と経済外の要請、すなわち男性優位の文化的価値観との結節

点にあったことを、ブルデューは指摘します。お金とメンツ、経済資本と象徴資本が、密接にからみ合っていたわけです。

名家との結婚は、名誉の面で大事なこととされたものの、経済面も関係なくはありませんでした。ウェーバーにおいて階級と区別された身分集団（ステイタス・グループ）は、経済的基礎に対して完全に従属も、独立もしていないことを、ブルデューは指摘します。時代を経て、結婚相手探しはこうした集合的な婚姻交換から、個人間競争の論理へと代わっていきます。結婚は旧来の農民家族にとって、貨幣と象徴の交換を同時に実現する、重要な機会となっていたのですね。

経済と象徴、地位と評価が連動する世界

経済資本と象徴資本の重層的な関わりを明らかにしたブルデューの議論は、エリアスとの親近性が強いです。西欧で文明化が進んだのは、広い範囲に社会的な機能分化と相互依存・競争が及び、安定した暴力・租税の独占機構が確立した結果でした。日常的に暴力は大幅に減る代わりに、宮廷・都市・産業の競争圧の中、人々は名誉・威信・評価・承認＝象徴資本を求めて争うことになるのです。相互に観察しあう社会的図柄のまなざしの連鎖のなかで、不適切な言動で自分の評価を貶めないよう衝動を抑制したり、洗練した服装・趣味・社交・会話術などで自分を他者から卓越化し、高い評価をかちとったりするのです。これは、モノやお金で測られる経済的次元と、（密につながりながらも）区別される象徴的次元であり、社会的地位と、それに伴う主観的な意味・価値・評価・承認の世界です。

貴族とブルジョワ、象徴と経済が結合

ウォーラーステインも世界システム論のなかで、象徴と経済の関係を扱っています。貴族とブルジョワは、争いあうことで歴史を動かしたとされます。貴族は身分的立場を、ブルジョワは階級的立場を表しますが、実際には両者の区別はあいまいで、時代とともに複雑に入り混じったことを、ウォーラーステインはくり返し論じています。上流層の多くは、伝統的ステイタス（象徴資本）と経済面の成功（経済資本）、身分と階級の両方を兼備していきました。区分自体が固定的でなく、時代や文脈とともに流動的に変化したのです。

ゾンバルトも『恋愛と贅沢と資本主義』で、同様のことを描いています。17—18世紀、古い貴族が没落する一方、新興成金が貴族に憧れ、通婚や貴族称号の売買が進みます。中世の封建秩序が崩れ、世襲貴族の栄誉と、市民の経済的富が融合し、貴族の象徴的地位と金の力が結びつくのです。贅沢・奢侈の担い手が出現したことに、ゾンバルトは近代資本主義の発展の契機を見出しました。

経済資本と象徴資本の二重性・対立・重なり・融合は、ブルジョワと貴族という、実在した集団に体現されたわけです。しかも、それも時代とともに形を変え、融合もしていきます。歴史を理念型に還元せず、複雑な関係性やプロセスを見ていくことが大事です。

図5－15　象徴資本と経済資本

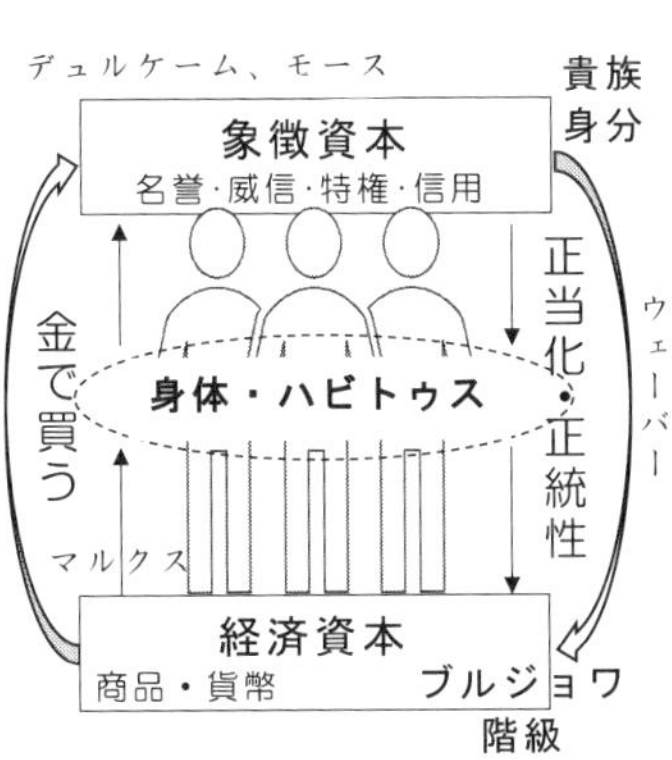

武士と商人、身分と階級、米と貨幣の二重性

近世の政治的身分と経済的階級、象徴資本と経済資本の重層性は、日本でも江戸時代に典型的に見ることができます。長い戦乱の世を脱した武士は、徳川体制では組織の官僚として秩序に位置づけられ、名誉もその中で管理されてゆきます。まさに、エリアスの宮廷社会論の、戦士貴族から宮廷貴族への移行とパラレルなのです。

江戸期の米本位経済と貨幣経済の二重制度において、商品・貨幣経済が発達すると、米価や領地の制約に縛られた武士よりも、商人が経済的な力を持ってきます。この武士と商人の関係は、ヨーロッパの貴族―ブルジョワ関係とのアナロジーで、重ねてとらえることができるのですね（⇩６講）。

図５－16　江戸時代の武士と商人

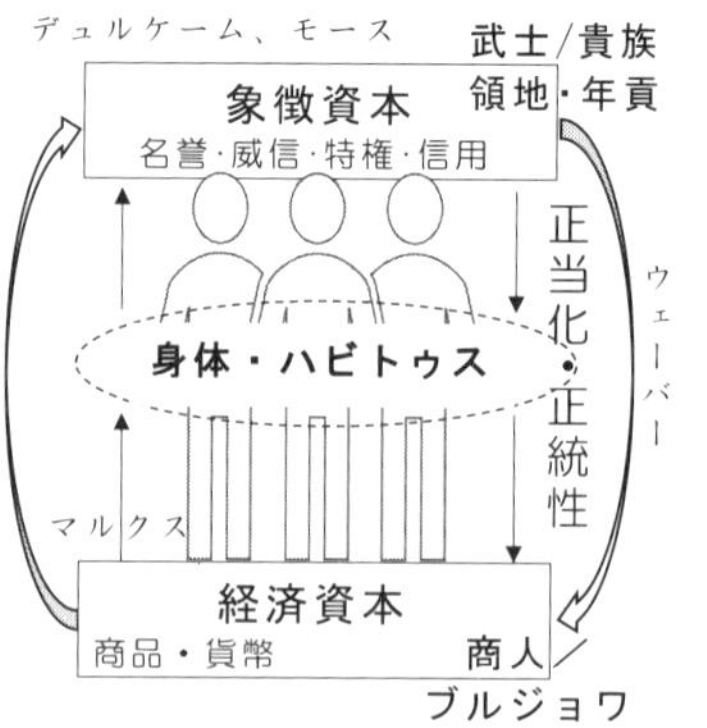

５節　象徴財の消費

今度は消費の観点から、近世や象徴をとらえ返してみましょう。

愛で贅沢支出が高まる

ゾンバルトは『恋愛と贅沢と資本主義』において、宮廷社会の女性と贅沢に注目しま

した。基本的に宮廷は男社会なのですが、王の愛妾が公認されており、女性と求愛は、宮廷生活やそれを模倣する都市生活には欠かせない要素となりました。ゾンバルトは「愛妾経済」を指摘します。富が蓄積され、愛を営む場では、贅沢もまかり通ります。贅沢への動機は単なる性愛だけでなく、野心・華やかさ・権力欲・他人に抜きん出たい衝動といった、象徴的満足の要素も含んでいました。17―18世紀には、旧来の高貴の伝統から即物的な奢侈・贅沢へと、貴族性も変質してきます。宮廷や都市の裕福な人々は名誉のため、支出に励んだのでした。

ゾンバルトは甘味品の消費に関して、女性優位との関連を指摘しています。この点は経済史的に重要です。初期資本主義期に女性が消費において優位に立つと、砂糖が愛用される嗜好品になり、砂糖を入れることでコーヒー・ココア・紅茶は、ヨーロッパで広く飲まれ始めました。これらの多くは植民地の産物でしたが、上流の贅沢のために、プランテーションと奴隷労働でつくられていたのでした。ゾンバルトは嗜好品と砂糖の歴史を、女性・恋愛と結びつけました。奢侈の市場形成力です。

宮廷や上流層が法外な消費を支出したその内実を、ゾンバルトは非合法恋愛に見出しました。お金（経済資本）に還元できない、社会的に価値づけられた地位・名誉・身分を享受し、性愛をみたすこと、これも象徴資本です。認知と承認の資本であり、それも部分的にはお金で購入できてしまうのですね。ここでも経済資本と象徴資本は、複雑にからみ合っています。

ウェーバーとゾンバルト――禁欲か贅沢か、生産か消費か

ウェーバー『プロテスタンティズムの倫理と資本主義の精神』は、社会学の古典として有名です。「宗教的禁欲の倫理が近代資本主義の発展を促した」というテーゼです。対して同時代のゾンバルト『恋愛と贅沢と資本主義』は、「贅沢・奢侈や性愛こそが近代資本主義の発展を促した」と、真逆のテーゼを提示したわけです。今日の消費優位の社会では、こちらがより適合的な面もあるでしょう。ですがゾンバルトの議論は戦後日本では長らく注目されず、圧倒的にウェーバー優位でした。多くのウェーバー読者は『プロ倫』を読む中でゾンバルトの名を知り、そのゾンバルト批判で片づけてしまうのが通例でしょう。

ですが、古典・定番化した『プロ倫』は、実はそもそも論争的な書でした。初版刊行後、ゾンバルトらが痛烈に批判し、激しい論争になりました。第2版はそれに応答して、あの膨大な注釈がついたのですね。もちろん、扱う対象や次元が異なる面もあり、ウェーバー自身がそう言いました。とはいえ、同時代人で親交も深かった両者は、問題意識を共有してもいました。マルクスの唯物史観への違和感です。だから二人は資本主義の「精神」に着目し、影響しあったのですが、その「精神」の中身がまるで真逆でした。

これは私なりの言葉と分類です。両者の対象は、資本主義の起動力となった精神的な財であり、特別な意味や価値を含んだ「象徴財」でした。その中身・領域が異なり、ウェーバーが扱ったのは宗教的な救済財であり、ゾンバルトが扱ったのは宮廷や大都市の上流層の奢侈・贅沢であり、消費財だったわけです。

図５－17　ウェーバーとゾンバルトが扱った資本主義の「精神」

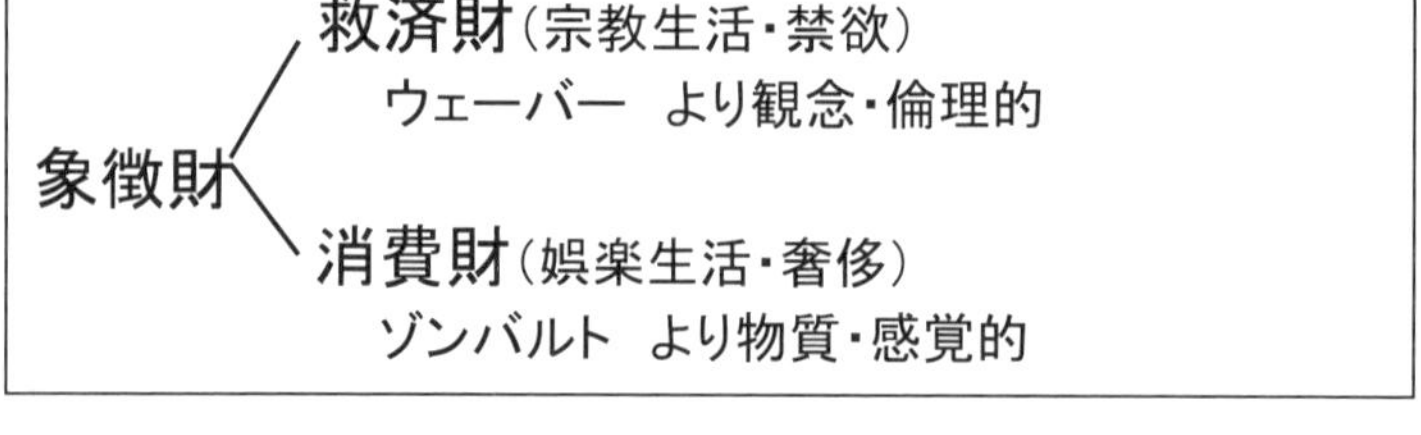

消費需要あっての経済発展、工業化

ここで、イギリス経済史を専門とし、ウォーラーステイン『世界システム論』の訳者でもある川北稔の仕事が参考になります。「消費需要があってこそ、生産は継続的に行われ発展する」という、需要構造の観点からの知見です。

それまでは工業化や産業革命が近代化の主軸とされていましたが、川北は工業化以前の初期近代＝近世（early modern）に焦点を当てました。工業化に先立って、イギリスは植民地を形成し、貿易が成長する**商業革命**や、植民地への輸出の対価として煙草や砂糖が国内に入り消費される**生活革命**を迎えています。産業革命の前に商業革命、生活革命があったわけです。**需要形成**は、工業化に先立つ条件となるのですね。

上流層の社交の場となったコーヒー・ハウスで、紅茶に砂糖を入れ始めたことで、砂糖入り紅茶はステイタス・シンボルとして流行します。民衆にも広がり、国民的飲料にまで成長しました。イギリスからみて東の端（アジア）からの茶に、西の端（カリブ諸島）からの砂糖を入れる。これを低価格で実現したのですね。背景にはアフリカの奴隷供給と、カリブでの奴隷労働があったわけです。まさに世界の一体化であり、ヨーロッパを中心とした近代世界システムの形成です。

ゾンバルトと川北は、消費・奢侈・需要に力点を置いた点で共通します。それまで一国中心・生産中心的であった歴史観を脱して、奢侈・消費論による関係論・世界システム的な視座へのシフトを、示してくれています。[9]

従来の社会学は、ウェーバー的禁欲ばかりに傾き、ゾンバルト的奢侈を素通りしてき

9『消費社会の神話と構造』で有名なボードリヤールも、労働力から消費力へと見方を変える視点を提示しています。かつて農村人口を産業労働へ動員した訓練の延長上に、人々が消費の主体として訓練されていく歴史のプロセスがあり、かつて労働力として社会化された大衆は今日、消費力として社会化されているというわけです。

ました。いまや社会学・理論の営みも、史実の実証的裏づけを借りながら、理論を駆動させる時代に入っていると言えましょう。

江戸期の日本でも、都市の消費文化が花開いていました。ゾンバルトが描いた世界を、そこにみることもできます。early modern ＝初期近代として、近世江戸社会を位置づけられるでしょう。これについては次の６講で扱います。

６節　教育と象徴財市場

今度は教育において、象徴的なものの位置づけと役割を見ておきましょう。

教育と移動で象徴財市場が統一された

『結婚戦略』の農村研究でブルデューは、女子の離村と男子の独身に、「象徴財市場の統一化」の効果を見出します。かつては地理的孤立が、村の相対的地位を隠蔽していました。主観的スクリーンが外され、都市的生活の魅力が浸透してくると、村にも象徴革命が進みます。都市的世界による象徴的支配の主な道具は、教育であるとブルデューは指摘します。土地より学校へ、という価値観が進み、教育と移動を与えられた女性たちは、農民的世界に都市的まなざしを持ち込みます。学校は伝統的価値の崩壊を強化・加速し、都市的象徴財の新たな市場を開拓し、文化の正統性の承認を植えつけるというわけです。

象徴効力は選ばれた者を現に変身させる

ブルデューは『国家貴族』では歴史学の知見から、国家に奉仕する国家貴族の権力と権威は、学歴を基礎としていたことを示しました。その際、「生まれや家柄ではなく、徳と能力こそが人を高貴にする」という、国家貴族に正統性を与える言説がひと役果たしたことを見出しました。『国家貴族』でのこうした歴史叙述は、現代の学歴エリートの分析とセットになっていました。ブルデューはそこでも、歴史的にみてきた「貴族」の視点を持ち込みます。エリート校は選ばれた生徒を聖別し、教育上の行事は聖別の儀礼として、分離と資格授与の魔術的操作を行うといいます。この聖別の儀礼は、恣意的な境界線を聖別（社会的に認知・承認）し、正統化する役割を果たします。それは表象に働きかけることで、現実に作用します。聖別の象徴的儀礼は、聖別された人物を現実に変身させる点で、現実的な効果をもっています。

学校貴族のうち、真に成功と見返りを得るのは一部でも、成功の可能性が名目上与えられた集団に属するという象徴資本は、全員が享受するのですね。

図５－18　エリート校における聖別の儀式

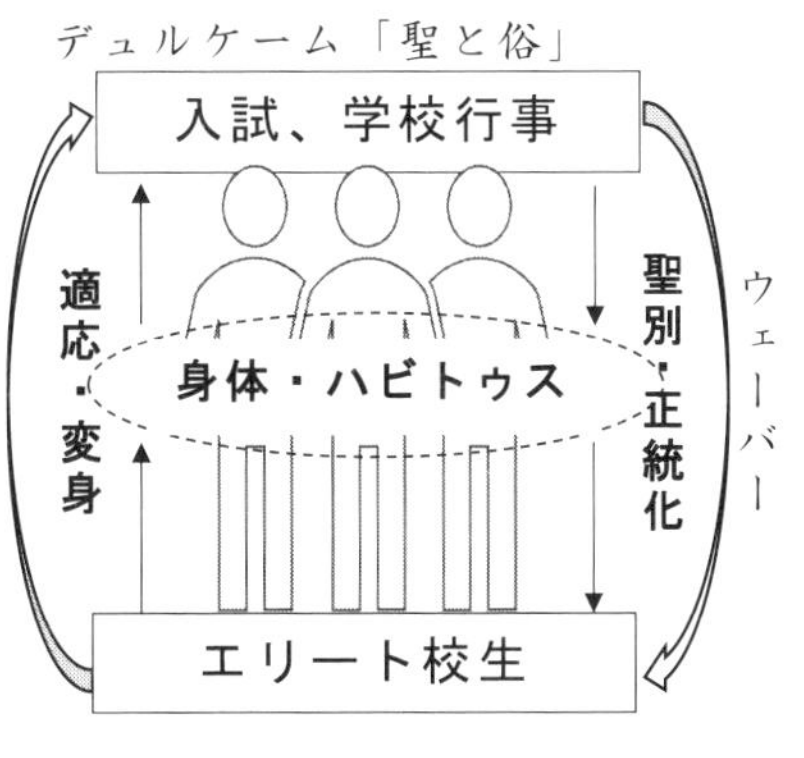

学校は技術的能力と象徴的価値を同時に付与する

ブルデューによれば、学校制度は技術的能力の再生産を通して、（就職などの）社会的権力の行使能力を認知する面をもっています。学校は技術的能力と同時に、社会的な権能・尊厳をも付与します。免状の技術的・実質的側面と象徴的・身分的側面の区分はあいまいで、分かちがたく結びついています。

ウェーバーは理念型で、技術的能力と社会的身分を切り離して考えたのですが、両者の複雑に絡みあい、また分けて考えられるからこそ有効な関係を、とらえる必要もあったのですね。技術的能力は、社会関係のなかでそれ自体が象徴的価値をおび、内在的特性以上の身分（status）を付与される面があります。それはまた「実力」という中立的表象のもとに見すごされることで、正統性が強められます。ブルデューは、試験を合理的選別の過程としたウェーバーを不充分として、試験結果が貴族の身分・称号を与える象徴的・魔術的な面を指摘するのです。[10]

図5－19　技術的能力と象徴的価値

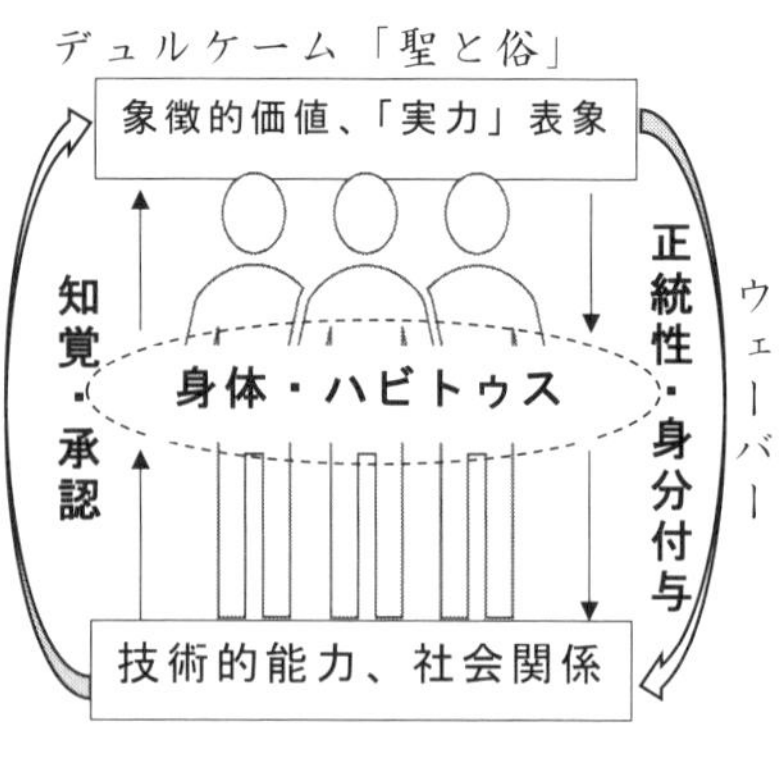

10　『再生産』191頁。

社会名誉が価値をもつ時代は続く

ブルデューは、宮廷貴族から国家貴族～学歴エリートへの連続性を見出しています。この面でも彼は明らかに、エリアスの仕事を継承しています。宮廷内の象徴的なふるまいや儀礼は、宮廷貴族が地位・威信・名誉といった象徴資本を保つ作法でした。緊密な網の目に生きる貴族は、彼らに特権を与えた図柄から、制約や拘束も受けていました。今日の教育や権力界などに生きるエリートたちも、そこから地位や特権と同時に、多大な緊張や束縛を受けています。ブルデューはこれを、宮廷社会とのアナロジーで把握しています。

学校世界や権力界は、今日版の宮廷社会なのです。エリアスが描いた宮廷的合理性、名誉や威信、象徴資本を求めることが合理性をもつ世界は、今日もなお形を変えながら続いているのですね。

象徴としての風景・観光

本講の最後に、風景や観光も象徴の観点からとらえることができます。ここでは示唆するまでにとどめ、本格的には９講で再び取り上げます。

産業の空洞化の後に続くのが産業観光であり、過去の産業が観光の枠組みに位置づけなおされ、象徴化されます。工業発展の歴史や文化をまとめ直し、象徴的な意味づけや価値づけを与えることで、訪問者と永住者を引きつけるのです。

風景は空間に可視化されますが、合わせて時間の中でも、なんらかの物語を通じて可視化されます。歴史やメディアコンテンツが各地に割り当てられるのも、それらが時間的な物語消費のアイテムとして、重要な役割を果たすからです。ありのままの風景に、象徴的な意味づけ・価値づけが与えられていくのですね。

観光も、先のブルデューの結婚論と同様、経済面と象徴面が一体となった現象です。風景・自然・文化・歴史・物語などの非経済・象徴的な要素を、経済サービスに組み込むのが観光なのですね。

第６講　江戸時代スタディーズ
――旅・移動で形成された初期近代

１節　文明化と象徴資本

エリアスにおける象徴的なもの

ここでは再び、エリアスの文明化や宮廷的合理性の要点を整理します。彼のいう「文明化」とは、人間の行動や感情の特定方向への変化でした。中世ヨーロッパの戦士は不安定な主従関係の中、自分の激情を発散して生きていました。初期近代（近世 early modern）に入ると、物理的な暴力が中央に独占され社会が安定し、上流層の自己制御が習慣づけられます。エリアスのいう**文明化**です。支配や闘争が物理的なものから、象徴的なものへと切り替わってゆくのです。

近世ヨーロッパの宮廷社会では、貨幣（経済資本）の影響力で市民階層が勢力を増すと、貴族は従来の威信（象徴資本）を維持できず、王の庇護を受けます。王は貴族と市民層の両方を従え、均衡を保ちました。

エリアスの文明化論は、ブルデューのハビトゥスや象徴資本の議論とも共鳴します。文明化が進んで、日常に暴力が出現する機会は大幅に減りますが、人々は地位・名誉・威信・評価・承認（象徴資本）をめぐって争います。有名なブルデューの『ディスタンクシオン』は、文明化・宮廷社会論の現代版です。洗練した服装・食事作法・趣味・社交・会話術で自分を卓越化し、高い評価を得る人びとがいます。社会的地位とその主観的な意味・価値・評価・承認の世界を、ブルデューは明らかにしたのでした。

近世（初期近代）は、貨幣経済の浸透やブルジョワの勃興で、かえって象徴的なものを際立たせた時代です。貴族は象徴資本を、ブルジョワは経済資本を人格化した存在でした。エリアスによれば、商人が収入に合わせて支出を決めたのに対し、貴族は自分の地位・身分に合わせて支出を決めました。

エリアスは宮廷社会に、近現代の産業社会とは別の規範・価値が作用したことを強調します。それが象徴資本であり、貴族がお金を犠牲にしても守るべき名誉でした。社交関係における他者のまなざしのなかで、自分をよりよく高貴に見せ・見られ、王や他の貴族から寵愛・承認・称賛をかちとることが、経済的富より重視されました。これを宮廷的合理性と表現し、ウェーバー的な産業資本主義の市民的合理性に対置したのでした。

2節　日本近世への適用

武士社会と象徴資本

以上はヨーロッパの議論ですが、これを日本の近世、戦国時代から安土桃山～江戸時代に適用しても、実はかなり有効なのです。中央集権的な国家形成、軍事力と経済力の独占という意味では、やはり群雄割拠の戦国時代を束ねた織田信長～豊臣秀吉から徳川政権が、そこに対応します。

「近代を扱う学問」社会学が自明視してきた「近代」は、黒船来航や明治維新以降の西洋化（断絶・革命）から出発したというよりは、それ以前の近世の時代に、ゆっくり時間をかけて基盤を形成してきた面があります。この４００～５００年という長期のスパンで考える発想転換は、ちょうどウォーラーステインの世界システム論の視座とも重なります。[1]近世史では定説化しているようですが、社会学では近世を組み込む発想は乏しく、手薄な状況です。明治以前の時代への歴史的想像力を働かせることは、困難でも重要な作業です。

エリアスの知見では、物理的暴力が中央に独占され社会が安定すると、上流層の思考や行動に、文明化と呼ばれる自己抑制が進むとされます。日本ではこれは何より、武士のあり方の変容に言えるでしょう。江戸時代は２５０年ほど、比較的平和が続いた時代

1　大石学によれば、16世紀の西洋列強がキリスト教布教と植民地獲得を目指した第1次グローバリゼーションと、19世紀の欧米列強が資本主義拡大を目指した第2次グローバリゼーションにはさまれた時代に、江戸時代はちょうど位置します（大石学、２００９『江戸の外交戦略』角川選書、7頁）。ウォーラーステインが世界システム論で描いたのもこの時代であり、江戸日本も外交関係を制御しながら独自の発展をとげていたのですね。

で、「パクス・トクガワーナ」（徳川の平和）とも呼ばれます。これを準備したのは豊臣秀吉で、「公儀」という公権力のもとに、戦国大名や村落間の争いを「私戦」として封じ込めました。大坂の陣の勝利で支配を盤石にした徳川幕府は、武家諸法度で文武を奨励しました。武断政治から文治政治への切り替えが進み、武士社会では象徴的儀礼の重要性が高まります。後にみる参勤交代もその一つで、移動をしながら武威や序列を可視的に表現しました。

士農工商の身分制が確立し、武士は幕府や藩の役人となります。兵農分離で武士は農村・生産から引き離され、都市・城下町の消費生活者となります。秀吉による刀狩りは、武士と農民を分ける重要な役割を果たしたわけですが、藤木久志[2]は重要な知見を提示しています。刀狩りによって民衆は武装解除されたと常識では考えられていますが、実際にはその後も村では、刀・鉄砲など武器は隠し持たれていたそうです。日常持ち歩き使うことが禁じられたのであり、所持自体はさほど厳しく取り締まらなかったようです。

もともと、「中世の刀は成人した村の男たちの人格と名誉の表象であった。」[3]刀狩り令は、士と農工商の身分を分け、武士でない者の名誉をはく奪し、刀を武士が所持するにふさわしいものと位置づける、身分表象の象徴的な効用があったのですね。

江戸時代、農民は年貢を納め、武士は給料を年貢米で支払われるので、それを換金して生活していました。米本位経済と貨幣経済の二重制度です。商品・貨幣経済が発達した時代でもあったので、米価や領地の制約に縛られた武士より、市場メインで生きる商人の方が、経済的には優位に立ちます。ここにもヨーロッパの貴族―ブルジョワ関係とのアナロジー、近世特有の政治的身分と経済的階級、象徴資本と経済資本の重層性、拮

2　藤木久志、２００５『刀狩り　武器を封印した民衆』岩波新書。

3　同38頁。

抗関係が見出せます。

歴史社会学者・池上英子の『名誉と順応』は、この方面のすぐれた研究です。池上は名誉文化の観点から武士社会を掘り下げており、象徴資本論とも重なります。戦国時代の大名・武士は、戦場での生死を賭けた戦いから、まさに実力主義的な名誉を引き出しました。これが徳川体制になると、大名・武士は組織の官僚として秩序に位置づけられ、名誉もその中で管理されます。以下の記述は、エリアスの宮廷社会論における、戦士貴族から宮廷貴族への移行の叙述と重なります。

「この礼儀作法には、将軍が大名に授けた大名の『家』の格式序列によって微妙な変化をつけた礼服やさまざまな装飾品が含まれていて、そこには象徴的な側面がたくさんあった。戦場で競う代わりに、大名宮廷人たちは幕府という宮廷での栄誉序列の上昇争いに鎬を削った。将軍から下される栄誉序列の象徴となれば、見かけはまったく無価値なものでも彼らは競い合ったのである。」[4]

また池上は、徳川時代の武士ヒエラルキーには、①名誉順位＝格、②政府内での役・地位＝職、③収入＝俸禄、という3つの身分指標があったと指摘します。[5] これらは別のものでありながら、相関しあってもいました。政府内の地位は通例、サムライの家の名誉順位と照応し、生まれつく家の地位が高いほど政府でも高い役職に就けるという世襲の面が強く、収入・俸禄も、家による世襲特権と化していました。武士の家柄や政府内の地位は象徴資本として機能し、経済資本にもつながっていたのですね。

4　池上英子、2000『名誉と順応』森本醇訳、NTT出版、155頁。

5　同265頁。

3節　象徴儀礼としての参勤交代

参勤交代

武断政治から文治政治へ切り替わると、武士社会では象徴的儀礼の重要性が高まります。参勤交代はその一つで、移動・旅をしながら武威や序列を可視的に表現する儀礼でした。ここから江戸時代の旅・移動に焦点を当ててみましょう。

参勤交代の制度は江戸時代に確立しましたが、その原型は以前からあり、中世の封建制の発展、鎌倉時代の「御恩と奉公」までさかのぼります。[6]将軍に仕える御家人は、鎌倉や京都で番役を交代でつとめました。室町幕府でも、守護大名や有力国人が京都へ参勤しました。応仁の乱で有名無実化しますが、戦国大名たちは領国内で参勤制をとり、家臣を城下に集住させ統制下におきました。安土桃山〜江戸期の参勤交代はこうした家臣統制策を、近世的な全国規模の権力体制に合わせ、大名統制策として発展させてゆくのです。特に豊臣秀吉は、大坂城・聚楽第などの近くに徳川家康・上杉景勝ら諸大名の屋敷を建てて住まわせ、領国との間を行き来させせました。

「豊臣平和令」とも言われる惣無事令のもとで、秀吉は全国統一をなしとげます。彼は「公儀」の名のもとに天皇の威光を借り、巧妙に活用します。[7]全国の大名に対し、天皇（と秀吉）のもとへ「上洛」を求めたのです。大名たちにはこの命を受け入れ上洛参

6　丸山雍成、2007『参勤交代』吉川弘文館、6頁。

7　今谷明、1993『武家と天皇　王権をめぐる相剋』岩波新書。

勤することが、公儀に従う意思表示となり、それによって「本領安堵」を認められます。大名が上洛の勧告を受け入れない場合は、秀吉は「私戦」と区別される「公儀」の名において、武力に訴えました。有名な小田原北条攻めがそうで、象徴権力と軍事力の二重性を表しています。こうした豊臣時代の経緯を、徳川家康の江戸幕府は引き継ぎ、３代将軍家光の代までに参勤交代制が確立されてゆくのですね。

参勤交代は軍役の一環でしたが、主君への忠誠心を表し、謀反や裏切りの意思がないことを証す行為でもありました。親族の人質や政略結婚も同様で、戦国時代から盛んに行われ、大名の妻（正室）と子が江戸に常住を強いられたのも、人質的な意味でした。江戸時代の中央集権的な幕藩体制の形成に、参勤交代は重要な役割を果たしました。

参勤交代の大名行列の人数は、藩の規模によっても数十人から千人以上と大きく異なり、最大の加賀藩で２０００人を越えました。これだけの人数が毎日宿泊し、江戸まで10日以上かかるのだから旅費は莫大で、藩財政を圧迫するのも当然でした。江戸での滞在や常住の費用も含めると、藩の全収入の50～75％にも及んだともされます。[8]支出する当事者には破綻の危機を招いた一方、大規模な移動・旅行が産み出す消費需要の経済効果は絶大で、街道沿いの宿や飲食など、旅行者向けの商業は大いに栄えました。何より、開府時にわずか６万人の田舎まちだった江戸に人口が著しく集中し、１００年後の１７００年代初頭、享保期には１００万人に達します。当時ロンドン・パリを抜く世界最大の都市にまで驚異的な発展をとげたのも、参勤交代による人口移動の効果でした。

８代将軍吉宗の時代、上米の制の導入とひきかえに参勤交代を緩和しましたが、幕府の力を弱めるうえに江戸に経済的な打撃を与えて批判を浴び、また元に戻されました。

8　コンスタンチン・ヴァポリス、２０１０『日本人と参勤交代』小島康敬他訳、柏書房、39頁。

幕末の緩和も同様の事態を招きました。参勤交代は各藩の一大プロジェクトであり、その団体旅行自体が一種の公共事業に相当しました。地域の自給自足経済を超えたところで流動性を高め、移動を基調として貨幣経済を促し、街道や江戸での消費による資本主義の基盤を形成しました（⇩5講、ゾンバルト）。こうした近世期の参勤交代の効果は、もっと注目されてよいものでしょう。

軍役の象徴的次元

『日本人と参勤交代』の著者ヴァポリスは、全国の街道でみられた参勤交代の大名行列は、将軍の政治力を顕示する象徴であったと指摘します（同11頁）。参勤交代をくり返し行うことは、大名の将軍への忠誠心を強化する儀礼であり、徳川政権の正統性をそのつど承認する行為でもありました。

大名行列は、大名・藩にとっても自らの威信を表す象徴的儀礼でした。出立時には実際の同行者以外にも多くの藩士が加わり、帰藩時には無事につとめを果たしたことへの祝賀ムードで出迎えたそうです。江戸での到着・出発時にも、壮麗な儀式を行いました。ヴァポリスは、もともと軍事行動であり軍陣の配置に起源をもつ大名行列が、泰平の到来とともに行軍の性格を薄め、演劇的・文化的な表象へと変容していったと指摘します（同１０７頁）。「街道が舞台であり、役者は家中の武士、特に奴《やっこ》と呼ばれる中間《ちゅうげん》であった。華麗な道具類の数々が小道具の役割を担い、沿道に並ぶ庶民が観客を務めた。このイメージは、浮世絵や版本、外国人を含む多くの旅人の紀行文や日記に、静止画として焼きつけられ保存されている。」大名行列は当時の人々の心象風景となり、近世日本の文化的景観となっていたというんですね。当時は朝鮮通信使や琉球使節といった外国使節が特に沿道の人の目を引き、行列図が売り出されるなどしましたが、一般の大名行列も充分に人目を引きつけ、歌川広重の浮世絵「東海道五十三次」にも描き込まれました。

　もっとも、もともとは行軍の行列です。見られるための演劇性を強めたとはいえ、その厳格さは保たれました。「下にいろ」のかけ声を聞いた民衆は仕事を中断し、敬意を表しひざまずいておじぎをし、行列が通り過ぎるのを待ちました。行列は、支配身分が念入りに行う示威行進でした。行列の武士たちも画一的でなく、格式に応じて列の位置や服装、所持品など、こと細かに規定されました。それらすべてが行列の主人の身分を表し、社会的に重要な関心事でした。大名や幕府の威信や名誉を、視覚的・象徴的に誇示して見せつけることが、政治的にも意味をもったのです。経済的負担が大きくとも、威信や体面を守るためには、過度の節約はできなかったのですね。「格式のゲームは、一旦参加すれば下りるのは難しい。」[9]まさにエリアスの宮廷社会の描写と重なります。それはいわば見栄なのですが、当事者は真剣に熱中します。そのことで最終的に威信が高まるのは、序列の頂点にいて彼らの格式を定めている、将軍その人なのでした。ブルデュー流に言えば、「象徴資本の中央銀行」です。

　参勤交代では、毎年全国から２００以上の行列が江戸へ向かいました。その経済的側面（大名の窮乏と街道・江戸の繁栄）がよく指摘されますが、重要なのはむしろ、そのことを含めた参勤の政治的意義です。政治学者・渡辺浩によれば参勤交代は、「どこが政治的首都であり、誰が全国の最高権力者であるかを、疑問・反論の余地なく表示する」象徴的・政治的な儀礼でした。「主要街道は『江都』『東都』を起点とし、全国の町の所

９　渡辺浩、２０１６『東アジアの王権と思想　増補新装版』東京大学出版会、24頁。

在は日本橋からの道のりによって表わされた。政治権力は何よりもまず有名でなければならない。」(同26頁）各地が一律に日本橋からの距離で表されることで、中央への認識と国民意識に近いものが植えつけられたのですね。将軍・公儀（幕府）の威信を表す行列は、「徳川による政治統合の動く象徴」であり、移動巡回することで効果的な広報媒体となりました。

写真6－1　日本橋からの距離

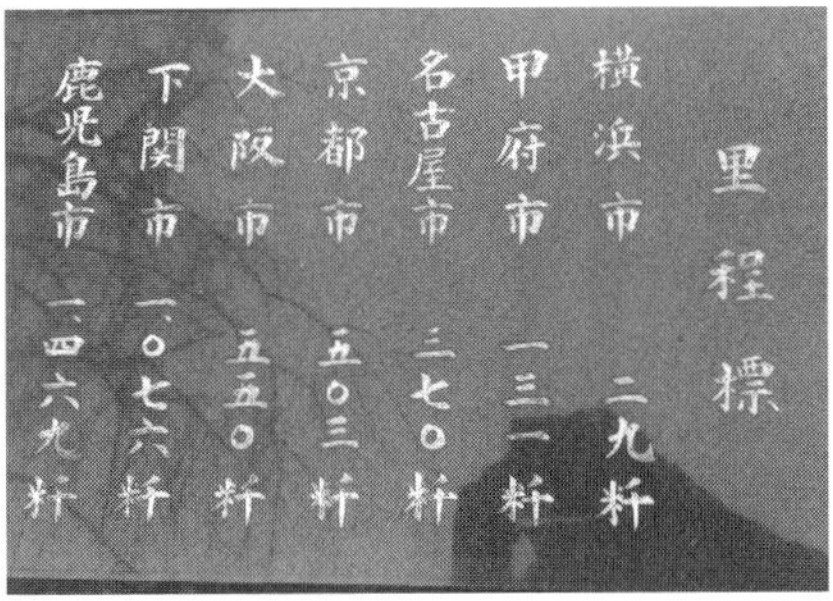

写真6－2　現在の日本橋

象徴的支配

渡辺も指摘するように、もともと戦国の乱世から、むき出しの武力決着で成立した徳川の支配に、理論的な正統性は薄かったんですね。強者・勝者が支配するのが当然としても、その支配を安定して持続させる以上はその根拠、ウェーバーの言う「支配の正統性」が問われてきます。徳川体制の教義は儒教ともいわれますが、大したイデオロギー的な効力を持ちませんでした。

そこで求められ演出されたのが、「身分格式の序列」(同19頁)でした。大名は常に大名らしく、武士は武士らしく、百姓は百姓らしく在り、在らね

図6－1　支配の正統性

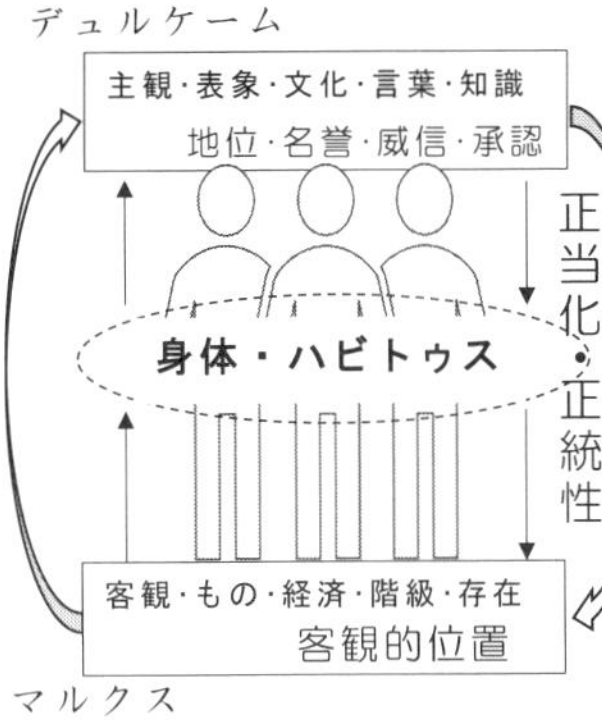

ばならなかった。それはいわば同語反復、トートロジーなのですが、トートロジーであることを隠蔽すべく、身分格式をリアルに印象づける象徴的事物・儀礼・祭典などが、泰平の時代に発達してきます。都市・建築物・家具・従者・荷物・衣装など、すべてが舞台装置・大道具・小道具となって、威信の系列を表象し、自他に向けて公示されました。[10] 理屈や知性よりも感覚・感性に訴える諸象徴が、体制維持に向けてたえず機能していたわけです。戦国から徳川の世への移行が進むにつれて、象徴的支配の度が増していったのですね。

４節　城をめぐる軍事と象徴の二重性

名古屋城の金の鯱はなぜ名高いか

参勤交代は、大名自身が軍事的な力を表現しアピールする場でもあり、それ自体が軍役でした。他方で大名は将軍家に非軍事的な奉仕義務も負い、城郭・街道・河川（橋）の建設補修工事は、「天下普請《てんかぶしん》」と言われる重要な役務でした。戦時には戦で忠誠を尽くした大名・武士たちは、江戸期の長い平時に入ると参勤交代や天下普請によって、忠誠心や奉仕をより象徴的に表したのですね。エリアスのいう「文明化」です。臣下たちの天下普請で整備された城や街道は、支配者にとって象徴資本の集積体であり、城の防衛力や交通の利便性とともに、それらを作り上げるプロセスや完成態を可視的に示すこ

10　威光と格式は至るところに定められ、たとえば中津藩の１５００人の藩士は、１００あまりの格に分けられていたそうです。農村でも家に庇や釣天井を作れる頭百姓と、それができない下百姓の区別などがありました。生活様式の細部にまで身分のちがいが入り込んでいたのですね。

と自体が、象徴的な意義や効用をもっていたわけです。

名古屋城は１６１０年、徳川家康の命で築城されました。関ケ原で勝ち江戸に開府した後も、家康は豊臣家（秀吉の子・秀頼）を警戒し続け、大坂城を包囲して各地に城を整備します。尾張の名古屋城は、大坂・西国ににらみを利かせる軍事拠点でした。清須から名古屋へ尾張の中心が移り、城を軸に町が形成されました。

城といえば高層の天守閣を想起しますが、そこに城主が住む例は少なく、低層の御殿で生活したのですね。天守は信長の安土城から始まりました。敵の監視など実質的な軍事・戦闘機能に加え、城主の権力・威信を示す象徴的機能を持ち合わせたわけです。城は軍事と象徴の両次元、権力の二重性を具現化したのです。

幕府は名古屋・江戸・大坂に天守を築きましたが、江戸城は明暦の大火で、大坂城は落雷で天守を失い、その後は再建されませんでした。名古屋城の天守はアメリカの空襲まで保持したので、戦前には国宝に指定されました。金の鯱《しゃちほこ》は名古屋城のシンボルですが、安土城以来、天守には一般に設置されていたもので、天守閣が長く保全されたことが、名古屋城の鯱の価値を高めたのですね。明治維新で名古屋城は廃城となり、陸軍用地になりました。

二重公儀体制を埋め立てた大阪城

一方、大坂城は豊臣側でした。冬の陣で徳川勢は、堀の防御力に手こずり、講和の条件に堀を埋めさせ、夏の陣で圧倒的優位に立ったのですね。いまも大阪城の敷地は広大で、背後には高層ビル群が立ち並んでいます。

大阪城は地元では豊臣秀吉のイメージが強いですが、現存の城は徳川が建て直したものなのですね。[11]豊臣時代の城は地下に埋められ、その上に徳川の城が立っています。幕府による全国支配を盤石にするため、（関ケ原～大坂の陣の間の）豊臣と徳川の二重公儀体制を脱した証しとして、徹底的に解体したわけですね。

城主が各地から石を運ばせて城を建築させる普請は、当時の公共事業に当たり、家臣の忠誠と城主の権力の証しとなりました。大阪城の石垣には、家紋が印されています。石を遠方から運び込んで積み上げることで、忠誠心を表す相手の威信も、自分の威信も高めることになります。城はまさに象徴資本の集積体です。

平時には軍役に代わって、普請としての建設工事が主への奉仕になります。普請は明治以降の近代の〝開発〟の前身であり、国家形成へ向かうひとつのあり方であったといえましょう。城の建造プロセス自体が象徴的機能を果たし、そこへ資本を集中させていく。幕藩体制における権力の拠点です。城下には家臣たちの家が取り囲み、象徴資本型のまちが形成されてきます。

江戸初期の豊臣家と徳川家の攻防はそれ自体が、近世期の国家統一の重要段階であったと考えてよいでしょう。徳川が豊臣大坂城を地下に埋め、その上に新しい城を建てたというのは示唆的です。象徴は人の心にも残るので、豊臣の象徴を完全に見えなくしたわけですね。[12]

11　明治には大阪城も陸軍の用地となり、砲兵工廠が設置されます。周辺に拡張してアジア最大規模の軍事工場に発展したため、戦時に空爆を受けました。近世の城跡を近代軍隊が引き継ぐ例は、他にも多く見られます。

12　大阪城については、中村忠司氏（東京経済大学教授）との議論に多くを負っています。記して感謝します。

５節　庶民の旅文化と象徴的風景

街道整備と伊勢まいり

徳川家康が五街道の整備に着手したのは、関ヶ原の戦いの直後１６０１年のことで、全国統治のために迅速な情報伝達を行う必要からでした。交通の利便性が高まり、参勤交代が行われますが、武士だけでなく庶民も街道を利用し、庶民の旅が増大します。武士の参勤交代は強制された旅でしたが、庶民は元禄以降、より自由な旅ができました。

古代から自由な旅ができたのは、貴族や僧侶などに限られました。鎌倉時代には貨幣の流通や宿の整備が進み、武士も旅がしやすくなります。農民も旅は室町時代、生産力が向上した畿内地域の人たちから、伊勢参りが盛んになり始めます。[13]ですが戦争がたえない時代には旅・交通も安全でなく、関所を通るたび関銭を払わされました。安土桃山時代に社会が安定し、ようやく庶民の旅も本格化します。織田信長は関所を廃止し、移動の自由度が高まりました。信長と秀吉は民衆利用のため、道や橋の整備に力を注ぎました。[14]家康が江戸を中心に五街道を整備したのも、この流れの延長上でした。

経済力をそなえた商人・農民は、武士より自由な旅行の主役となりますが（ただし武士も公務に便乗し、行きたいところに立ち寄った）、大半は戸主・家長に限られ、家族連れは少なかったようです。商人は身分制度の厳格な日常を脱して旅に別世界を求め、

13　新城常三、１９７１『庶民と旅の歴史』ＮＨＫブックス、35‐39。

14　武部健一、２０１５『道路の日本史　古代駅路から高速道路へ』中公新書、１０１‐１０４。

稼いだ富を旅先の劇場や遊里で消費しました。農民は領主の厳しい統制下にあり、年貢の減少への懸念から、旅行や贅沢も抑圧・禁止されていました。そこで湯治や社寺参詣・信仰を大義名分にすることで農民の旅も容認され、旅先での娯楽は日常からの解放を与えたのです。街道での宿や飲食店の発達は著しく、オランダの商館医ケンペルは、東海道のにぎわいがヨーロッパの大都会を上回っていると言って驚きました。

社寺参詣のなかでも伊勢まいりは特別な位置づけをされ、一生に一度はすべきと奨励されました。参宮の名目で観光や娯楽も楽しまれ（伊勢名物赤福は１７０７（宝永４）年発売）、内宮と外宮の間に位置する古市では、遊郭や歌舞伎が栄えました。伊勢まいりのついでに、京・大坂見物へ足を伸ばして見聞を広げる人も多かったのです。約60年周期で「おかげ参り」と呼ばれる大ブームが４回訪れ（１６５０、１７０５、１７７１、１８３０年）、数百万人の民衆が伊勢に殺到しました。その中には貧しい人や、「抜け参り」という家出・蒸発の形で来る子ども・女性もいて、道中で寄付を受けながら旅を続けることができたのでした。

伊勢まいりでは、御師《おんし》と呼ばれる人たちが活躍しました。御師は当時、参宮旅行の世話をする旅行代理店のような役割を果たし、彼らの屋敷は宿泊にも使われました。庶民でも通常の旅行よりかなり贅沢なお膳が出されるので、伊勢まいりは当時の旅の中でも特権性を与えられていたのですね。

当時の旅は主に徒歩で、１日10里（40キロ）を毎日歩き、江戸から伊勢・京まで行くにも２週間前後かかりました。全旅程で１～３か月が当たり前の時代で、相当な覚悟と時間を要しました。そこまで遠方へは行けない人ももちろん多く、江戸の近隣でも成田山や大山、江の島、鎌倉などの参詣地が人気を集めました。明治以降には郊外の多くの参詣地方面へ鉄道が通り、行楽地として人気を博すことになります。[15]

当時のガイドブック・紀行文——出版文化と旅行文化の連動

江戸時代も後期になると印刷技術が発達して出版業が活発化し、旅行案内書も多数発行されてきます。中でも代表的なものが、文化７（１８１０）年刊の八隅蘆菴『旅行用心集』で、現代語訳が出ています。旅に出る際の用心・心得・所持品などについて、かなり細かく注意してあり、「道中用心」は61ヶ条に及びます。[16]特に健康維持、薬の携帯、他の旅人とのもめごと・喧嘩の回避、賭け事や色欲の抑制など、今でいうリスク管理術を説いています。各地の温泉や関所、場所間の距離、霊場なども紹介されています。

案内書と並んで、旅行体験を具体的に伝えて旅行者の参考に資する道中記・旅日記・紀行文の類も、いろいろ出ていました。[17]もっとも旅日記は、個人旅行よりも講による団体旅行が多かったため、旅の公的な記録の意味あいが強かったようです。当時すでに定型化された観光ルートができあがり、大体同じ所をまわっていたのがわかります。

道中記の先がけは、１６６０年ごろ発行の浅倉了意『東海道名所記』で、僧と商人の二人が狂歌を読みながら旅をする設定は、のちのベストセラー、十返舎一九『東海道中膝栗毛』(1802) にまで引き継がれます。『東海道中膝栗毛』は庶民の旅ブームと即応し、続編とあわせ20年にもわたってシリーズ化されました。弥次さん喜多さんの珍道中が好評を博し、江戸から伊勢を目指した二人の旅は、京・大坂、金比羅、宮島、善光寺、中山道に至るまで続きました。物語でありながら実際に旅をしている感覚を味わえたのも

15　平山昇、２０１２『鉄道が変えた社寺参詣』交通新聞社新書。

16　八隅蘆菴、２００９『現代訳　旅行用心集』桜井正信監訳、八坂書房、21 - 44。

17　池上真由美、２００２『江戸庶民の信仰と行楽』同成社、22 - 41。

大きく、旅ブームでも実際に行ける人はやはり限られていたんですね。

その意味では、目で見て旅行気分を味わえる絵画も、重要な役割を果たします。東海道の名所を描いた屏風や絵巻物は、江戸初期には登場していました。これをヒントに浮世絵本が出版され、18世紀末には多色刷りや低価格化も進みます。１８３０年代、天保期には葛飾北斎『富嶽三十六景』、歌川広重『東海道五十三次』といった代表作が、浮世絵における風景画の地位を確立しました。旅・名所ブームのなかで、類似するシリーズが次々に出されます。東海道を中心に絵入りの道中双六もいろいろ出て、娯楽的な人気を博しました。

人口１００万人の大都市へと成長した江戸についても見ておきましょう。江戸の発展とともに地方から見物に来る人も増え、江戸自体が観光名所化してきます。[18]従来の名所はもともと「ナドコロ」と言われ、和歌に詠まれて古くから名高い所を指しました。新興都市・江戸の名所は新しく、１６５７年の明暦の大火のあとの町づくり以後、見物者も多くなります。８代将軍吉宗は品川の御殿山、王子の飛鳥山、上野、隅田川、中野、小金井など各地に桜を植え、人為的に庶民向けの名所をつくりました。[19]初期の代表作である浅倉了意『江戸名所記』以来、江戸のガイドブックは次々出されます。天保年間の『江戸名所図会』は7巻20冊にもおよぶ集大成で、江戸市中だけでなく近郊の行楽地までが網羅されていました。それだけ多くの人が江戸の市中や近郊に出向き、名所を楽しんでいたわけですね。

近世期の旅行文化と出版文化のつながりについては、歴史学者・原淳一郎の寺社参詣に関する研究があります。原は鎌倉・江ノ島・金沢八景といった神奈川の名所や伊勢参

18　安藤優一郎、２００５『観光都市 江戸の誕生』新潮新書。

19　大石学、２００２『首都江戸の誕生　大江戸はいかにして造られたのか』角川選書、２００-２０３。

りを詳しく検討し、当時の旅行と読書の関係について知見を与えてくれます。江戸時代、多彩な名所案内が刊行された背景には、行政の文書化が進み、世界でもまれなほどの識字率の高まりがあります。[20]旅の大衆化と並び、読書の大衆化も進んでいました。案内書の普及で、旅はより身近になっていたのです。当時の限られた情報環境にあって見知らぬ土地を旅することは、今日と比べても心もとなく、道案内の書は貴重な役割を果たしたわけですね。

逆に、案内書の出てない場所へはまだ行きにくい。旅先は案内書の出版状況の制約を受け、パターン化されていたのですね。原によれば、18世紀に案内記が複数出ていたのは、関東では江戸と鎌倉・日光だけでした。[21]

鎌倉は特に、源頼朝の開府以来の由緒ある名所で、中世から数多くの紀行文も残されていました。江戸期の知識人層は、こうした先行する紀行文や歌集、地誌を読み込み、そうした知識をもって名所へ足を運び、現地でその知識を確認したり、実際の場所や風景とのズレを確かめたりしました。『吾妻鏡』や『太平記』のような歴史書を読んでいれば、現地を訪ねる楽しみも深められました。[22]知識と旅行、座学とフィールドワークのつながりは、こうして近世期にはすでに形成・確立されていたのですね。

20　原淳一郎、２０１３『江戸の旅と出版文化　寺社参詣史の新視角』三弥井書店、３頁。

21　同87頁。

22　原淳一郎、２０１１『江戸の寺社めぐり　鎌倉・江ノ島・お伊勢さん』吉川弘文館、84頁。

風景認識の発達

江戸後期の識字率がいくら高くても、知識や教養を要する難解な書物は、誰もが読めたわけでもなく、知識層に偏っていたことでしょう。その点、浮世絵は庶民にもわかりやすく、広く親しめるビジュアル文化でした。葛飾北斎や歌川広重が確立した風景画は、単に旅行文化のみならず、ナショナルな国民意識の下地の形成や、ローカルな場所、街道上の場所の連続の感覚を高めるのに、大きな役割を果たした様子がうかがえます。『東海道五十三次』がヒットした広重は、ブームに乗じて『京都名所』『近江八景』『木曽街道六十九次』『江戸近郊八景』『名所江戸百景』などの作品を出し続けました。東海道や江戸・京都は、日本を代表・象徴する街道、場所でした。『東海道五十三次』の絵にも、青い海や川・湖など、水辺が多く描かれています。山も多く、とりわけ強調されたのが富士山です。「白砂青松《はくしゃせいしょう》」の自然の風景が、この時期の日本的メンタリティ、文化風景を可視化して表象し、広く共有されたのですね。東海道をはじめ街道交通の発達は、印刷メディアの発達とも手をたずさえて、旅行・移動の利便性を高めただけでなく、風景への視覚的認識を高めたのでした。

明治期には東海道に鉄道が走り、鉄道技術を基軸とした速度と移動のシステムが導入されます（これも利便性と視覚的風景の両面）。ですがこの近代化は、近世期の五街道中心の交通体系を下地として、少しずつ乗り換えられていったのでした。明治の風景画や写真は、江戸期からなじみの自然の風景に、西洋的・近代的な建築や技術・文物を合わせ足すことで、成り立っていたのですね。

江戸の消費文化とゾンバルト的資本主義

江戸時代は、政治的には武士が実権を握り、強固な身分制、タテの序列を築いた時代ですが、社会全体を見渡せば、民衆は多様で高度な文化・経済をつくりあげ、ヨコの水平的なネットワークの広がりを展開してもいました。[23]

23　池上英子、2005『美と礼節の絆』NTT出版。

参勤交代の効果もあり、江戸は首都機能を果たす大都市へと著しく発展し、18世紀初頭には人口１００万人に達していたとされます（当時はパリ55万人、ロンドン46万人、大坂40万人）。京・大坂中心の元禄文化から、後期には江戸の町人を中心に化政文化が花開きます。武士は江戸や全国の城下町に住み、（農業生産をしない）消費生活者となっていました。そこに形成された都市の消費文化は、武士だけでなく身分を越えて広まり、豪商・豪農をはじめ多様な身分・立場の人たちが享受、展開しました。近世経済史家の速水融は、江戸期の大衆化を語る座談会でこう語っています。

「すぐに士農工商って言いますけど、あれは使うことを止めたほうがいい言葉じゃないかとさえ思います。確かに年貢を取るときは、武士は武士、農民は農民です。けれども金を使うときは、町人だろうと、百姓だろうと、武士だろうと、同じなわけですね。生活のパターンというのは、むしろ消費の方にあるわけでしょう。もちろん所得の多い少ないはそれぞれあるでしょうけど、士農工商に分かれていたんじゃない」[24]

「士農工商」自体が、支配者側の租税徴収の観点を色濃く含んだ言葉・見方であり、生産・労働を軸とした言い回しだったのですね。ゾンバルトが『恋愛と贅沢と資本主義』で描いた消費を軸とした世界観は、江戸時代の日本にも適用できます。ウェーバー・マルクス的な生産・労働中心の視座から、消費生活・奢侈・需要形成へのシフト、発想転換です。江戸期はヨーロッパ同様、奢侈禁止令・倹約令が何度も出されたものの効果は薄く、もはや幕府が制御できる範囲を超えていたのですね。まさに early modern ＝初期近代としての近世江戸社会であり、そこには近代の萌芽がめばえていたわけですね。

24　速水融編、２０１１『歴史のなかの江戸時代』藤原書店、３３１頁。

第7講　鉄道からみた近現代社会

近世江戸期の街道旅の後には、近代の鉄道旅が続きます。本講では鉄道を切り口にして、日本の近現代社会を見ていきましょう。

1節　通史篇・鉄道と近代

幕末の鉄道模型~明治の開業

世界初の本格的な鉄道は、１８３０年にイギリスで開業しました。最初の工業国家で、産業革命の最終局面でした。日本の徳川幕府も、鉄道の情報を得ていました。ペリーは2度目の来航時の１８５４年に蒸気機関車の模型を献上し、運転してみせました。世界で交通革命が進展し、世界の一体化が進んでいたのです。明治2年に明治政府は、鉄道の導入を決定します。

福沢諭吉は幕末期に鉄道に乗車し、社会生活や経済活動に有用であることを『西洋事情』で伝えました。渋沢栄一は1867パリ万博の時に乗り、国家の経済発展には鉄道が必要だと実感しました。長州の井上勝は留学先ロンドンで鉄道技術を学び、帰国後は鉄道官僚として中軸の役割を果たします。政府では大隈、伊藤が鉄道を推進しました。軍備優先の反対派や尚早論もありましたが、鉄道網の形成、交通・運輸の発展が西洋諸国の「富強」をもたらした点に学んだのでした。鉄道敷設は国内統一にも有効な手段になるとして、遠距離ではまず東京〜京都間を結ぶことが急がれました。新橋〜横浜間から着工・開業されましたが、このとき狭軌道（1067㎜、広軌は1435㎜）を採用したことは、ずっと後まで尾を引くことになります。明治5（1872）年の開通時、最初に乗車したのは明治天皇でした。開業式の場で人々は、西欧文明を肌で感じることになりました。

街道から鉄道へ――時間感覚の変容

鉄道の開業は、日本人の時間感覚を大きく変えました。[1]西欧の定時法が全国一律で採用され、時間が統一されたのです。人々は分単位の時間を意識して生活するようになり、乗客・貨物も急増しました。

東京〜京都間は、東海道か中山道か、どちらのルートを通るかが問題となりました。東海道にはすでに海運ルートもあったので、中山道に鉄道を通すメリットがより大きいと最初は考えられましたが、中山道は山が多い地形なので当時の技術では工事が困難だとされ、東海道に決まったのでした。

1　江戸時代の時間の単位は一刻《いっとき》で、一刻は2時間でした。小半刻《こはんとき》が30分。半刻《はんとき》が1時間。明治の鉄道と分刻みの導入で、時間感覚が大きく変わったことが想像できます。

東海道線は着工後わずか３年で１８８９年、新橋―神戸間が全通します。国会開設の前年です。それまで徒歩で２週間要した東京―大阪間が、19時間にまで短縮されたのです。他方で東海道線の開通は、旧来の宿駅や海運には大きな打撃を与えました。以後、各地に幹線の整備が進みますが、東北の日本鉄道は私鉄でした。明治20年前後、松方財政のもとで企業勃興の波が来ると、鉄道熱も高まり投資の対象となります。

民俗学者の柳田國男は、鉄道は旅や行楽を大きく変えたと指摘しました。それまで困難で不自由だった旅が、単純化され容易になりました。汽車が通じたことで遠くに出る人々が続出し、遊覧の客となったというのです。[2]

年始のお出かけといえば初詣ですが、初詣が定着したのは鉄道開通後のことで、初詣じたいが実は、鉄道が生み出した慣習なのです。もとは恵方詣りといって、年ごとにご利益のある方角がちがっていたのですが、それでは鉄道会社が儲からない。いわば大人の事情です。鉄道会社が初詣をアピールしたことで、この慣習は定着します。関東では川崎大師や成田山に、鉄道で初詣客が行き来しました。[3]

鉄道は地域の産業に、大きな影響をもたらしました。北関東で川の舟運で生計を営む村などは打撃を受けましたが、蚕糸・織物業へと転換をとげていきました。舟運から鉄道輸送へ、貨物輸送も切り替わっていきます。鉄道は石炭も輸送し、自らも需要して石炭で走りました。

しかし鉄道の効果は、移動や輸送の利便性の面だけにとどまりません。視覚的・美的な次元も重要です。風景を車内から動体視力でみる、パノラマ的知覚の出現です（⇩３講）。ベンヤミン[4]は、近代テクノロジーの媒介による知覚の再編を問いました。シヴェ

２　柳田国男、２００１『明治大正史世相篇』中公クラシックス。

３　平山昇、２０１２『鉄道が変えた社寺参詣』交通新聞社新書。

４　**ヴァルター・ベンヤミン**（1892-1940）ドイツの文学者・思想

ルブシュ[5]は『鉄道旅行の歴史』でこれを継承します。鉄道の普及によって、人々の時間・空間の知覚体験が大きく変容したことを見出しました。**図**のように、起伏のある地形に直線的な鉄道が敷かれた瞬間から、自然の不規則さは、線路の規則正しさに代わられます。切り通し・トンネル・高架橋などによって人工的で均質的な風景が切りひらかれ、旅行者の空間知覚のあり方が大きく変わったというのですね。速度の導入により、車窓からの風景はパノラマ的に知覚されていきます。五感の中でも視覚が特権化され、風景は見る主体から切り離された客体へと化していくのです。

図７－１　自然の地形への鉄道路線の導入

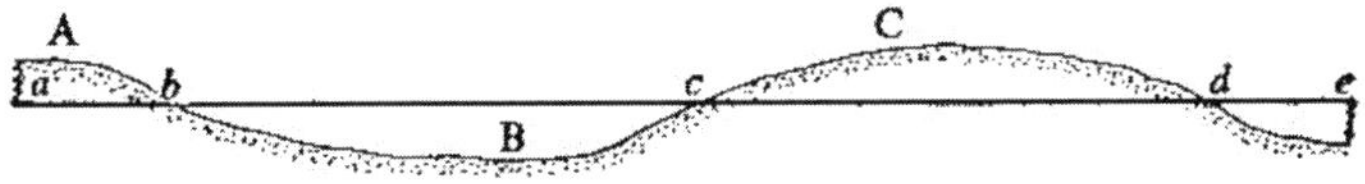

出典：ヴォルフガング・シヴェルブシュ、1982『鉄道旅行の歴史』加藤二郎訳、法政大学出版局、29頁

鉄道国有化の時代

日清戦争後、鉄道熱が再燃してくると、私鉄の小鉄道会社の分立経営という状況から、国有化で統一を図る声が上がってきます。日露戦争後、植民地と内地の一体化を進める当時の意味もあったようです。１９０６（明治39）年、政府は鉄道国有法で私鉄17社を買収し、帝国鉄道網の効率的な運営をめざしましたが、あまりに巨大化してしまいました。

日露戦争～第一次大戦の時期に重工業が発展してくると、東京・大阪に都市化と郊外化が急速に進みます。貨物・乗客の輸送量が増大するとともに、通勤・通学の増大で都市近郊の私鉄が成長したのでした。

家。フランクフルト学派の一人。ユダヤ系の出自をもち、ナチス時代にパリなどへ亡命。「複製技術時代の芸術作品」をはじめとする論考は、のちのメディア論・都市論などの系譜に道を開いた。メディアやテクノロジーに媒介された近代社会のリアリティを考える上で、彼の仕事は欠かせない。

5　**ヴォルフガング・シヴェルブシュ**（1941－）　ドイツの文学・哲学・社会学者。著書に『闇をひらく光―19世紀における照明の歴史』『楽園・味覚・理性―嗜好品の歴史』など。近代のテクノロジーとともに、時間・空間に対する人びとの社会的経験がいかに変わったか、などを明らかにしたユニークな仕事が高く評価されている。

2節　後藤新平と堤康次郎、大学町・国立の誕生

後藤新平の仕事

帝国鉄道庁から鉄道院へと組織が変わると、初代総裁には後藤新平が就任しました。国有化で寄せ集めとなった職員たちに「国鉄大家族主義」を唱え、福祉を充実させていきます。彼の主導で1914（大正3）年には東京駅が開業します。辰野金吾[6]の設計でよく知られる東京駅は、皇居からまっすぐつながっていました。

後藤は一地方の医師から、内務省の衛生官僚へと転身し、35歳で内務省衛生局長になります。日清戦争後、大量の帰還兵の検疫を任された実績もあり、台湾民政局長に就きます。[7]日本が初めて植民地として領有した台湾には当時、悪疫がはびこり、衛生状態は劣悪でした。後藤は都市計画を実施し、上下水道の整備と街路の拡幅・新設を行い、衛生改善と産業振興のためインフラ整備に力を入れ、今日に至る台湾の近代化の基礎を築きました。衛生に力点をおいた都市計画は、医者から出発し内務省衛生局に入った後藤の経歴が生かされたものでしょう。

この経験は日露戦争後、今度は満洲にも生かされます。後藤は南満洲鉄道（満鉄）の初代総裁となります。鉄道会社ですが、鉄道経営に必要な駅周辺区域は「満鉄付属地」として管轄におかれたため、鉄道駅を中心に市街地を計画し、本格的な都市の各種イン

6　**辰野金吾**（1854-1919）
日本の建築家。彼が設計した建築物が全国各地にあり、文化財に指定されたものも多い。頑丈な設計から「辰野堅固」と呼ばれた。2024年には新1万円札に、辰野設計の東京駅が描かれる予定。他に大阪市中央公会堂も有名。本書9章2節も参照されたい。

7　なお本記述は、当時の日本の台湾・満洲への植民地支配などを肯定・

フラを整備していったのです。これが、後藤が以後の都市計画に精力を注ぐうえでの原体験となったといえましょう。

１９０８年東京に戻った後藤は、鉄道院総裁かつ有力政治家になってゆきます。当時、明治以来の課題であった東京の都市改造は遅々として進まず、江戸時代のストックに頼るまま、交通・住居・水道・公園などの近代的なインフラ整備は大幅に立ち遅れていました。人口が急増するなかで生活環境は劣悪化し、コレラなどの蔓延で、公衆衛生の対策も急務となっていました。かつて欧州諸国の都市を見て回り、台湾や満洲で都市計画を経験済みの後藤は、内務大臣として都市計画に本格的に着手し、１９１９年には都市計画法と市街地建築物法を成立させました。それまで政府には「都市を計画する」という発想自体がない中、日本で初の都市計画の法制化を導いたのが、後藤その人であったのですね。

もっとも後藤は、政敵たちからたびたび反発にあいました。国庫補助や特別税といった都市計画の財源は大蔵省の反対にあい、骨抜きにされました。この大正期の経緯は、以後今日まで尾を引き、日本の都市計画に充分な予算が確保されないレールを敷くことになりました。そのため都市計画が実施できたのは、震災や戦災など災害後の復興か、オリンピックや博覧会のような巨大イベントかという、特別予算が投じられる時のみに限られる傾向となってしまっています。

とはいえ、後藤の都市計画導入の貢献はそれでも大きかったのですね。普及活動も行う中、１９２０（大正９）年に後藤は請われて東京市長となります。彼が打ち出した15項目のインフラ整備の8億円計画は、「後藤の大風呂敷」と言われ揶揄されます。なに

容認・称賛する意図をもたず、あくまで当時の歴史上の事実を直視・確認する立場にあることを付記しておきます。

しろ東京市の年間予算が1億数千万、政府予算が15億の時代です。ですがこの大風呂敷は、結果として震災復興の下地となり、震災直後から復興策を開始できやすくしていたのですね。震災直前からたまたま後藤は、山本権兵衛内閣の内務大臣として入閣していたため、震災の甚大な被害をうけ、帝都復興院を設立して自ら総裁に就き、帝都復興計画を実施に導いたのでした。

鉄道院総裁としては、後藤は広軌改築論を唱え、東京―下関間から始める構想を出しましたが（のちの新幹線に相当）、２代総裁の原敬はこれに否定的で、広軌化よりも地方新線の建設を優先すべきという考えでした。原敬の政友会は、農村に選挙地盤をもっていたのです。１９２０年には原内閣のもとで、鉄道院は鉄道省に昇格しました。原の積極的な鉄道政策は、「我田引鉄」と揶揄されました。

大学町の形成と国立駅の誕生

第一次大戦期の経済発展で、大都市では通勤者が急増します。１９００（明治33）年に１９５万だった東京都の人口は、１９２０（大正９）年には３７０万と[8]、20年間でほぼ倍増していました。住宅難が深刻化し、コレラも流行する中、緑に恵まれた健全な住居環境が郊外に求められてゆきます。そこへ関東大震災が発生したことで、郊外への人口移動はいっそう加速します。

渋沢栄一や五島慶太らの田園都市株式会社（のちの東急）と並んで、西武鉄道の創始者・堤康次郎の箱根土地が、郊外住宅地の開発に大きな役割を果たしました。一橋大学のある大学町・国立を開発したのも、西武の堤氏です。

8　三浦展、２０１６『東京田園モダン　大正・昭和の郊外を歩く』洋泉社、２２３頁。

箱根土地は当初、軽井沢や箱根の別荘地を開発していました。大正11（１９２２）年には東京都心の住宅需要に応え、華族や富豪の大邸宅跡の分譲販売を手がけます。大正12（１９２３）年の関東大震災を機に、学校や住宅地が郊外へ流出することを見込んで、堤は郊外の宅地開発に乗り出しました。目白文化村３万坪（現在の新宿区落合）を手始めに、大泉学園50万坪や小平学園60万坪といった学園都市の住宅地を開発・分譲し、さらに国立80万坪が決定版となったのです。

目白文化村では、有爵者からの払い下げ分譲も多く、高級住宅地のブランドイメージを高めました。１９２２年の平和記念東京博覧会でも、洋風の文化村住宅の展示が脚光を浴びており、堤はこれを利用しました。文化村に続いて学園都市を打ち出したのは、学生や教職員が住民となることで、文化度の高い良質の住宅地に発展していくと考えたからでした。大泉も東京商科大学（一橋の前身）の移転を唱え、洋館のモデル住宅を建て始めていたのですが、大学は結局、国立に決まりました。小平学園には明治大の誘致が計画されましたが実現せず、東京商科大の予科と津田英学塾が移転してきます。ただし、これらの地に住宅地の発展が実際に進むのは戦後、昭和30年代のことになります。

堤は大正13（１９２４）年に谷保村役場を訪問、わずか1年で契約にこぎつけます。村北部の山林地区80万坪を切り開き、当時３千人弱の村に人口５万の学園都市の建設を告げ、雑木林の土地買収を進めました。都心から離れていたので、別荘や投資の用途も考えていたようです。多摩地域の中央線沿線では大正期、武蔵野の自然を求めて、都心の上流層の別荘が建ち始めていました。関東大震災による都心のダメージで、郊外の高級別荘地が住宅地へ切り替わっていくのです。昭和２（１９２７）年から本格的に売り出しますが、ちょうど世界的な不況・恐慌も災いし、分譲も建設も滞ってしまいます。大学町の開発は、ユートピアの理想通りには進まなかったのですね。

一方で堤康次郎は、そもそも「国立」の名づけ役ともされています。国立駅をつくったのが、堤その人だからです。中央線の前身・甲武鉄道（のちに国有化）は、明治22（１８８９）年に新宿—立川間で開業して以来、国分寺と立川の間には駅がありませんでした。当時は請願駅制度なるものがあり、民間人が駅舎をつくって鉄道省に寄付すれば、新駅として認められたんですね。堤は大学町の開発と合わせ、通学や生活に必要な駅を新設したわけですが、その際に国分寺と立川の間をとって「国立」と名づけ、「ここから国が立つ」といった意味も込めました。

堤は当時すでに、衆議院議員として政治家の道を歩み始めてもいました。国立エリアの形成へのこうした影響力には、政治力や多方面の人脈を活用できた点も大きかったことでしょう。

大学街・住宅街の本格化は戦後になりますが、基礎はこの戦前期に築かれました。国立の学園都市としての開発は、先行する大泉や小平よりも順調に進みました。大泉や小平では、堤・箱根土地が自らの思惑で学園都市化を進めましたが、国立の場合は震災後の移転を急ぐ商科大と密に連携し、大学側の意向を組み込んで町の開発計画を具体化していったのですね。

第一次大戦後、都市化と産業構造の変化で高等教育への進学者が急増し、キャンパスの整備も急務となっていました。そのさなかに関東大震災が発生し、神田一ツ橋の商科大校舎も壊滅的な被害を受けます。国立を含めた郊外への大学の整備移転は、こうした

写真７－１　現在の一橋大キャンパス

文脈から生じたのでした。大学建設と国立の町づくりは一体でした。国立の都市設計では、キャンパス用地の形状と寸法が優先的に確定され、あくまで大学が主、住宅地が従の関係にありました。

国立大学町の設計を担当したのは、箱根土地の技師・中島陟でした。息子の中島渉は２００２年、国立の自然と文化を守る会の座談会で、こう語っています。

「ええ、父は堤の妻ふみの妹の夫にあたります。もともと父は大学を出て宮内庁に勤務していたのを堤に引き抜かれたのです。国立大学町を白紙の状態からやらすと言われて、そのために外国に留学しているわけですね。帰国後、他の社員と共に開発に取りかかったわけですが、基本設計ではドイツの町ではこうなっている、必ず駅前には広場があって、彫像があって、噴水や池があってという感じで。道路も伯父の堤はあれだけの幅には一度反対して、後藤新平に作成した設計図を見せたら後藤さんは広いほうが良い、その分は売れる商品からとれと。八円で売るのなら道路分を一円、二円なり上乗せすればいいと。そういう風にして、設計図は合格したと聞いています。」[9]

中島陟は結婚を通じて、堤康次郎と姻戚関係にあったのですね。国立に着手する2年前、堤は中島をつれて欧州各地の学園都市を見てまわり、ドイツのゲッティンゲンなどを大学町の参考にしています。駅からまっすぐ伸びる大学通りは、24間（43・2ｍ）も幅をとり、当時では異例の広さでした。まだ自動車も普及してない時代に、堤が一度は反対したのも当然でしょう。そこへ道路は「広いほうが良い」と言って通したのが、後藤新平その人であったわけです。後藤が国立の開発に直接関与した可能性を問う議論もありますが[10]、いずれにせよ当時の後藤の都市計画への影響力は、国全体に広がる絶大

9　国立の自然と文化を守る会編、２００２『あおぞら　国立の自然と文化』テクノ、41頁。

10　長内敏之、２０１３『「くにたち大学町」の誕生』けやき出版。

なものであったといえましょう。

鉄道駅と道路と大学まちづくり

商科大の郊外移転は、後藤が取り組んだ震災後の復興事業の一環でもありました。学園都市の開発主体は、堤康次郎の箱根土地ではあったにしても、後藤新平らが展開した一連の都市計画と帝都復興の流れも、国立の町の設計に色濃く影響を与えています。

特に重要なのが、駅からまっすぐ伸び、後藤が「広いほうが良い」と言ったとされる大学通りです。[11] この駅と大学通り、駅前ロータリーと、左右斜めに放射状に伸びる旭通りと富士見通りが、町の根幹をなしています。実はこの形状・配置は、満鉄付属地の長春と酷似していたのです（長春はのち満洲国の首都・新京となる）。

この長春は当時、南満洲鉄道の北限で、これより北は東清鉄道というロシアのテリトリーでした。ロータリーや幅広い道路には、有事にいつでも軍隊が出動できるようにという、警備・軍事の意味あいもあったようです。

他方で後藤は、「文装的武備」という言葉も残しています。鉄道・道路・水道・電気・学校・病院・ホテルなど、近代国家として立派な都市インフラを整備することが、武力によらず対等かつ平和的に諸外国と外交をする手段にもなると考えていたんですね。後藤にとって都市インフラは「文装」でもあり、このような流れが、国立大学町にも来ていたわけなんですね。

11　この中央道路には鉄道を敷設する計画があり、１９２６年に京王電気軌道が府中～国立間の鉄道敷設計画（京王支線）を申請しましたが、実現しませんでした。また、大学通りの並木を設計したのは、全国各地の公園を設計したことで有名な林学者・造園家の本多静六でした。

図７－２　長春附属地平面図（大正四年現在）

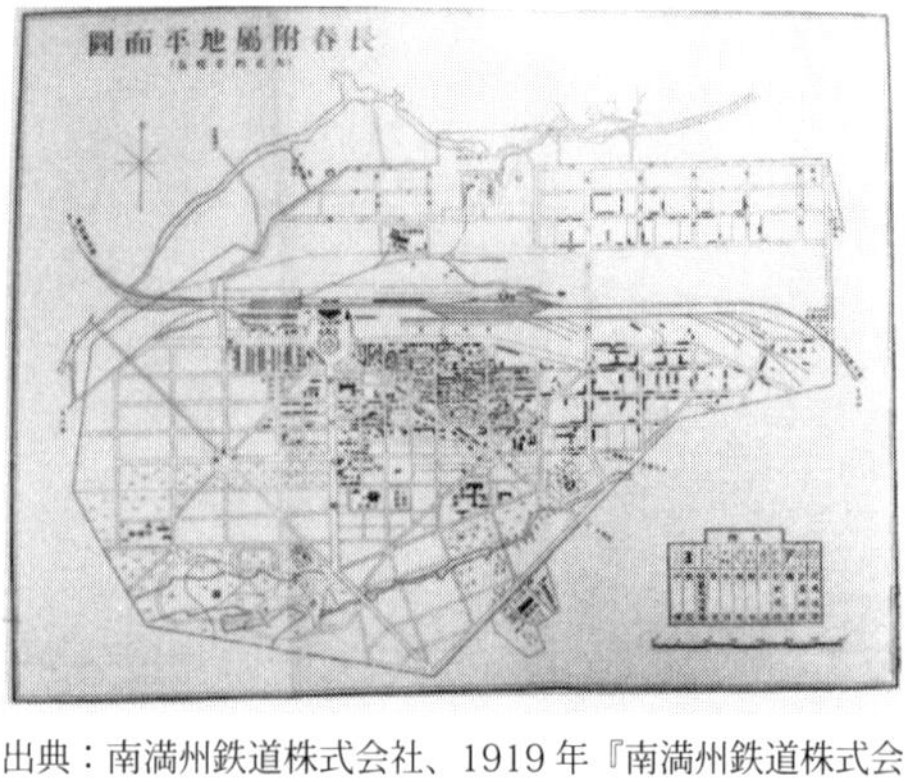

出典：南満州鉄道株式会社、1919年『南満州鉄道株式会社十年史』（千代田区立日比谷図書文化館特別研究室所蔵）

満鉄の土木課長・加藤与之吉の計画に、後藤は「道幅が狭い」「今すぐヨーロッパを見て来い」と言いました。国立では堤康次郎も設計師の中島陟に、ヨーロッパの都市を見てくるよう言っています。都市や道路・鉄道とは、単に利便性や機能を追求すればよいものでもないのですね。広い街路に街路樹が立ち並び、人びとは公園のようにそれらを楽しみます。沿道には大型公共建築を配置し、都市の美観を生み出します。街路は公共の場であり、風景を見通すことで、人びとに公共心を育んでゆくのですね。後藤はパリやベルリンからそうした観点をとり入れ、そこへ堤らのゲッティンゲンの大学町の学びが合わさり、国立へと結実したのでした。国立にはほぼオリジナルな形で、１００年前の大学まちづくりの姿が、今も残されているのですね。

写真７－３　０系車両

ちなみに国立駅の北口を出て少し歩くと、国分寺市光町のエリアに入ります。ここには鉄道総合技術研究所（鉄道技研）があります。そこで東海道新幹線の開発研究が行われ、「ひかり号」が誕生したことから、地名も「光町」とされたのです。研究所の向かいには市の新幹線資料館も開設され、最初の新幹線のなつかしい０系車両が実物展示されています。市域としては国分寺ですが、この面でも国立は鉄道にゆかりのあるまちなんですね。

２０２０年には、国立駅のシンボルであった旧駅舎・

写真７－２　国立・大学通り

赤い三角屋根が駅前に再建され、待ち合わせや休憩に利用できる場となりました。ミニ博物館のように歴史の写真を展示し、地域資料や特産品の販売も行っています。

写真７－４　再建された旧国立駅舎

３節　鉄道とともにある現代史

復興から高度成長へ

総力戦体制下で、鉄道は軍事輸送手段に位置づけられ、東京～下関間を強化しました。弾丸列車計画も立てられ、これがのちの新幹線の源流となります。資材や労働力が不足する中、昭和17（１９４２）年には関門海底トンネルが開通します。戦時下も鉄道は、一日も休まず走行を続けました。そうして終戦の日、それでも「鉄道は動いている」事実は、虚脱した人々を励ましたのでした。

しかし戦後は、鉄道も占領され、一部が占領軍の軍用列車として使われます。戦争被害と資材不足で列車運行は劣悪をきわめ、事故が多発します。それでも国民は列車に鈴なりに群がって、買い出しへ出かけたのです。

昭和24年、ＧＨＱの指示もあり、国鉄は公共企業体へと再編されました。朝鮮戦争が始まると占領軍は国鉄を動員し、緊急輸送体制をとりました。結果的にこれを機に、国鉄の経営は好転していきます。

高度成長が進む中、国鉄は輸送力不足に苦しみました。東海道新幹線の建設が進む一方、在来線の増強や近代化は後回しにされました。大都市に人口が集中したため、通勤時の混雑や過密ダイヤはすさまじいものでした。

蒸気機関車から電気機関車／ディーゼル、さらに電車へと、車両の動力の近代化が進められました。前の車両が後の車両を牽引する動力集中から、全車両が自ら動く動力分散方式への移行です。複線化も、主要幹線から順に進められました。

昭和40年代になると車社会、モータリゼーションが到来を告げます。通産省が国産自動車産業の育成に重点を置き、道路整備も進展して、舗装率が急上昇します。高速道路も順次整備されました。大都市では路面電車から地下鉄への移行が始まります。

高速化～民営化の時代

１９６４（昭和39）年には東海道新幹線が開業します。自動車や飛行機と競合する中、高速鉄道時代が幕を開けたのです。その前段階として、58年には電車特急こだまが、東京―大阪間を６時間50分に縮めています。汽車から電車への移行であり、電車方式が機関車牽引に対して優位に立ち、従来の特急つばめ・はとなども電車に変わりました。これが新幹線への布石となっています。

新幹線を開業に導いたのは、国鉄総裁・十河《そごう》信二で、後藤新平から強い影響を受けた人物でした。東海道本線の沿線人口は、当時すでに日本の総人口の４割に達し、輸送量は限界に来ていました。反対や批判も多い中、十河の熱意で「夢の超特急」を、後藤以来の念願の広軌で実現したのです。東京―大阪間を４時間で結び、世界の注目を集めました。さらに西へ山陽新幹線として、岡山〜博多まで延伸した後、全国新幹線網を展開することになります。これは、新全総〜田中角栄の日本列島改造論とも連動したものでした。

60―70年代、旅行に鉄道は最もよく利用されました。また70年代は、政府も余暇行政に力を入れた時期でした。70年大阪万博には６４２１万人が入場し、うち国鉄利用者が２２００万、新幹線利用は１０００万人いたとされています。ポスト万博の反動対策としてディスカバー・ジャパン・キャンペーンが行われ、カニ族やアンノン族の姿がみられました。78年には山口百恵のヒット曲「いい日旅立ち」とともに、キャンペーンが続きました。

しかし、国鉄は恒常的な赤字が累積していたため、87年には分割民営化でＪＲ各社へと移行することになりました。本州３社と三島の経営格差は大きく、北海道と四国の深刻な状況は周知のとおりです。北海道では国鉄時代に最大約４０００㎞あった路線の廃線が進み、ＪＲ開業の87年には３１６７㎞、２０２３年現在では２３３６㎞まで縮小しています。ピーク時の４割、１６００㎞以上が廃止されたわけです。

４節　事例篇・鉄道紀行コラム

群馬県横川・碓氷峠鉄道文化むらは、鉄道にゆかりの深い特別な場所です。信越本線は、明治に日本海と太平洋を結んで本州を横断した重要路線でした。そのなかで碓氷峠は中山道の時代から、交通の要衝かつ難所でした。横川―軽井沢の急勾配を、アプト式鉄道で乗り越えてきた歴史が語り継がれています。１９９７年の長野新幹線開通で、横川―軽井沢間は廃線になりました。

写真７－５　碓氷峠　鉄道文化村

写真７－６　三重県　関宿

三重県関宿。旧東海道では珍しく、昔ながらの町並みが残っています。国の重要伝統的建造物群保存地区です。桑名～四日市～亀山～関は旧東海道なのですが、国鉄・ＪＲの東海道線・新幹線はこちらを通らず、名古屋からは旧美濃路～中山道に沿って京都・大阪に入るのが表街道になりました。

私は大阪の実家へ帰省する際、普通列車に乗り放題の「青春18きっぷ」を使い、桑名～関西本線～亀山～関宿～加茂～木津～四条畷という、まさかの裏ルートを行ってみました。ですがある意味、「歴史的には

写真７－７　関西本線　関駅

こちらが合っている」。四条畷は木津・加茂～名古屋と、明治の関西鉄道（国有化の前）の時代から結ばれてきた長い歴史があります。ですがこの路線は、東海道線や関西私鉄との激烈な競争に敗れ、立ち遅れてしまったのでした。

近世まで関宿は、ここから鈴鹿峠を北上して京都へ向かう東海道と、奈良方面の伊賀・大和街道に分岐し、伊勢にもつながる交通の要衝でした。東海道五十三次の旧宿場町が、近代の地方中核都市として開発の波にさらされていく中で、このエリアは開発から取り残されたことで、古き町並みを残したのですね。

常磐線、いわき～原ノ町間。不通になっていた富岡—浪江間が全通して1年の２０２１年に通りました。もとの風景がわからず、点在する家々や原野を眺めては、もとはどうだったのだろうと思い浮かべ、10年の歳月を感じました。

福岡・門司港駅。駅がレトロです。九州鉄道記念館～関門海峡ミュージアム。本州と九州をつなぐ交通の要衝として、古代・中世からの濃厚な歴史がうかがえます。

写真７－８　門司港駅舎内観

写真７－９　門司港駅舎外観

写真７－10　五能線風景

写真７－11　しんごろう入南会津おふくろ弁当

青森、五能線・リゾートしらかみ。観光列車で青森西海岸の絶景をパノラマ風に楽しめ、語り部や吉幾三のアナウンスも入ります。名所の千畳敷では15分ほど停車し、下車して観光できます。

群馬・わたらせ渓谷鉄道。桐生～足尾銅山・精錬工場跡～間藤《まとう》。間藤駅は、宮脇俊三『時刻表２万キロ』の国鉄全線完乗の最終地。宮脇氏の本は愛読していたので、感慨深かったです。そこからバス～日光。足尾と日光は、実は近いのです。

駅弁三昧、北関東～会津。東武浅草、籠かつを飯。下今市駅、日光埋蔵金弁当。会津田島駅、しんごろう入南会津おふくろ弁当。鬼怒川温泉駅、ゆばちらし弁当。すべて丁寧に作り込まれ、旨しと感動。街道・宿場町・温泉の歴史のなせるわざでしょうか。駅弁も、地域の歴史に根づいた大切な文化のひとつです。

山陰本線・浜坂駅。乗り継ぎ待ちの時間、駅構内の鉄道グッズ館「鉄子の部屋」

写真７－12　浜坂駅　「鉄子の部屋」

に、知らずに遭遇。引退した職員有志の提供、貴重な鉄道遺産の資料群。マニアの聖地・余部鉄橋の写真。明治43年、鉄道院総裁・後藤新平が視察に訪れたことを伝える資料もありました。

上越線・土合《どあい》、「日本一のモグラ駅」。上りは地上、下りは４６８段の階段を下りる！昭和40年代の複線化のときにトンネルを新設したので、下り方面が地中駅になりました。本数が少ない線で、実用よりもこの駅自体が観光名所になっているようです。遠足の小学生団体や、車で見に来て写真をとり、電車には乗らない人もいました。在来線には、新幹線では得られない味わいや発見があります。

写真７－13　土合駅下り

写真７－14　岩見沢駅

北海道・岩見沢複合駅舎。市役所のサービスセンターも入っています。建物のレンガには寄付者の名前が刻まれ、窓枠には昔使われたレールを再利用。長らく鉄道の拠点だった岩見沢の歴史を象徴しています。周辺に炭鉱が多数あり、ここから小樽と室蘭に石炭を送り込んできたんですね。

旧・松代駅。長野電鉄屋代線、２０１２年廃止。駅はそのまま残され、鉄道ファンにはたまらないでしょう。線路は撤去されていますが駅舎は残し、駐車場とバスの待合所に使われているのですね。屋代線を代替

写真７－15　旧・松代駅

写真７－16　ニセコ駅

するバス。中高生の待合中、旧駅舎の周りが、若者たちのたまるスポットになっていました。土曜の夕方、部活帰りでしょうか。当人たちには日常ですが、貴重な夕景でした。

函館本線・山線、小樽―長万部。北海道新幹線の延伸で廃線が決まった区間をゆく。すさまじい便数の少なさ。新幹線が通ることで、在来線がごっそり廃線となってしまうのか？　他地域のように、並行在来線を第三セクター鉄道に切り替えることはないのか？　あれこれ思いめぐらしつつ、感慨深くひと駅ごとに写真を撮って、もう見られなくなるかもしれない風景をかみしめたのでした。

沖縄、ゆいレール開業20周年。戦前には沖縄に鉄道はありましたが、戦後は長らく全くない状況が続いていました。構想30年、沖縄都市モノレール「ゆいレール」が開通したのは２００３年８月10日。その初日に乗ったものでした。

72年の復帰時、海洋博の関連事業では鉄道部門は計画されず、道路に集中して車社会に特化していったのでした。30年のタイムラグを置いて、那覇市内に

写真７－17　ゆいレール

実現したゆいレールは、那覇空港と首里城をつなぐだけでなく、旧米軍住宅跡地の新都心開発や、旧都心の再開発などと連動していました。

またこの新しい移動形態は、那覇・首里・浦添のまちに対し（２０１９年首里～浦添方面延伸）、駅や車内から見る新たな都市空間のパノラマ的な知覚の構図を切りひらいたのですね。モノレールの高い位置から沖縄の風景を俯瞰的にまなざす構図です。ゆいレールは沖縄の風景と、その見方を明らかに変えました。

もし復帰直後から海洋博を機に、那覇空港から本部の海洋博公園までが鉄道でつながり、本島を縦断する形を実現していたら、沖縄はどうなっていたでしょう。全くちがう形の開発や観光、生活の現実が織りなされていたことでしょう。

第 4 部

社会の主観としての観光

第８講　マキァーネルの観光論
――ツーリストとサイトシーイングの倫理

1節　ツーリストを通して近代社会をとらえる

オーセンティシティの演出

社会学的な観光研究を切り開いたマキァーネルは、以後の観光研究に多大な影響を残しました。１９７６年の先駆的な著書『ザ・ツーリスト』では、ゴフマンの「表領域／裏領域」の視点を観光に活用しています。

ツーリスト（旅行者）が観光地で主に見てまわるのは、観光向けに設定された表舞台ですよね。「いかにも観光」的な表舞台（front）だけでは満足できないタイプのツーリストは、（観光客が行かない）舞台裏（back）のありのままの現実を覗き込んでみたい気持ちに駆られる人もいるでしょう。ですが、例えばレストランの調理現場のように、舞台裏がお客向けに演出されるとき、それ自体が表舞台へと変化しているのであり、その奥にはまた舞台裏があるのですね。

オーセンティシティ authenticity は、社会学や観光の文脈ではよく使われる用語で、「真正性」「本物」などと訳されます。世界遺産の文化遺産や自然遺産にもこの用語が用いられ、認定の重要な基準となっています。ツーリストはしばしば、手つかずの「自然」「文化」「伝統」、「本場」の料理など、都会の日常生活にはない本物にふれたい欲望を、旅先の現地で充たそうとします。ですが観光ではそのオーセンティシティ自体が、巧妙に手をかけた人工的な演出の産物である場合も多いのですね。

マキァーネルがゴフマンの視点を観光に投入した際のキー概念が、staged authenticity です。staged は「演出された」と訳されていますが、「舞台化されたオーセンティシティ(真正性)」と言ってもよいかもしれません。真正性には、公に観られることを前提にしてととのえられるものがあり、観光はまさにそういう場・文脈であるのですね。

観光と近代社会

マキァーネルは、ツーリストという立場は、近代社会を映し出す存在だと指摘します。前近代、閉じた共同体の「内と外」「仲間とよそもの」「我々と彼ら」は、明確に区分けされていました。近代になって社会の範囲が拡大し、交通やメディアが発達し、移動が多くなると、異界の他者との出会いや交渉、包摂が進み、内と外の二分法の境界は崩れ、より曖昧でオープンになってきます。集団は外来者(ツーリスト)の視線に自覚的になり、公的な顔を見せるようになります。

ツーリストの存在は、近代社会には欠かせない要素であり、観光が近代社会と切り離せない関係にあるとマキァーネルは言います。高度に細分化し、全体を見通せないほどに複雑化・不透明化した近代の社会で、表層的にでも、外側から全体像を見渡し、垣間見る立場にあるのが、ツーリストなのだというわけです。

他方で彼はツーリストの立場に、近代人の実存を投影しました。近代社会は、個人の生活や意識をはるかに越えて、発展・拡大しています。個人はローカルで完結せず、広域の世界に包摂されながらも、直接には局所的なリアリティだけを感受しています。そのなかで個人は、自分が生きるこの日常がリアルなものだという確からしさの感覚が薄まった、不安な実存におかれます。この近代的日常のなかで多くの人々は、ここではないどこかよその場所に、「本当のもの（オーセンティシティ）」がある（かもしれない）と想定し、それを求めて探し歩き、覗き込もうとします。ツーリストは、近代人の実存のありようを典型的・象徴的に表した存在でもあるのですね。

こう考えれば、ツーリストは単に、観光の領域に限定された一個人にはとどまらないことになります。ツーリストとは、近代という時代に生み落とされる、歴史的・社会的な存在でもあります。ツーリストを切り口にして、近代社会の一断面にアクセスすることもできましょう。

２節　方法としてのツーリスト——沖縄イメージの１００年史から

観光からみた沖縄の近代

２００８年刊の『沖縄イメージを旅する』で私は、こうしたマキァーネルの理論的視座を借りながら、沖縄観光の１００年史をたどりました。

１８７９（明治12）年の琉球処分で日本国家に組み込まれて以来、近代沖縄の歴史は、本土からのツーリストとの関係の歴史でもありました。彼らの沖縄イメージと向き合うなかで、沖縄側も自己像を形成し、社会も変容をとげてきました。

それだけではありません。マキァーネルのいうオーセンティシティ、「本当の沖縄」なるものをわざわざ探し求めてきたのは、地元の人よりツーリストであった場合が多いのです。ツーリストが発見した「本当の沖縄」への視線を地元が取り込んで自らのものとし、産業振興や地域活性化に活用したり、郷土意識のよりどころにしたりする営みも、今日まで繰り返されてきているわけですね。

日ごろ「表層的」とみなされがちなツーリストの目線ですが、むしろ逆用できます。私は「方法としてのツーリスト」を試み、本土と沖縄の関係性・相互作用の視点から、観光を通して浮かび上がる「沖縄の近代」を明らかにしました。

沖縄イメージと観光の形成プロセス

沖縄の観光・イメージの形成プロセスについて、すでに個別の文脈では取り上げていますが、あらためてその１００年史をざっと概観しておきましょう。

沖縄旅行は、戦前から行われていました。日本が帝国の領土を拡げた当時、沖縄は本土と植民地（台湾・朝鮮・樺太・南洋など）との中間的な位置づけにあり、「内地の最南端」の異国情緒をもつとされました。戦前の沖縄イメージに影響力をもったのが、民俗学の祖・柳田國男です。大正期の旅で衝撃を受けた彼は、沖縄に「原日本を映す鏡」を見出しました。

柳田は、伊波普猷や島袋源一郎ら沖縄の郷土研究者との交流から知識を取り入れ、南島研究を導きます。周囲の文化人が多数沖縄を訪問し、南島研究ブームが到来しました。南島とは、本土から〈南〉を見るツーリストの目線です。それを地元の研究者が自らとり入れ、南島研究を郷土研究として引き受けた。南島のセルフ・イメージ化です。

この時期の沖縄の研究と観光は、密接に結びついていたのですね。沖縄に来る研究者は、旅行者でもありました。彼らが調べた自然や文化の特質は、観光案内や旅行記にも掲載さ

表８－１　沖縄の観光・イメージ 100 年史

時期区分	沖縄観光とイメージの特徴	年間観光客数	観光収入
明治～昭和戦前期	エリート文化人・知識人の発見と紀行	数十～数百人？	
戦後～ 1950 年代	戦争の犠牲となった悲劇の島、「ひめゆりの塔」	～２万人	
60 年代 ～ 復帰前	復帰前のブーム、戦跡巡りと舶来品ショッピング、政治的	２～ 20 万人	
復帰　～ 70 年代	復帰・海洋博により拡大、八重山、星の砂、脱政治化	44 ～ 180 万人	320 ～ 1480 億円
80 年代	リゾート、マリンスポーツ、ファッション化、無国籍	180 ～ 260 万人	1500 ～ 2400 億円
90 年代	文化・歴史、琉球王朝、沖縄ポップ	300 ～ 450 万人	2700 ～ 3800 億円
2000 年代	サミット・ちゅらさん以後、沖縄イメージの増殖・日常化	450 ～ 600 万人	3400 ～ 4300 億円
2010 年代	インバウンド観光客が 100 ～ 300 万人近くまで急増	540～1000万人	3700 ～ 7400 億円

れ、以後の沖縄イメージの一要素として、公的な観光の枠組みを形づくりました。重要なのは、沖縄側の案内人の存在です。彼らが研究者や芸術家を名所へ案内し、知識や伝承を伝え、客たちはその見聞をもとに、研究や作品を発表しました。内と外の視点が相互に作用、媒介しあう中、沖縄をめぐる公式の知やイメージは立ち上げられたのです。

戦後27年間、１９７２年の返還・日本復帰まで、沖縄は米軍の占領下にあり、日本人にとっては「海外」でした。沖縄へ行くのは「海外旅行」で、身分証明書と入域許可証が必要だったのですね（⇩3講）。日本交通公社は「海外旅行は沖縄から」とアピールし、復帰前の60年代には沖縄観光ブームが訪れます。当時の観光は戦跡参拝と、ドル払いでの舶来品ショッピングが中心でした。

72年5月の復帰後は一転、「パスポートのいらない南の亜熱帯リゾート」として、沖縄観光は脚光を浴びます。75年の復帰記念イベント・沖縄海洋博は、〈青い海〉〈亜熱帯〉〈独特の文化〉といった沖縄イメージを広めました（⇩4講）。[1]

海洋博の会期が終わると反動不況が生じ、その対応から沖縄観光キャンペーンが展開されます。城跡や伝統芸能など、「歴史」にまつわる観光素材の開発がめざされ、かつてのメインであった「戦争」もその中に位置づけられ、戦跡中心の沖縄観光が組みかえられてゆきます。77―79年の観光客の飛躍的な伸びを呼び込んだのは、航空会社ＪＡＬとＡＮＡの沖縄キャンペーンでした。

80年代からの高度消費社会では、「沖縄らしさ」も記号化され、柔軟に作りかえられてゆく一方で、地元の人たちもツーリストの目線を逆用し、多様な表現をとり始めます。本土の観光客向けだった沖縄イメージが、90年代には地元でローカライズされ、深化さ

1　なお、念のため注記しておきますと、70年代の復帰・海洋博以前にも当然ながら、戦前から沖縄の観光は行われ、イメージもありました。2004年刊の『沖縄イメージの誕生』の書名で私が伝えたかったのは、〈海〉〈亜熱帯〉に代表される観光リゾートとしての沖縄イメージが、70年代の復帰・海洋博とともに立ち上がったということです。数百万人規模の観光に対応したポピュラーな沖縄イメージの立ち上げは、それまでの小規模の観光・イメージとは明らかに、質的に異なります。その局面では沖縄が「日本のハワイ」になるよう、もともとそこにあった〈海〉〈亜熱帯〉を、さまざまな形で象徴化して示す必要があったわけですね。

れます。沖縄ポップ、琉球王朝、長寿食など、地元で「沖縄」を再発見する潮流が続出しました。

ところがこうしたローカルな流れは、２０００年代に入ると空前の沖縄ブームが来る中、東京中心のまなざしと市場に取り込まれます。01年のＮＨＫ朝ドラ「ちゅらさん」はそれ自体、「沖縄イメージの博覧会」でした。青い海、赤いハイビスカス、ウチナーグチ、ゴーヤー、沖縄料理、泡盛、島唄、三線、踊り、巨大な墓など、多様なアイテムが半年間の毎朝、全国に流され、その宣伝効果は絶大でした。なかでも「オバァ」は沖縄を象徴する存在で、その温かくユーモラスな癒しのイメージは、沖縄観光にも影響を与えました。映画『ナビィの恋』～単行本『沖縄オバァ烈伝』～「ちゅらさん」の流れは、戦争でも基地でも楽園リゾートでもない、オバァに象徴される日常の沖縄を形にしたのです。

沖縄の全国的な認知度の高まりは、県民にも新たな承認と誇りの機会となりました。かつて差別を受けた体験をもつ年配世代には、「日本の中でも個性的な沖縄文化」へ、ネガからポジへの象徴的反転を経て、沖縄生まれに自信を持てたという人もいます。他方、「ちゅらさん」以後に県外へ進学・就職で出た若い世代は、よりポジティブな目で見られ、親世代と真逆の経験をしています。メディアや観光を通しての本土からの承認は、地元沖縄側の自己認識とも重なります。沖縄が歴史的に割り当てられてきた周縁性・境界性も、イメージ準拠の文化ではむしろ、積極的に活用されるようになるのですね。

写真８－１　夏野菜として認知されたゴーヤー

鏡としての観光――他の何かを映し出す

以上はほんの概略ですが、沖縄観光の近代史をたどると、実に多様な社会の側面が映し出されてきます。観光は、一見無縁に思える学問・メディア・アート・産業・国家・教育・開発・ジェンダーなど、他の諸領域・要素と密接につながる、総合的な現象なのですね。

観光は、それ自体が研究のメインテーマになると同時に、他のものを映し出す鏡、また関係づける媒体として、認識の道具にもなるのです。観光を通して、基地・戦争・差別・食文化・伝統・ドラマ・音楽・移住・本土との関係などを、よりトータルかつ濃密に語れました。「全体を見通せないほど複雑に分化した近代社会を、観光を通して表層的にであれ、外側から社会の全体像を垣間見る」といったマキァーネルの理論的視座が、有効に発揮されたように思われます。

観光は、あらゆるものを等価に「見る対象」に変えてしまいます。こわい面でもありますが、だからこそ観光という切り口は、現実を多面的に見る柔軟な視点を与えてくれます。観光は、「社会現象をトータルに把握する」方法的な道具立てになりうるのですね。この点で観光は、同じくトータルな観察・把握の志向をもつ社会学と、相性が良い面があります。

観光・イメージ・沖縄と、近代・知・日本

以上の知見をふり返ると、私のこれまでの「観光」「イメージ」という表のメインテー

マにはつねに、「近代」「知」という裏テーマがセットになっていました。

マキァーネルの議論において**観光は、近代を投影する**とされ、私も観光から、沖縄の近代を問うてきました。次に**イメージは、知を投影します**。戦前期の柳田國男の民俗学の旅にみられたように、近代初期、観光と研究は密接に結びついてきました。沖縄イメージとは、沖縄を対象としてとらえる（見る／認識する）際の、知識・解釈・評価の枠組みのことでもあります。観光で定型化された沖縄イメージは、沖縄をめぐる知のありようを具現化したものでもあったのです。

さらに重ねるなら、**沖縄は、日本を投影する鏡**の役割を果たすとされてきました。大正期の柳田以来、柳宗悦、岡本太郎、島尾敏雄、吉本隆明、大江健三郎、最近では小林よしのりなど、本土から著名な文化人や研究者が繰り返し訪れ、沖縄を語ってきました。彼らは沖縄に日本の失われた原点や本質を見出し、思い入れを向けました。沖縄に行けば、日本が見える。日本が変わりゆくなかで、沖縄は日本の変わらない姿を残している、と。戦争や基地問題を含め、沖縄は日本の実像を鮮明に映し出す鏡とされてきました。

すなわち、観光は近代を映す鏡、イメージは知を映す鏡、沖縄は日本を映す鏡となってきました。私が『沖縄イメージを旅する』で直接取り上げたのは、観光・イメージ・沖縄でしたが、同時に、近代・知・日本を問うてもいました。もちろん観光・イメージ・沖縄もそれ自体が重要なテーマですが、近代・知・日本の認識にまで届くことで、より立体的で深い議論の射程をもちうると考えたのです。

見る主体と見られる客体の関係を問う

私がこれまで取り組んできたのは、沖縄という対象の記述であると同時に、見る主体（subject）と見られる客体（object）の関係の問題でもありました。

私はこれまで20年以上、大学の講義で図のような**S⇩O図式**（主体と客体の関係）を黒板（ホワイトボード、スライド）に描いて説明してきました（⇩1講）。デカルト以来の近代的・科学的な認識が、世界を「見る主体」（subject）と「見られる客体・対象」（object）に分ける「主―客」二元論によって成り立ち、発展してきたことを含意しています。

人は何らかの現実をとらえるとき、その場で即座に（im-mediate-ly）とらえますが、実際にはその対象を無媒介に、ありのままにとらえることなどできません。つねにことばやイメージ、感覚の媒介を経て、間接的に対象をつかむからです。カントが指摘したように、もの自体をつかむことは不可能であり、この媒介、フィルターを通すため、我々の認識はどうしても主観に曇らされます。この状況は、客観性を志向する科学でも同様です。だから科学は使用する概念を厳密に定義し、フィルター越しの現実の認識を、より客観性に近づけようとしてきました。

観光におけるツーリストと観光地の関係も、まさにSとOの関係にあります。ツーリストは自由に動き回る「見る主体」であり、観光地の風景や人は、「見られる客体」の位置に固定されがちです。『沖縄イメージを旅する』で私が問うたのも、この主体と客体の関係性でした。ツーリストと観光地・沖縄の関係であり、研究

図8－1　S―O図式：認識する主体と対象の関係

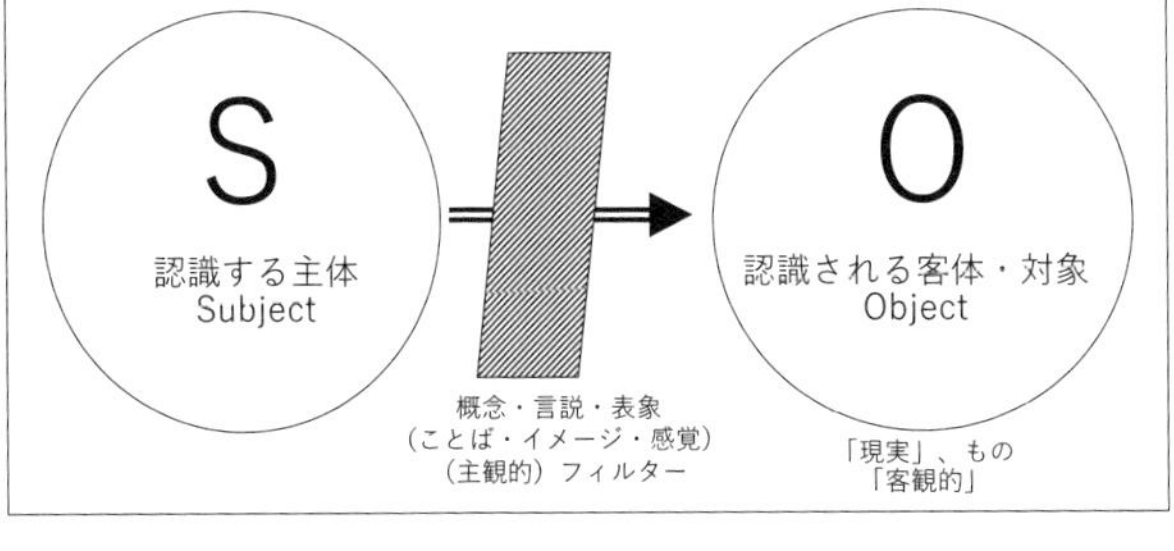

者と研究対象・沖縄の関係であり、日本本土と沖縄の関係であったのです。

3節　東浩紀の観光論に学ぶ

「観光」をめぐる問題提起

ここで、著名な知識人・東浩紀氏の一連の観光論に話題を転じます。彼は東日本大震災の後、「福島第一原発観光地化計画」を立ち上げ、賛否を二分する議論を呼び起こしました。災害・事故の現場を観光地化するというのは、いろいろな違和感や抵抗を呼び起こすものです。しかしこの問題提起は、「観光」という言葉がもつイメージ喚起作用や、倫理問題とのつながりを考えさせてくれます。

東らの２０１３年刊『チェルノブイリ・ダークツーリズム・ガイド』は、スタディツアーと取材で現地の復興と観光地化を伝えています。続いて刊行されたのが、『福島第一原発観光地化計画』です。反対意見が強い中、東は「観光地化」にこだわりました。人間は欲望の動物であり、実際に人々が集まるようにするには、福島原発と周辺地を人々が見に行きたい場所にするイメージ転換が必要だと主張したのですね。ただしこれは被災地の復興や安全の観点から、25年の長期構想でした。この本では観光学者・井出明が、戦争・災害の場所を「観光」するダーク・ツーリズムについて解説しています。[2]

2　もっとも最近では、震災当時や復興の様子を伝える伝承館の施設が、各地に整備されてきています。

東―開沼　往復書簡――二つの立場性

２０１５年には毎日新聞紙上で、東浩紀と開沼博の往復書簡による公開論争が展開されました。開沼は、福島出身で福島を研究する気鋭の社会学者です。開沼が著書『はじめての福島学』で、「県外の人々の『滑った善意』『ありがた迷惑』」と書いたのに東が反応し、「コミュニケーションを断ち切る鋭さ」を指摘したのです。原発事故は日本・人類全体の問題であり、誰もが当事者なのだから、地元の当事者の事情がわからない者は黙れと拒絶しないでほしい、と訴えたのです。対して開沼は、「哲学知と現場知、統治者視点と当事者視点」のズレの問題を指摘しました。

３往復のやりとりは、平行線をたどって終わるのですが、福島への関わり・論じ方をめぐる二つの立場の差異として、真剣に受けとめるべき論点を含んでいました。東京出身の哲学者である東氏が、当事者性の過度な特権化に異議を唱え、福島の問題をより普遍化してとらえたのに対し、福島出身の社会学者である開沼氏は、外部の人々の無理解や差別意識を指摘し、より地元の実情や当事者の声に寄り添う方向を重視したのですね。ともに妥当な主張を含み、しかも福島に限らずよく生じがちな対極の立場・論争でもあり、とても示唆深いものです。

弱いつながり

東は以上の実践的な観光論のあと、より理論的な観光論も展開します。『弱いつながり―検索ワードを探す旅』では、今日のインターネット（ＳＮＳ、スマホ）は人々の階級や所属、人間関係を固定化し、強化するメディアだと指摘します。ネットは結局、自分が見たいものばかりに集中・特化してゆく仕組みになっています。それまでの自分の先有傾向やアイデンティティを強めるメディアなのですね。だからもし自分を変えたければ、環境を意図的に変えるしかない。その手段が旅であり、旅先でも端末を持ち歩き、検索ワードを変えて探すことに可能性を見出そうというのです。

東はマキァーネル『ザ・ツーリスト』の議論を持ち出しながら、観光客は無責任だが、無責任だからこそできることがあると言います。観光地化計画が批判を受けた福島の問題も、あまりに深刻なため誰もが避け、結局は忘却されてしまう。たとえ軽薄でも無責任でも、観光客に事故跡地を訪れ、考えてもらう契機、きっかけ作りが大事だと主張します。東は学生時代のアウシュヴィッツ旅行を例に、「現地に行く」言葉にできない体験の重要性を語ります。彼がそこへ行けたのも、ある程度の観光地化が進んでいたからでした。

一方でネットには、誰かがアップロードしようと思ったものしか上がっていません。だからこそ表象不可能な、言葉にならないものを言葉にしていく契機が大事で、国内外への旅はその役割を果たすというのですね。グローバル化の均質さを利用して国内外の各地へ出向き、観光客として無責任ながら「弱い絆」、ルソー的な「憐れみ」のネットワークを張りめぐらせることができると、東は説きます。固定化された強い絆の計画性の世界を時には離れ、旅・観光における弱い絆の偶然性の世界に身をゆだねることも、大事だと唱えたわけです。

続く『観光客の哲学』では、「他者を大事にしろ」と訴えてきたリベラルの知識人に、今では多くの人が耳を貸さなくなったとして、あえて「観光客から始まる新しい（他者の）哲学」（17頁）を構想しています。「他者を大事にしろ」という倫理に、多くの人々は直接コミットなどできず、自分の人生を生きることに追われがちです。ですが人々は旅行・観光が好きであり、人は欲望で動きます。そこで東は、必要性（必然性）からでなく、不必要性（偶然性）から考える発想の逆転、「ふまじめ」（＝まじめなモードを脱する）としての観光を説きます。旅・観光を通して、他者性や倫理の問題に、偶発的につながる可能性を語っているのですね。観光客＝ツーリストという立場・視座から得られる思考を、彼一流のやり方で活用しているように見受けられました。

4節　マキァーネル『サイトシーイングの倫理』

観光研究史の3段階

東の「観光地化」の提案は、「軽薄」「不謹慎」などの倫理的反応を引き出しましたが、そのこと自体が、観光と倫理の密な関連性を想起させます。ここで、マキァーネルの2011年刊 *The Ethics of Sightseeing*『サイトシーイングの倫理』の議論につなげてみましょう。彼はこの本で、初期の自著『ザ・ツーリスト』やジョン・アーリ『観光のまなざし』という、観光研究の代表的2作品であまりに有名になった tourist/tourism とは区別して、sightseeing を書名に採用し、本文でも多用しています。

マキァーネルは近年の観光研究史を、３段階に分けて整理しています（35－40頁）。①初期――観光による地域文化の変容など、観光の否定的側面を批判する傾向。②１９９０年前後のポストモダン・ターン。観光に楽しみ・快楽をみる傾向で、アーリはその先駆者でした。③善や道徳性が前面に出てくる。92年のリオ地球サミット後、観光にも環境や持続可能性の意識が浸透してきます。今日ではツーリスト自身が、レジャー旅行のネガティブな影響、道徳面を気にかけるようになりました。低賃金サービス労働への依存や環境汚染、観光地の同質化や地域文化の解体などです。今日のツーリストは、自分が単なる（mere）ツーリストとなることを憂いています。良心に重点が置かれ、旅先で楽しく訪問するにしても、訪問者の現地へのインパクトを最小化するような工夫が行われているというのです。

観光における快楽と倫理

観光することsightseeingは、むしろ反省と解放の契機となります。ツーリストは倫理的葛藤におかれ、そこから逃れようとしますが、結局は問題を放置できないのですね。マキァーネルは、社会規範としての道徳（morality）と、個人の価値観・生き方としての倫理（ethics）を区別します。倫理は、道徳的規範を越えた美徳や善と関わります。道徳に関してツーリストは大したことができないが、倫理の領域はツーリストに充分開かれているといいます（47頁）。

観光研究史の第2段階は、快楽を語ることで結果的に、倫理の問題を引き出したとマキァーネルは指摘します。そもそもアリストテレスは、倫理と快楽の関係を、分かちがたいものとして提示していました。彼の言う倫理的主体は、快楽を善から引き出すからで、この倫理と快楽のつながり自体については、その後誰も修正を加えていないといいます。

楽しみ（enjoyment）と快楽（pleasure）を観光の単一目的に位置づけたのはポストモダン論者ですが、彼らはむしろ逆説的に、倫理の考察への扉を開いたのだとマキァーネルは指摘します。そもそも何が楽しみ（fun）なのか、という問いに答えようとしたからです。

マキァーネルは、観光における倫理的枠組みは何か、と問います。カント以来、善（goodness）と幸福（happiness）は分けて考えられ、今では誰も、単純に善良であることから快楽を引き出せるなどと信じてはいません。ですが、倫理と観光研究に重要なのはむしろ、「楽しめ！」というメッセージだ、というのです。快楽はそれ自体、新しい道徳的命法（imperative）となりました。友達や仲間は、楽しく魅力的であるべきとされがちです。「楽しめ！」のように、道徳と関係しないこと（amorality）自体が、新たな道徳性をおび、観光の理解にも重要となっています。楽しむための旅行で、何らかの事情により楽しみ損ねたら、罪悪感や後悔を抱くことになります。これが新命法「楽しめ！」の力なのですね。

ファンタジーの効用

今日の観光産業の政治的役割は、ファンタジー（幻想）を提供し、「何が楽しみなのか」という問いに、答えを与えることにあるといいます。それはまた、サイトシーイングの倫理を問うことへの入り口でもあります。ディズニーランドで観客が楽しむのはなぜか？　そうしてないといけないからだ、とマキャーネルは指摘します。そこは「地上で最も幸福な場所」とされています。ファンタジーにおいてこそ、我々は完全に自由に快楽に身をさらすことができ、そこではあらゆる倫理的問いを遮断できます。

日常生活と旅行・観光の間には、もちろん経験として差異はありますが、それさえリアルなものというより、その差異自体が（幻想を享受するための）象徴的な支えなのだといいます。仕事も余暇・レジャーも、象徴的な構築物であり、幻想に支えられています。旅行でルーティーンの習慣を断ち切ることでツーリストは逆説的に、「（習慣を介さない）私は何者なのか」という倫理問題と、結局は向き合うことになります。倫理はたえず、そうでないもの（the opposite＝非倫理、快楽・幸福）との関係にあり、観光においては前者は後者へと転換されていきます。

「最も幸福な場所」としてのディズニーランドは、幸福を体現しているだろうか？　そもそも幸福とは何か？　そうした倫理的問いは、問われない限りにおいて、ファンタジーは浸透し、旅行はくり返されます。倫理的問いは暗黙のまま残るわけです。観光という行為はその本質上、倫理問題とつながっていることを、マキァーネルは気づかせてくれているのですね。

ゴフマン的象徴空間としての都市／田舎

マキァーネルは、ゴフマンの『日常生活における自己呈示』が、人間科学の転換点となったと高く評価しています（81頁）。規範（norms）を自覚している人々が、同時に外観（appearances）を気にしながら役割を演じているという、外観の重要性です。ゴフマンの知見は「パフォーマティブなアイデンティティ」といったポストモダンの論を導きましたが、観光研究にも適用できるといいます。

観光には、都市と田舎という2種類の目的地（destinations）があります。これまで社会理論は、都市と田舎をローカリティの観点からとらえ、差異を説明してきましたが、観光では都市と田舎はともに、「旅行先」へと転換します。

都市と田舎の区別は今では、ツーリストや政治家たちにとって象徴的な意味をなす以外には、もはや社会学的な意味をもたないといいます。今日では、交通・情報テクノロジー・商業施設の発達も相まって、どこまでも均質的なexurb＝都市／郊外／田舎の区別がない準郊外に生きることができます。「都市」と「田舎」は、観光のために象徴的に領有する2形態となるのです。都市・まち・自然は、主にツーリストが享受する象徴的ファンタジーとなるというのですね。

人間は必ずしも象徴秩序を自覚することなく、象徴を通して象徴のなかに生きています。観光は、象徴秩序に主体を接近させる唯一の大規模な人間活動だとマキァーネルは指摘します。ですが同時に、観光の諸制度によって、象徴世界との出会いが締め出される面もあると、注意も喚起します。人生につきまとう耐えがたい厄介事を、観光の諸制度は滞在中、あらかじめ除外しようとするからです。

象徴世界の集荷人としてのツーリスト

都市は資本の宝庫であり、それは経済資本と象徴資本の両方です（91頁）。都市はあらゆるものを象徴化します。都市は観光開発・投資の場となり、テーマパークとして構築され直す中、ディズニーランドが都市デザインの重要な要素となってきました。近代観光はいまや、「ツーリスト・バブル」と呼ばれる都市の景色へと向かっています。そこではツーリストと都市をマーケティング戦略へと投げ込む、パッケージ化されたアイデンティティが確立されています。

他方で、都市の小道を歩くのを好むツーリストもいます。都市の象徴世界では、ツーリスト・バブルとよそ者の小道 stranger's path は拮抗し、どちらも象徴資本として作用します。好奇心の場所としての都市は、存在するためには愛されねばならないとマキァーネルは指摘します。ツーリストには消費者としての仕事と、**主観的な象徴世界の集荷人**としての仕事があるというのは、興味深い知見です。

痛みの記憶と観光

歴史と観光の関係において、戦場跡は公園にされます。広島のグラウンド・ゼロも、観光地となっています。バリの観光文化では、パラダイス・バリの美しいイメージは、オランダ植民地時代の諸要素からなっています。今日の幸福なバリのイメージは、植民地支配の痛みのマスクでもあります。

歴史には勝者と敗者、優越者と弱者がいて、歴史は勝利の観点から語られがちです（先住民・移民の締め出しと和解など）。そこからは、痛みを否定し忘れようとする集合的欲望の強さが、垣間見えてきます。マキァーネルは、倫理への関心の欠落こそが、観光理論家や多くの観光客に、「観光は楽しみ・快楽に関わるものだ」と思い込ませてきたと指摘します。しかし、場所を痛みの過去と結びつける倫理的負荷は、むしろツーリストに降りかかってくるものだともいうのです。痛みの出来事の意味は、最初からそこにあるというよりは、訪問者がメモリアルと向き合い、対話や相互作用を行うなかで、そのつど紡がれてゆく。その営みにツーリストも関わり、参与しているのですね。

観光することの想像力と倫理

観光は視覚だけでなく、より多くの感覚を引きつけます。アーリやマキァーネルらの従来の観光理論は、視覚を過度に強調したとして、多くの批判を浴びました。多くの研究者が指摘するように、ツーリストは五感すべてを活用します。視覚だけでなく聴覚・味覚・嗅覚・触覚も、観光の重要な諸要素です。

しかしこれら五感以外にも、まだ肝心なことが見すごされているとマキァーネルは言います。想像世界と想像力の役割です。ツーリストは理想化されたイメージを信じ、それを現実以上に好むので、通常の観光イメージは、単一の穏当な描写のみを提示します。けれども他者の外観は、フラットな観光イメージや大半のツーリストが求めるものとは、わりとかけ離れているものです。深みをもつ自分と同じように、（旅先の）他者を理解することも大切でしょう。観光の想像世界の限界を超える方法は、自らの想像力の行使だとマキァーネルは言います。

ジョン・アーリは観光の動機を、「家を出て別のものを見たい欲望」だとして、観光が日常と非日常の区分から生じるとしました。マキァーネルはこの二分法の前提を疑います。日常／非日常のバイナリーな区別を基本前提に据えたことで、アーリ以後の観光研究には理論上の問題が生じていると指摘し、この流れを「アーリ・ツーリズム」と批判します（197-8頁）。

アーリは『観光のまなざし』で、フーコーのまなざし概念を援用しましたが、もし彼がサルトル、メルロ＝ポンティ、ラカン[3]へと向かっていれば、別のまなざし概念の展開があり、観光することとの倫理にも可能性を開けただろうとマキァーネルは指摘します。フーコーの見えるもの（the visible）の論理はすべてを表面に還元し、深みの次元を欠くというのです。

マキァーネルはむしろ、ラカンの「見る主体」にヒントを見出します。見る主体は、自分のビジョンの領域に限定されている。自由を見出すには、不自由と倫理的に向き合う必要があるといいます。ここからフーコー的ツーリストとは別の第二の主体、第二のまなざし（the second gaze）が立ち上がってきます。観光のまなざしの限界に抵抗を示すものは、観光表象を超えようとする欲求であり、それ自体がまなざしの構造内部に立ち上がってきます。まなざしを引きつけるアトラクションや表象は、それを超えるものをも副産物として生み出すからです。

楽しみとされる旅行にも、憂うつな要素は必ずありますし、観たものと観ないものとの予期せぬ関わりがあります。あらゆる風景の構成には、目に見えない主観の層（invisible layers of subjectivity）も関与しており、観光のまなざしはそこに入り込むこともできます。観ているものを、よりよい・面白いものへとリアレンジすることも可能なのですね。このように観光のまなざしは、単一のものではないのですね。第一のまなざしには、視覚的意味の透明性のイデオロギーが伴います。ですがアーリ的な第一のまなざしは、第

3　**ジャック・ラカン**（1901-81）フランスの精神分析家、哲学者。著書に『エクリ』『二人であることの病い』など。精神分析を構造主義の立場から発展させた。現実界・象徴界・想像界・鏡像段階などの概念がよく知られる。

二のまなざしの機能をも引きつれてくるのです。第一から第二へと視点を移行させることが、マキァーネルの言う「観光することの倫理」ethics of sightseeing の本質です。直接の対象物や出来事は、それらを含んだ構造や象徴世界に目を向ける窓を開いてくれるのです。

「倫理的問いへの偶発的出会い」としての観光

たしかに人は、楽しみや気晴らしを求めて旅行に出かけます。といって、旅行が楽しみばかりで終わるわけでもないでしょう。旅の途上ではいろいろ予期せぬ偶発的な出来事や人との出会い・再会、発見、学びがあり、意図せずして歴史や政治、戦争・公害・災害・差別などの問題に直面し、真剣に考えさせられ、人との対立や口論を強いられたりもします。マキァーネルが「倫理」という言葉で語るのは、旅行のこうした諸側面でしょう。

快楽と倫理は相互排他的なものでなく、むしろ複雑に織り重なっています。楽しみ・快楽がそれだけで純粋に完結することは、現実世界ではむしろまれなことです。だからこそディズニーランドのようなテーマパークやリゾート施設、ショッピングモールや人工都市は、ファンタジーの空間に客を包み込み、純粋な楽しみの時間を徹底させようと努めます。

しかし、観光サービスの還元力がどれだけ強力であろうとも、観光の本質が快楽・楽しみに還元されるとは限りません。マキァーネルは、第二のまなざし概念を導入することで、快楽・楽しみを求める第一のまなざしが、それを超える倫理的次元と結局はつながってくること、第一のまなざしの限界を認識し反省する第二のまなざしの営みも、観光行為には含まれうることを明示したのです。

ここでの快楽と倫理の関係は、観光・旅行に限った話でもないですね。しかし、楽しみや気晴らしを目的としながらも、自ら見知らぬ土地へ出向くことで、偶発性との出会いを半ば意図的に仕込んでいくところに、観光・旅行の特質はあります。日常のルーティーンを離れ、観光・旅行という形でしか出会えない、他者の痛みや倫理的問いがあるのですね。

東氏の観光地化計画も、こうした快楽と倫理の二重性の観点から理解しなおせます。25年の構想とはいえ、災害・事故の現場を「観光地化せよ」という提案は、多くの違和感や批判を浴びたことは、観光が楽しみや気晴らしと直結する特質からすれば、自然な流れではありました。ですが大事なのはその先で、痛みの現実と向き合う倫理的次元へのアクセスを、提案は開いていたのですね。観光・旅行という形でしか向き合えない、痛みの現実との偶発的な出会いもある。こうした方向を具体化した議論でもあったのでした。

第9講　歴史を組み込む観光

前講の一連の観光論をふまえて、今度は歴史観光に特化して焦点を当ててみましょう。歴史観光は、生きられた歴史を象徴化して、観光に組み込む営みです。そこにはどのような意味や効用、問題があるのでしょうか。

1節　マキァーネルとアーリの歴史観光論

伝統・歴史が観光を通して保存・維持される

マキァーネルは『ザ・ツーリスト』で、工業社会から脱工業化時代への移行を、近代性（モダニティ）の拡大としてとらえています。すでに過去のものとなったその地特有の伝統文化や産業は、観光向けに見せるものとして設定・保存され、博物館や記念碑、公園に安置され、訪問客を受け入れるよう、オーセンティシティをもった公的な展示対象となり、存続していくのですね。近代世界に過去や伝統が統合され、その全体性を垣間見る役割を与えられているのが、ツーリストだというわけです。[1]

博物館は、変わりゆく近代社会の全体性を、観光客の想像力のなかに位置づける場であると、マキァーネルは指摘します。博物館では収集した展示物だけでなく、それら展示物をどう見せるかという展示様式も重要になります。展示物が元来おかれていた全体状況を再現する展示も行われますが、展示物をもともと取り巻いた固有の文脈から、恣意的な切りとりを行うことは実際、避けられないのです。有意味な全体状況の「オーセンティックな複製」は、そのようにして再現されているのですね。

マキァーネルは、死せる伝統を復旧して残すことは、それ自体が近代の本質的な構成要素になっていると指摘します。それらは過去や伝統との断絶の形見になります。歴史や伝統を見せること自体が、近代社会の不可欠な要素をなしているというのです。博物館で現代の観光客は、伝統的な生活スタイルと接することになります。古き伝統や歴史、自然を保存し、オーセンティックなものとして表象する入念な努力も、結局は近現代の側にそれらを適切に（都合よく）位置づけ、近現代を際立たせることになるのです。博物館や公園、記念碑は、伝統や過去、自然を制御し、近代世界に統合してゆく役割を果たします。自然や過去は展示物として、観光対象として現在の一部となるのですね。ツーリストの訪問は、近代の集合的儀礼であり、分化の著しい近代社会の連帯・統合をそつどなしとげるのが、ツーリストの暗黙の役割であると、マキァーネルは考えるのです。

1　『ザ・ツーリスト』4章「その他の観光対象」、93－109頁。

ツーリズムによる場所のアイデンティティ

ジョン・アーリの『場所を消費する』の観光・場所論も、伝統・歴史の観光化を扱っているので、見ておきましょう。[2]

モダニティの中心には、移動があります。旅行は、物理・社会的世界への再帰性（反省性 reflexivity）の増大と関連しているとアーリは指摘します。19世紀、旅行は社会的に組織化され、写真術は空間を手に入れることを可能にしました。高速移動のおかげで、景観をパノラマ的に眺める視座が確立しました。モビリティの高まりを通して世界の経験のあり方が変わり、主体性や社交、自然や景観の審美的評価も変わりました。再帰性には（ギデンズやベックのいう）認知的・規範的な次元に加えて、審美的な次元もあるわけです。[3]文化遺産産業にみられる歴史への思い入れは、再帰的近代化の一要素をなしています。

アーリは、グローバルとローカルが、複合的に連関していることを指摘します（グローカル）。グローバル化で場所が固有性を失い、地域経済の解体が進む一方で、場所や立地のシンボルが永続的な意義をもつようになる、再ローカル化の動きもみられます。歴史や文化を再提示することで、人々の注目をエリアにひきつける営みであり、「場所なき時代の場所マーケティング」です。

１９８０年代イギリスでは、多くの町・都市がツーリズム戦略をとっていきます。背景には、急速に産業の空洞化が進んだことがありました。特に北部です。観光レジャーでは製造業に比べ、雇用創出の費用が低く済みます。遺棄建築物も用途転換に適してお

2　同書８―14章、２１１-３８４頁。

3　ベック、ギデンズ、ラッシュ、１９９７『再帰的近代化』而立書房。　この本ではラッシュだけが美的再帰性や解釈学的再帰性の次元を語っています。そしてアーリはラッシュとの共著が複数あります。

り、歴史的で場所を意味するものになりました。それらには地元民でなくともノスタルジアを感じられるので、ローカリズムやネオ・ヴァナキュラリズムが急成長してきたというのです。

特にアーリの拠点であったランカシャーは、世界的な工業発展の始まった、産業化発祥の地でした。労働者の家族向けに発達した、大衆レジャーの歴史も共存していました。重要なのは産業空洞化とツーリズムの関係で、観光によって辺境の地が読みかえられていきます。かつて現役の工業地帯への訪問者はほとんどいませんでしたが、衰退後に歴史や文化をまとめ直すことで、訪問者と永住者を引きつけ、過去の産業が観光の対象となっていきます。ただし、歴史で現在から注意をそらし、視覚化で遺産の歴史をゆがめてしまう面もあるので、注意が必要だともアーリは指摘します。

アイデンティティはどこでもある程度は、ツーリスト向けのイメージからくるものです。商品やサービスを買う消費能力からくる消費者シチズンシップ（市民権）も今日では認められていると、アーリは指摘します。またツーリズムは、時間旅行を内包しています。歴史観光がそうです。訪問客のためにのみ存在する場所もあり、イギリスの湖水地方がそうです。ベネディクト・アンダーソンの「想像の共同体」[4]の議論では、旅行はアイデンティティを構築・強化する意味創出的な経験だととらえています。

風景 landscape 概念は、場所の歴史にも重要です。ツーリストとして風景を眺めることも、消費者シチズンシップの一つに数えられます。視覚消費が進むことで環境保護への関心も高まり、風景への文化資本が形成され、国立公園の開設にもつながりました。一般にはツーリズムは環境破壊を連想させがちですが、こうした文脈ではむしろ、ツー

4　**想像の共同体**（imagined communities）　アメリカの政治学者アンダーソンによる同名の書がある。それによれば国民とは、イメージとして心に描かれた想像の政治的共同体である。言語を共有する広い範囲の共同体の形成に、特に出版資本主義が果たした役割などを指摘している。

リズムと環境意識の広がりはセットなのです。

ある環境が観光に堪えうるには、「視覚的資源管理」の技術が必要だとアーリは説きます。風景は空間に可視化されるだけでなく、時間の中でも物語を通じて可視化されます。特定の「時代」にふさわしく見えれば、その環境は視覚的に消費されます。歴史観光、町並み観光が成り立つわけです。

観光においては、「現前イメージの経済」が発達します。ツーリズムは建物や永住者を視覚的に消費するため、それらは観光の対象としてつくりかえられ、「演出されたほんもの」として、人為的な場所が構築されていきます。

旅行は耳で聞くものから、目で見るものへと変わりました。湖水地方へのピクチャレスクな旅がそうです。イギリスが工業国になるにつれて、田舎の位置づけは変化し、19世紀には自然を景勝、眺望、知覚作用としてとらえる解釈が主流になります。開発促進と自然保存の双方の言説に、ロマン主義は発展的な役割を果たしてきました。

英国は商品の製造より、ノスタルジアや遺産の製造に特化しつつあるとアーリは言います。予測不能なリスク、未来への信頼喪失にともない、過去の再提示が求められてきています。世界は場所性を喪失し、イメージへと変換されていきます。他方で、社会生活の「脱伝統化」により、田園は熱狂と新しい社会結集態、保存運動、趣味の場所になりつつあることも、アーリは指摘しています。

写真９－１　イギリス湖水地方

2節　日本の諸事例――歴史・アート・コンテンツと観光

歴史とコンテンツで場所を価値づける

グローバル化の進展とともに、かつての基幹産業が衰退した日本でも、各地で観光の重要度が高まっています。特にインバウンド観光ですね。各地はローカルな固有性をもつ歴史を見せますが、それだけではインパクトが弱い面は否めません。そこへ投入されるのが世界遺産・日本遺産などへの指定・登録と、漫画・アニメ・映画・ドラマなどのメディアコンテンツであり、日本文化へのグローバルな関心と価値付与を、ローカルな場所に引き寄せようとする流れにあります。

各地が具体的にどのような歴史やコンテンツを結びつけ、価値づけて見せているか、私がこれまで現地で直接みてきた諸事例をもとに、確認してみましょう。

鉄道を軸にしたまち

まずは石炭と鉄道と港のつながりです。かつて石炭を運ぶのに、鉄道と船・港湾が連動して役割を果たしたからで、近代化産業遺産に位置づけられます。北海道では「炭鉄港」として、かつて活躍した施設が日本遺産に登録されました。周囲に炭鉱が多く、小樽と室蘭に石炭を送り込む鉄道の拠点となった岩見沢駅の現駅舎は、窓枠に当時使われたレールを活用し、歴史を象徴化しています（⇩7講）。
九州地方・福岡県の世界遺産・三池炭鉱も、石炭・鉄道・港の連携の歴史を見せています。石炭コンビナート（石油だけでない）の形成に、鉄道と三池港が連動して物資輸送の基盤となった、明治の画期的な時代をアピールしています。

「**鉄道と港をつなぐまち**」の歴史は、その地のアイデンティティとして押し出されます。これは特に、日本海沿岸の港町に目立ちます。日本海側で初めて鉄道が通った福井県の敦賀がそうで、日本海と琵琶湖の船をつなぐ交通の要衝となりました。戦前にはヨーロッパへの旅行者が鉄道で敦賀まで来て、船とシベリア鉄道に乗り継ぐ中継点となりました。金沢から敦賀への新幹線延伸を控え、いま再び鉄道のまちとして脚光を浴びています。敦賀は漫画家・松本零士の作品「銀河鉄道９９９」「宇宙戦艦ヤマト」も地域振興に活用していますが、敦賀は松本氏の出身地やゆかりの地などではないのです。「鉄道と港・船のまち」を、この２作品とつなげているんですね。

京都府北部の舞鶴も港と駅をつなぐまちで、戦争の抑留者の引き揚げ66万人を受け入れた経緯をアピールしています（映画「ラーゲリより愛をこめて」）。

北海道・日本最北端の稚内も、駅と港をつなぐ要衝地でした。駅と港の近くにある北防波堤ドームは、土木遺産として世界的にも珍しく、稚内のシンボルとなっています。戦前期に「北のウォール街」、北海道の経済・金融の中心地として栄えた小樽も、鉄道と船の拠点の歴史をもち、運河や駅・鉄道跡を観光コンテンツにしています。運河が役割を終えた後、埋め立てて車道にする計画が決まると、保存派と行政の間で起こった運

写真９－２　小樽の運河

河論争が脚光を浴び、結果的に小樽の観光振興につながったのです。いまでは北海道観光の定番に成長しています。

鉄道と港の連携といえば、青森駅を欠くわけにはいかないでしょう。かつて青函連絡船と接続していたからです。日本鉄道（当初は私鉄）～国鉄が青森まで鉄道を延伸してきた後、次はここから船を函館へ通す必要がありました。連絡船は北海道との旅客・物資輸送の要でした。役割を終えた八甲田丸は、青森港で常設の博物館になり、船一艘まるごと展示スペースになっています。「青函ワールド」のエリアは、昭和20～30年代、人々が貧しく苦しみながらも活気のあった時代をリアルに再現しています。実際に使われていたグリーン席や、貨物航送という、車両ごと船に入れて運んでいた様子もありのままに展示しています。

写真９－３　津軽海峡冬景色歌詞碑

「**城と鉄道を軸にしたまち**」もよく見られます。福島県の会津若松では、城下町に隣接した位置に駅がつくられ、交通の要衝となって城下町を引き継ぎ、近世からの連続性を訪問者に垣間見せています。

富山市内は路面電車が充実し、ミュージアムや公園などの公共施設が集まります。富山城の天守閣は戦後復興期、富山博覧会の時に建てられ、50年経て文化財に指定されました。城と鉄道路線を軸にしたまちづくりがここでも見られます。

北陸の拠点都市・金沢は、国内外から人が集まる人気の観光地です。近世の江戸時代からこの地は前田家が加賀百万石を治め、圧倒的な力を誇りました。現在も２０１５年に北陸新幹線が開業して金沢がその終点となり、東京方面とインバウンド客からの注目

写真９－４　金沢駅

と人気が一挙に高まりました。近世から脈々と続く文化的・象徴的拠点です。金沢城を中心に城下町が形成され、今日まで街の形成に大きく影響を残し、駅・鉄道も便利に接続しています。

産業観光は、すでに役割を終えた（終えつつある）産業の営みの歴史を見せます。中部地域、愛知県は産業観光が盛んですね。糸・繊維はかつて愛知の産業のベースであり、自動車のトヨタもともとそうでした。糸・織物・焼物を見せる場は、愛知県の地場産業の歴史の厚みを伝えています。

群馬県の富岡製糸場は、２０１４年の世界遺産指定で脚光を浴びました。すでに１９８７年に操業停止していますが、明治以来の施設がそのまま残り、技術も海外に継承されていることで歴史的価値を認められました。ただし地域の観光化はさほど活発でもないようです。

写真９－５　金沢城

古い町並み、手を加えつつ見せている

開発や戦時の空襲を免れたエリアが、昔ながらの町並みを残しています。三重県の関宿は、旧東海道では珍しく古くからの町並みが残り、国の重要伝統的建造物群保存地区に指定されています（⇩7講）。鉄道の東海道線・新幹線が別のルートを通った影響は大

きいでしょう。関は開発から取り残されたことで、古きよき町並みを残したのですね。

名古屋の有松も、旧東海道としては珍しく古い町並みを保存し、日本遺産に登録されています。戦時中、近くに米兵の捕虜施設があったことで空襲を免れ、保存につながったのですね。

日本海側の新潟は港町で、数百年続く料亭や別邸の建物、花街の景観を残しています。実は新潟は広島・長崎と同様に原爆投下の候補地であったため、その前の空襲はされないまま終戦を迎えたのです。結果的に古い建物や景観が残り、歴史文化の保存の気運も高いのですね。

写真９−６　有松の古い町並み

鉄道駅が歴史的価値や知名度をもつ場合も多いです。ごく一例として、国の登録有形文化財である西桐生駅、本州と九州をつなぐ要衝としてレトロ感あふれる門司港駅など、枚挙に暇がありません。松本清張の小説『点と線』で、国鉄駅と西鉄駅の距離が事件を解く手がかりになった香椎駅は、広く知られる駅です。

大阪の南海電車の浜寺公園旧駅舎は、現駅舎の隣で保存活用されています。東京駅を手がけたことで名高い建築家・辰野金吾の設計です。駅以外でも辰野の設計した建築物は全国にあり、地域のシンボルとなっています。銀行が多く、日本銀行小樽支店や京都支店、岩手銀行、唐津銀行（辰野の出身地）などがあります。

町並みや歴史遺産は、そのまま残っているわけでなく、多くは繊細に手を加えているのですね。例えば広島の原爆ドームは世界遺産ですが、長年の老朽化を経て風雨にも耐える必要から、かなりの補修を受けてきています。

中国地方では石見銀山と大森の町並みが、世界遺産として有名です。江戸期に銀は非常に重宝され、この地は幕府の天領でした。岡山県の倉敷は美観地区として多数の人が訪れますが、江戸期の綿・いぐさの産地から、明治以降の紡績工業の発展につながりました。経済的に重要な地で、江戸期にはやはり幕府の天領でした。旧天領が形を変えながらも、歴史と町を見せている二つの事例です。

写真９－７　門司港駅ホーム

写真９－８　門司港駅外観

写真９－９　原爆ドーム

写真９－10　大森

アートが場所の伝統と結びつく

芸術祭のような場では、地域の伝統的な産業や建築と現代アートがコラボすることが多いですね。２０２２年のあいち芸術祭では、有松の伝統建築がアート作品の展示場[5]となり、常滑の焼きもの工場跡地がアートと音楽の場に変わっていました。作品が放つ特有のコンテクストが、施設の歴史の厚みと化合することで、場所が新たに活性化されるのですね。

神社の周りに繁華街が形成された一宮は、愛知県の喫茶店文化をなす朝食付きコーヒー、「モーニング」の発祥地だそうです。こうした一宮に固有の歴史的な場所性を、芸術祭というイベントは訪問者に伝えるきっかけとなります。芸術祭がなければ行かない場所、知らない場所を訪ねることができるわけです。

新潟県の十日町は、雪まつりの発祥地だそうです。豪雪地帯という大変な気候条件を、雪まつりの機会としてポジティブに活用し、発想を切り替えたのですね。近年はこの地で越後妻有トリエンナーレ、大地の芸術祭が継続して開催され、越後の農と食をアートと結びつけ、ブランディングに成功しています。

長野県は日本の47都道府県のうち、博物館・美術館の数が全国一です。長野の観光は、「善光寺詣で」という信仰と旅の歴史が下地になっています。善光寺の隣に長野県立美術館を配置することで、寺参りとアートを軸にした観光まちづくりを実現させています。

東北地方では長年、民芸～アートと旅が結びついてきました。ブルーノ・タウト

5　有松絞りは４００年の伝統を受け継ぎながら、担い手は一人一人、縫い方や道具もちがうのだそうです。伝統のなかにもともとアートの要素も含まれている事例といえましょう。

写真９－11　長野

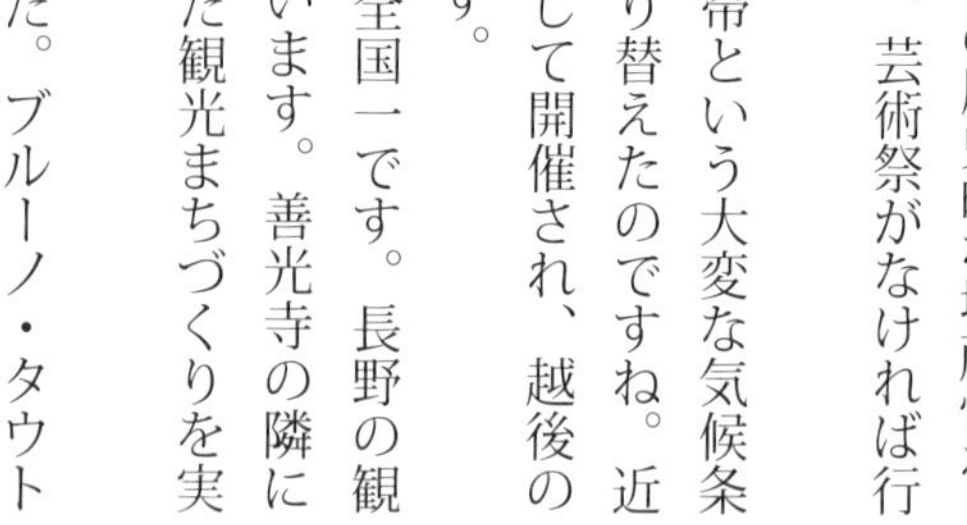

や柳宗悦が東北の民芸に注目し、今和次郎が建築に関心を寄せました。大正期に数多くの鳥瞰図を描き、「大正の広重」とも呼ばれた吉田初三郎は、青森・八戸の種差海岸を訪れた際にその絶景を称賛し、別邸を建てました。東山魁夷が絵画作品「道」のデッサンをした場所も、種差海岸でした。

メディアコンテンツが場所に与える力

各地の地域性や固有の歴史は、それ単体を見せるだけではインパクトに乏しいので、**漫画やアニメ、映画などのコンテンツの力を借り、それらと結びつくことで地域力を上げる**努力が、地方の各地や鉄道路線で盛んに行われています。

富山県氷見市は漫画家・藤子不二雄Ａ、安孫子素雄の出身地であり、市のアートギャラリーで彼の仕事・作品世界（「怪物くん」「忍者ハットリくん」など）の展示を行い、コンテンツによる観光まちづくりにフル活用しています。鳥取県の境港市とＪＲ西日本の境港線も同様に、出身の水木しげる「ゲゲゲの鬼太郎」を存分に活用してコンテンツ・ツーリズムに取り組んでいます。

渥美清が演じる寅さんが主役の松竹映画シリーズ全50作「男はつらいよ」は、寅さんが全国を旅するロードムービーです。ロケ地となった各地は、そのことをアピールして地域振興に生かしています。中国地方の温泉津や津和野などは、古きよき町並みが山田洋次監督によって映画の舞台に生かされ、それで地域が知名度を得る、相互承認の構図になっています。

福岡県北九州市も、市の出身の作家・松本清張をフィーチャーし、市立で清張

写真９－12　氷見

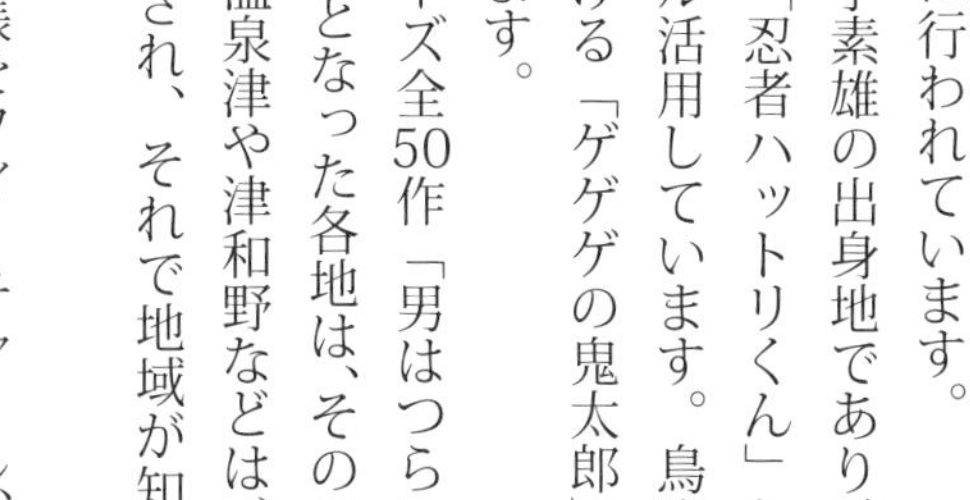

記念館を運営しています。そのコンテンツ力は卓越し、清張の自宅の各部屋、特に書庫をリアルに再現した実物大レプリカは、力の入れようを表しています。

コンテンツ自体がもっと古く歴史的な事例も挙げましょう。『東海道五十三次』の歌川広重は、金沢八景も描いており、横浜市金沢区のこの地のブランドに相当貢献しています。広重の時代の面影はもうほぼないとはいえ、八景の野島夕照・平潟落雁・瀬戸秋月などが表す地名は残されています。モノレールが走り、横浜市としての都市開発は進んでいますが、風光明媚な自然も多く、その視覚的風景を今日なりに生かしています。八景の歴史・自然・景観がブランド力をもち、象徴資本として活用されているのですね。古いものと新しいもの、開発と歴史が色々と重なり合っています。神社の鳥居のすぐ両側に高層マンションとコンビニが立地する、象徴的な風景です。鳥居の正面には国道をはさんで、源頼朝にゆかりの深い瀬戸神社がそびえています。開発は果てしなく進むとはいえ、この地に固有の価値を与え続けているのは、古くから続く歴史と風景なのですね。

写真９－13　金沢八景　神社の鳥居

写真９－14　金沢八景　国道と瀬戸神社

観光と歴史の相互浸透

近年、博物館が観光とより結びつき、面白い場所になっています。また城跡の多くは博物館と観光、両方の機能を果たしています。島根の松江城では、城の周りの堀を舟で1時間かけてまわるガイドツアーで、城と歴史を体感できます。大阪の難波宮も奈良の平城宮跡も、今日では重要な地域のミュージアム機能を果たしていますが、かつてはその存在を押し出してはいませんでした。

長崎歴史文化博物館は、江戸時代の長崎奉行を復元して展示しています。長崎は当時、モノ・人・文化が移動し交流する拠点であり、従来の「鎖国」のイメージとは別の史実を伝えています。長崎では出島の復元も進み、市街地の中に江戸時代の空間を再現しています。

写真９－15　出島

世界遺産の福岡県・宗像大社では、古代当時の信仰・祭祀の様子を物語る貴重な遺品を収蔵・展示しています。当時の人びとの主観的信仰を示すものが歴史的価値をもつとして、世界遺産に登録されているのですね。

このように最近では、**観光と歴史が相互に浸透**してくる傾向が顕著にみられます。観光に歴史を見る・見せる要素が入り、歴史の語りも観光を意識したものになる。そうなると、歴史のどの部分と観光を連携させるかが重要となります。情報の受け手にも好みがあるため、時代を選べることも大事な要素になります。

インターネット・ＳＮＳの普及により、場所間の差異がなくなってくると、むしろ各地の歴史を通じて場所の固有性を掘り下げる方向も見出されてくるのですね。場所の歴史は、そこに行ってみないとわからないし、関心も持てないことが多いです。ＳＮＳやアプリではわからないリアル感を現地で味わう際に、現地で動くときの手段としても、ＳＮＳやアプリは活用できるのですね。

コロナ禍に入るまでの十年来、日本への**インバウンド観光客**の姿が各地で急増していました。沖縄ではそれまで観光客はほぼ国内からに限られていたのが、海外客が年間数百万人の規模まで純増したのですね。アジア系の観光客の人たちが精力的に体験ツアーに参加する様子もみられ、歴史系のミュージアム施設でも、外国人観光客の姿が多数みられるようになりました。

ポストコロナで再び、インバウンド観光客の波が戻っています。京都国際マンガミュージアムは、コンテンツ・ツーリズムの総本山のような場所ですが、やはりインバウンド客が多く、日本のマンガ・アニメへの関心の高さがうかがえます。

写真９－16　京都国際マンガミュージアム

公害・戦争・災害も、学習観光の対象に

高度成長期の負の遺産である**四大公害病までも、今では歴史を伝承し環境・健康を促進する都市へのポジティブな転換**に活用されています。４都市それぞれに、市が運営する公害博物館があります。

四大公害病のうち、四日市ぜんそくだけが大気汚染であり、当時の東京や大阪などでも同様にみられた大都市型公害でした。四日市は昔から交通の要衝で、古くは東海道の宿場町、戦時期には海軍燃料廠があり激しい空襲を受けました。敗戦で軍需や植民地を失った後の復興・成長の起爆剤として、太平洋ベルトを中心に重工業・コンビナートの拠点が形成され、四日市もその一つでした。高度成長を享受するうえで、ある程度の副産物はやむをえないという割り切りがあったのですね。四日市公害と環境未来館は、責任企業の反省の弁を伝えながらも、過去の反省にもとづき環境先進都市として未来を創る立場をアピールしています。地名の負の認知度をポジティブな方向へ転換していく、象徴的な書きかえ作業が見受けられます。

水質汚濁で多数の水俣病被害を出した熊本県水俣は、責任企業の企業城下町として成り立ってきました。市の水俣病資料館は、県内小学生の地域学習を受け入れながら、四日市と同様に環境モデル都市への未来志向をアピールしています。

富山のイタイイタイ病資料館は、上流域の鉱山で排出されたカドミウムが神通川に流れ出て、近隣住民の健康被害が出たエリアの跡地にできた公共施設で、健康パーク内に立地します。県や市は公害病を克服した経緯を示し、やはり環境や健康の先進地をアピールしています。

新潟水俣病資料館は福島潟という、江戸時代から干拓で農地を広げたエリアにあり、米どころ新潟の歴史を象徴する重要な場所です。新潟は信濃川と阿賀野川、二大河川の治水の歴史と向き合ってきました。水の恵みが災厄にもなり、上流からの工場排水で水質汚濁と健康被害を招きました。小学生の学習訪問や、熊本県水俣の小学生との交流学習も行われています。

公害だけでなく**戦争や災害も、展示や伝承、学習観光の対象**となります。長崎市立図書館には救護所メモリアルという展示室があり、原爆の救護に使われた小学校の教室が復元されています。学校の跡地にこの図書館があるからです。長崎の雲仙では、火山噴火による土石流で被災した民家や小学校を、現物保存して展示しています。雲仙は戦前からヨーロッパの旅行者に人気の温泉、国際観光地で、日本初の国立公園に指定された歴史ある観光名所

写真９－17　富山・イタイイタイ病資料館

です。この地も、自然は恵みも災厄も与えるという両面性を伝えています。

イメージと象徴資本

以上、日本の各地の諸事例を見てきました。歴史、アート、メディアコンテンツ、これらに共通するのは、主観的なイメージが現実の場所に意味や価値を付与することで、現実・場所を組みかえていく事態です。

すなわちこれらは、主観が現実を動かしていく面を映しており、ブルデューのいう象徴資本（主観的な認知と承認を通した資本⇩５講）の作用を表しています。観光とはまさに、こうした主観的なイメージと客観的な現実とが織りなす二重性・循環・連動を、如実に表す現象なのですね。そこでは人・乗り物・イメージ・コンテンツなどの移動・流通を通して現実が回り、ローカルな現実・場所が価値を承認される構図が成り立っているのですね。

図９－１　イメージで現実・場所を組みかえる

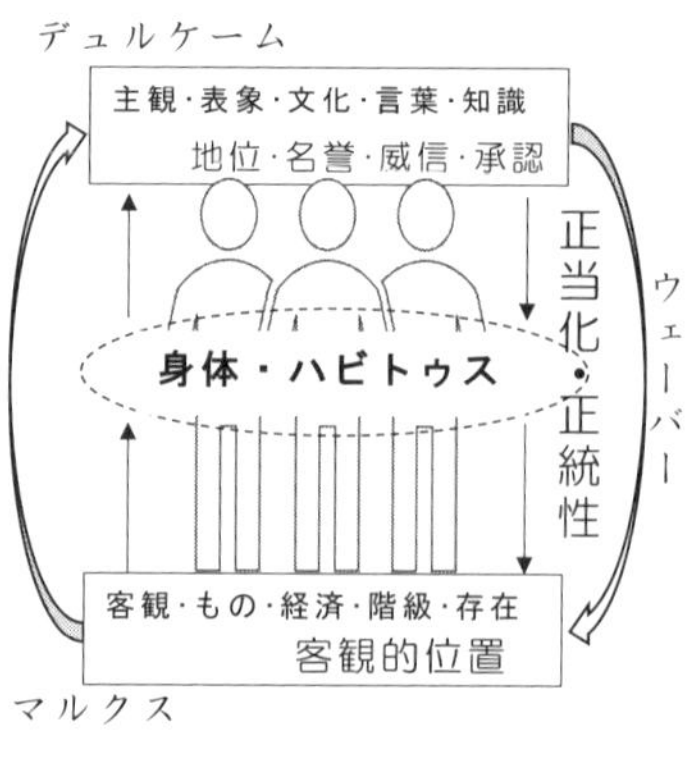

第５部

アクターネットワーク理論の活用

第10講　社会的なものを組み直す
――ラトゥールのアクターネットワーク理論

ブリュノ・ラトゥールらのアクターネットワーク理論は、近年非常に注目され、多方面に影響力の大きい潮流です。ただし、モノ・非人間に着目するその内容は非常に難解で、まだ充分に理解されておらず、わかりやすい解説書も少ない状況です。ただわかると得られるものも多く、読む前とは全く別の認識の地平が開かれ、世界観や歴史観を組みかえられるほどの、すごい理論です。今後もその影響は幅広く続くと予想されます。そこで、私なりに読み込んで得た知見をもとに、ラトゥールの主要書のエッセンスをここで共有しておきましょう。

ラトゥールの仕事で最も社会学寄りなのは、『社会的なものを組み直す』で、副題に「アクターネットワーク理論入門」と付いています。本来ならこの本から入りたいのですが、それまでのラトゥールの著書・活動を総まとめにしたダイジェスト版なので、かえってわかりづらい面があります。そこで、まず彼のそれまでの一連の著書の概要を押さえたうえで、『社会的なものを組み直す』に入っていくことにします。

1節　科学的事実の構築とノンモダン

『ラボラトリー・ライフ』

『ラボラトリー・ライフ　科学的事実の構築』は、ラトゥールがサイエンス・スタディーズの潮流に一石を投じた、ウールガーとの共著です。科学の実験室で2年間のフィールド調査に基づき、「活動中の科学が現場でいかに行われ、事実が確定されていくのか」を解明しました。

ラトゥールは、科学哲学者バシュラールの「現象工学」の立場をとります。ラボでの現象は、ラボの物的環境に依拠し、そこで「客観的」存在として描写される実在（リアリティ）は、描出装置を使うことで固有に構築されるというのです。

科学の当事者たちは、「厳然たる事実」にこそ関心をもち、確定された「事実」や論文の言明は「もはや議論の余地はない」ものとして提示され、読み手は説得されます。だがそこには、ある言明が他よりも「事実らしく見え」ていくプロセスがあるといいます。ラボでは言明の操作をたえまなく遂行し、その中で事実は構成されていきます。ラトゥールによれば、ある事実とは、論文に記録されたもののことを指します。

物質の証明や結論は、（例えば特定の酵素が利用可能かどうかなどの）文脈に左右される面が多分にあります。すべての構造の中から唯一の純粋な構造が選び出されると、構築された対象の本質に決定的な変容が生じて、成員間で急速に自明視されていきます。他方で、科学活動の認識や評価の形成は、社会的交渉を通してなされます。科学者は、お互いの主張の信頼性を評価します。この面では科学・専門と日常・社会の間に明確な区別はなく、むしろハイブリッド、異種混淆性が見られます。

事実は、社会的に構築されるだけではありません。構築プロセスのなかで、事実生成の痕跡の検出を困難にする仕掛け、ブラックボックス化も伴うとラトゥールは指摘します。事実の安定化のプロセスです。事実の「外在性」は科学研究・ラボ活動の結果であって、原因ではないと彼は言います。その意味では時系列、時間の要素が重要になります。

書くことは、情報伝達というよりむしろ、秩序を創るという物質的操作なのだとラトゥールは言います。大量の描出を行うラボ自体が無秩序を生み出しており、現実は無秩序の中から構築されます。科学活動でも日常生活と同様、インフォーマルなコミュニケーションが基調です。フォーマルな論文や学会報告はむしろ事後的な合理化として、例外的な局面なのですね。だから「社会的か専門的か」の区別・二分法は持ち込まず、ハイブリッドな様相を見ていくことが大切になります。科学を対象とする際も我々は確実性を所与とせず、不確実性を基本原則とすべきだという立場をとります。

ラトゥールらは本書の第2版（1986）で、副題にある「社会的構築」から「社会的」を取り除き、「科学的事実の構築」としました。「社会的」と「専門的」「物質的」の区別がすでに怪しく、ハイブリッドな現実であるなら、「社会的」構築という表現はもはや意味をなさないというわけです。「科学というものを起こるがままに研究せよ」（278頁）というのが、彼らの到達した立場でした。

ブルデューの受容と批判

『社会的なものを組み直す』でラトゥールは、ブルデューを「批判社会学」の代表格として痛烈に批判しています。しかし『ラボラトリー・ライフ』の5章「信用のサイクル」6章「無秩序からの秩序の創造」を読むと、意外なまでにブルデュー理論からの影響・活用がみられます。1975年のブルデューの科学論「科学界の固有性と理性の進歩の社会的条件」と、72年『実践の理論素描』が、当時の彼らに理論的影響を与えたようです。実際、彼らはバシュラールの科学哲学のベース（対象の構築、適用合理主義など）を共有しています。[1]

信頼資本（credibility, 185）の概念は、ブルデューの象徴資本に由来すると明記しています（190頁）。科学者たちの間には、信頼資本の投資サイクルがあります。データ〜論拠〜論文〜読まれる〜評価〜助成金〜設備〜データ〜…といったサイクルが回れば、研究者は信頼資本を獲得でき、社会関係を広く行き来するなかで研究活動をスムーズに運べます。科学者たちは、信頼性の高い情報の産出を増やすために、お互いを必要とするわけです。

ここで有名なブルデュー用語、界（champ）も登場します。研究者のポジションは、個人の戦略と界の構成の結節点になると言います（206頁）。関係論的な視座です。客体／主体、事実／人工物の差異・区別は、科学活動の研究の出発点にはなりません。実践上の操作を通じて言明が事物へ、人工物が事実へと変換される、事実構築のプロセス、諸段階があり、それを観察・記述せねばならないのです。科学者の活動は闘争的であり、

1　**ガストン・バシュラール**（1884-1962）　フランスの科学哲学者。主著に『新しい科学的精神』『火の精神分析』『空間の詩学』など。ブルデュー他『社会学者のメチエ』（藤原書店）に、詳しい紹介と解説がある。独自の科学認識論が、カンギレム、アルチュセール、フーコーなどの後継者に大きな影響を与えた。

社会的な争い・論争の結果として、事実は構築されてゆく。これもブルデューの象徴闘争論と近似する知見です。

しかし同時に、ブルデューの科学論を別の角度から批判してもいます（200頁）。ハグストロムとブルデューが、科学者の信頼資本の問題をともに扱いながら、科学の内容に踏み込まず、需要や価値生産の面を取り上げていないと指摘します。

ブルデューからの応答――コレージュ・ド・フランス最終講義の科学論

一方、ラトゥールや『ラボラトリー・ライフ』に対するブルデュー側の反応や評価は、彼の『科学の科学』に詳しく書かれています。この本は、ブルデューのコレージュ・ド・フランス最終講義に基づく内容です。彼の1975年の科学論が、以後の科学研究でたびたび引用され、誤読を含んだ批判も多かったようです。自ら誤読を正しつつ科学社会学の社会史をたどり、批判的に再検証しています。マートン～クーン～ブルーア…と続き、最後にラトゥールとウールガーの仕事に行き着きます。彼らの研究が脚光を浴びたのは、「急進性効果」「極限化戦略」によるものだと指摘し（73頁）、そのテクスト主義や記号論的世界観を痛烈に批判しています。

ただし、双方の議論や批判は、あまりかみ合っていない印象も受けます。ブルデューの批判も、ラトゥールの人間―非人間、ネットワークやハイブリッドの視座を、充分くみとれているように思えないところがあります。両者の論点の置きどころ、何を重視しているかが異なり、それぞれ重要な仕事や知見を残したことは間違いありません。ただ互いの批判では、相手を特定の論調に固定し、その面を誇張している点は否めません。

批判を額面通り受けとらず、合わせ読んでともに有効に活用していく方がよさそうです。

ラトゥールのアクターネットワーク理論（ＡＮＴ）は、あまりに独創的で突飛な論点も多く、他人がそのまま活用するのは難しい面もあります。これまでの社会学・社会科学の営みの蓄積と、どうつないで使っていくかも大事になります。ポスト・ブルデューの社会学と、ラトゥール以降のＡＮＴをどう「組み直して」展開していくかは、今後重要な課題となっていくでしょう。

『虚構の「近代」』――ノンモダンの立場

次に１９９３年刊行の『虚構の「近代」』、原書名を直訳すると「我々は一度もモダンであったことはない」です。この本でラトゥールは独自の「ノンモダン＝非近代」の立場から、モダン＝近代人の虚構性を解き明かし、モダンとポストモダン、アンチモダン（反近代）の立場を徹底的に批判しています。

新聞を開けば、諸領域を横断し、人間と非人間、自然と文化の区分を超えるハイブリッド的な記事が増えたと言います。「自然―文化」を一体で見ることはそもそも、人類学者が異国のフィールドでは普通に（自然と文化を区切らずに）してきましたが、西洋文化に対してはそうしないのは、自分たちが「近代人」の側にいたからだと指摘します。

近代人は人間と非人間、文化と自然を二分法で区別する純化を行い、区別を維持しています。しかし実際、それではあまりに複雑な現実が立ち行かないので、同時に水面下では人間―非人間、文化―自然のハイブリッドネットワークを展開し、増殖させてもいるというのです（27頁　**図**）。先の純化に対し、このプロセスは翻訳と呼ばれます。近代とは、純化と翻訳が同時並行で行われてきたプロセスだとラトゥールは考えるのです。従来の認識論は、近代を純化の面に限定して特化し、翻訳の面は見すごし軽視してきました。ラトゥールは後者を明確に概念化し、公の議論に乗せたのですね。「人間／非人間」「文化／自然」の二分法が自明の前提とされてきたのは、それが（西洋）近代人のアイデンティティの地盤をなしてきたからでもあります。近代人を演じ続けるために、純化の側面（タテマエ）が過度に強調され、翻訳・ハイブリッドというもう一つの面がひた隠しにされてきました。近代のプロジェクト中も、水面下ではハイブリッドが増殖し、近代構築のプロジェクトを下支えしてきたわけです。

17世紀半ばに社会と、そこから離脱した自然は同時に創造されました。社会科学者は近代社会の立論のために、モノ・自然を二重に利用したといいます。一方ではデュルケームがしたように、モノは人間社会の側の分類の投影、受け皿にすぎないとされました。他方、人間や社会の主体的自由の幻想を崩す文脈では、モノの世界の客観的動力が引き合いに出され、人間はその操り人形に位置づけられます。社会科学者は、モノobjectを二重に見ているというのです。

ラトゥールは、そもそも近代自体の巨大なフィクション性をあばきます。そして結局私たちは、非近代世界を抜け出したことなど一度もないというのです。

まず、時間の経過という概念に修正が必要だと指摘します。近代的な時間の流れは、歴史性のひとつの形にすぎません。近代では過去は捨てられ、不可逆に時間は進みます。ですが媒介の実践は、前近代人がそうしてきたように、（過去と未来の）異種混淆を行っ

図10－1　純化と翻訳

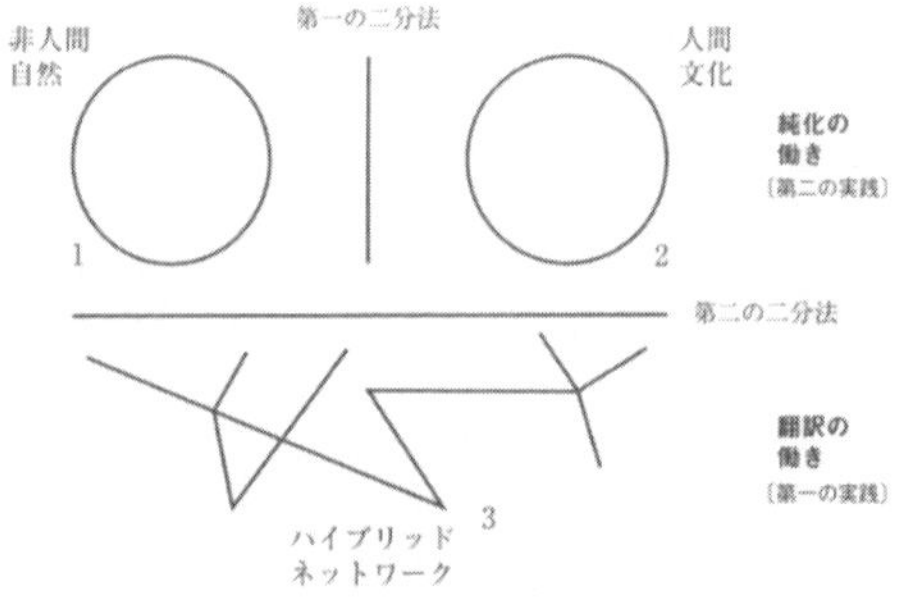

出典：ブルーノ・ラトゥール、2008
『虚構の「近代」』川村久美子訳、新評論、27頁

ています。

近代の時間性では、自然と文化のアシンメトリー（非対称）が、過去と未来のアシンメトリーへと拡張されています。自然に対し文化が優位に、過去に対し未来が優位に立ちます。過去には人間とモノが混然としていたのが、未来は峻別が進んで人間はより自由になります。近代化を醸し出すために、要素を整理し切り分ける作業が行われます。時の流れの不可逆性は、科学技術の超越性の恩恵ですが、そうした近代の時間性は、近代人の思い込みや押しつけという面も否めず、近代への純化はさほどうまく行ってないのですね。むしろ今日私たちは、時代を混在させる時代に生きています。ネットワークは連結と切り分け、媒介と純化を同時並行で進めています。

近代からすれば、自然と社会はそれ自体、なんら説明を要さず、説明要因の側に立ちます。この二極の間を仲介するものには、存在論的地位が与えられていないのです。ラトゥールは仲介でなく、媒介ととらえます。移送するものを翻訳・変換するアクターです。自然と社会は、安定化プロセスの二つの事後的な結果であり、説明要因でなく被説明要因、後から説明されるべき対象だというのです。

長らく西洋は、西洋だけが、単なる文化以上の存在となっていました。文化（と自然）をめぐる分水嶺は、人間と非人間の分水嶺に対応しています。西洋は自然を動員し、科学は自然と一体化していました。科学的知識は文化の外側にあることで、私たち西洋の文化だけが、完全な知識を打ち建てることができたというわけです。科学の超越性を通して、「私たち」西洋だけが例外的に自然と文化を、科学と社会を分離することができた。「他者」を人為的に作り出していく、西洋人らしいやり方です。そもそも文化という概念自体が、自然を括弧に入れることで初めて構築される人工物でした。

ですがラトゥールによれば、近代の知性や権力が前近代と異なるのは、社会的結合を組み立て延長するのに、より多くのハイブリッドを追加した点にあります。近代人は非人間アクターを取り込むことで、より長いネットワークを作り出してきたのです。

近代を制定してきた公式の「憲法」に、媒介という非公式の仕事を付け加える必要があります。大事なのは近代という時代の本質ではなく、プロセス、運動、経過です。近代を、その非近代的側面を含めて分析することが重要です。近代においてハイブリッドの増殖は、その存在を否定するからこそ、水面下では増殖が進められてきました。近代についての公的な表象は有効に機能してきたし、その表象こそが、近代憲法のもとでハイブリッドの探索と増殖を促してもきたというのです。

『科学論の実在』——構築と実在はセット

１９９９年の『科学論の実在　パンドラの希望』では、サイエンス・ウォーズの騒動で多方面から批判や非難を浴びたラトゥールが、本格論考で誤解を解き、科学や知、ノンモダンに前向きな展望を提示してみせました。

構築主義（事実はつくられる）と実在論（事実はすでにある）は、科学・哲学・社会科学では矛盾し両立しないと考えられてきました。ラトゥールは両者が両立するし、同じものだとさえ説きます。「事実はつくられる」とする構築主義は、科学者の営みのフィクション性をつくニュアンスをもつため、反発や憤りを招きやすいのです。ラトゥールの論もそれで攻撃にさらされました。彼はそうでなく、実験室やフィールド、論文などで事実が構築されるからこそ、その事実が特定の形で、自律性をもって実在するのであり、構築と実在は一体であることを、くり返し多方面から論証しています。

パストゥールと発酵素の例がわかりやすいです。構築の見方に対し、「発酵素はパストゥールが作り上げる前から存在したのでは？」と、常識をわきまえた人なら問うでしょう。ところがラトゥール、「違います。発酵素はパストゥールがやってくるまでは存在していませんでした」（！）。どういうことでしょうか。

ラトゥールに従えば実験とは、非人間がそれ自体で姿を現せるよう、科学者によって演じられる行為です。実験室でパストゥールは、酵母が単独で行動できるように行動し、それはドラマの上演にたとえられます。実験室の舞台設営において実験家の創意工夫は、巧妙な筋書きと、アクタントの注意深い上演に捧げられます。監督は裏に引っ込み、自律的アクターの発酵作用を、読者は監督の視線と同化しながら見ています。行為をしているのはパストゥールであり、乳酸酵母です。構築か実在か、二つの説明の間で選択をする必要はないというわけです。パストゥールが作業を行えば行うほど、対象の実体は独立していきます。

ゆえに発酵素は、パストゥール以前は存在しなかったというのです。歴史をもつのは人間だけでなく、非人間の微生物にも歴史性が与えられています。パストゥールとの出会いから、微生物にも変化が生じたのですね。諸現象は静的でなく、動的なものです。

近代の主体―客体の二分法は、きまって二項間の対立・断絶の構図をとり、ゼロサムゲームに還元してきました。しかも自然と精神（社会）という、たった二つしか存在論的種がないのです。主体―客体に代えて人間―非人間のペアであれば、細かな差異や分節化が広がり、生き生きした歴史性を動かします。モダニストの決着法では、客体は自然に、主体は社会にそれぞれ住まったのですが、ラトゥールはこれを組みかえます。非人間たちは、翻訳や分節化を通して人間たちの中に畳み込まれています。主体―客体という区別をやめるのがよいと言います。

　また科学論（サイエンス・スタディーズ）は、古代の技術とモダンな技術との区別も廃棄してきました。近代では社会と技術の密接さが高まり、網の目がより込み入っています。社会は構築されているが、必ずしも社会的に構築されているわけではないというのです。ラトゥールは、人間と非人間が特性をやりとりしてきた一連の交雑現象を、レベル11から1まで11段階の階層をさかのぼる形で、集合体の歴史を遡及的にたどっています（273頁　**図**）。非人間が社会構造に役割を果たし、人工物には社会関係が組み込まれています。非人間も歴史を有します。

　近代人は執拗に二つに分けたがりますが、一元論であっても（ケーキを切り分けるように）区別することは可能だといいます。人間性のかなりの部分は、社会技術的な交渉や人工物によってできています。人工物はわれわれそのものであり、二元論で分けることはできないのです。

　近代人やその科学は、事実と信仰・フェティッシュ（物神崇拝）を明確に区別し、この対を保持することで自らの基盤を保ってきました。ラトゥールはこの対を崩すべく、ファクティッシュ（物神事実）という一元論の合成概念を提示しました。事実もまた信

図10－2　人間と非人間の交雑現象

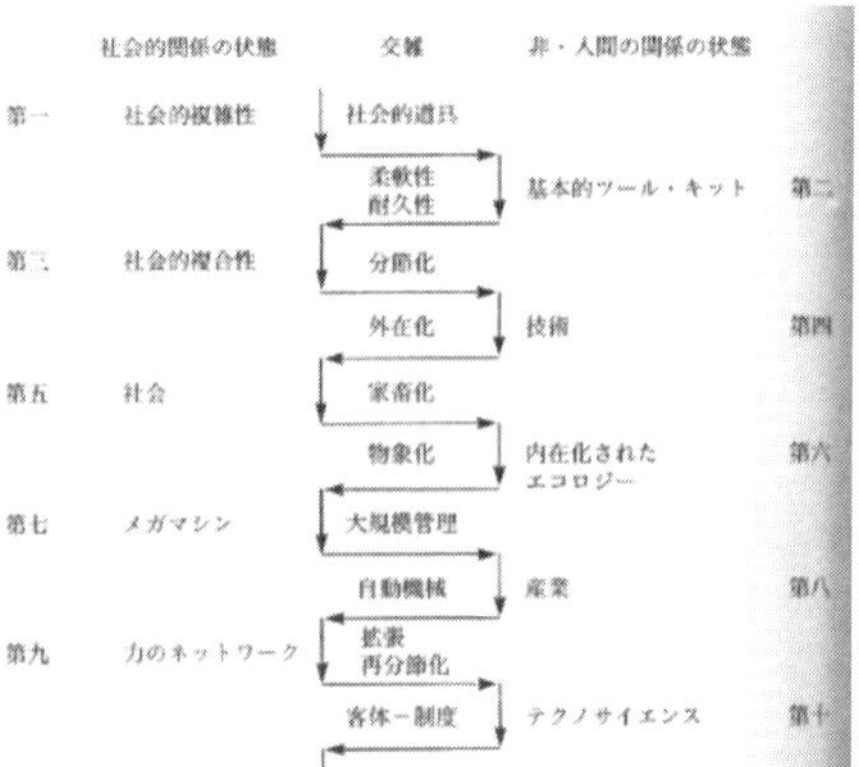

出典：ブルーノ・ラトゥール、2007『科学論の実在』川崎勝他訳、産業図書、273頁

2　『社会的なものを組み直す』の訳書では「デュルケム」と表記されていますが、本書の他の箇所との統一のため「デュルケーム」と合わせておきます。

仰されます。

　科学論は、科学の理論から実践へ関心を移行させることで、モダニストの決着法の枠組みに偶然出くわしました。科学的事実というブラックボックスを開いたら、パンドラの箱が開きました。箱の底に残されたものを回収して、人間―非人間の集合体を作り出す困難な仕事に向き合わねばならないというのです。

2節　『社会的なものを組み直す』のエッセンス

もうひとつの「社会」と社会学――タルドとデュルケーム

『社会的なものを組み直す』は、それまでの彼の仕事・活動の総まとめダイジェスト版です。ラトゥールは、社会学理論の主潮流をなしてきた系譜、コント～スペンサー～デュルケーム[2]～ウェーバー～パーソンズ、といった著名な社会学者たちに批判的な立場をとります。対して彼が評価するのが、エスノメソドロジー[3]の創始者ガーフィンケルと、デュルケームの同時代の論争相手であったガブリエル・タルド[4]なのです。

　タルドとラトゥールによれば、デュルケームは原因と結果を取りちがえ、社会を説明せずに、社会で説明しました。しかしタルドの見方では、社会的なものとは「特別な実在領域でなく結びつきの原理」であり、「循環する流動的なもの」として目を向けられました。

3　**エスノメソドロジー**
　アメリカの社会学者ハロルド・ガーフィンケルが１９６０年代に提唱した研究手法。日常生活のなかで人々がいかに秩序を形成し自明性を保っているかを、詳細な観察や会話分析などを通して明らかにした。人々の(ethno-)秩序形成の方法論(methodology)。科学のメイキングの現場・プロセスの観察に力点を置いたラトゥールが、この立場を評価したのも理解できる。

4　**ガブリエル・タルド**
(1843-1904)

　フランスの社会学者、犯罪学者。著書に『模倣の法則』『世論と群衆』など。近年、ドゥルーズやラトゥールらが注目し取り上げたことで、再評価が進んでいる。

タルドの社会観はかなり独特で、クセが強いのですが、そこをラトゥールも継承しています。タルドは哲学者ライプニッツの「モナド」[5]を応用し、ミクロとマクロのつながりを反転させ、小さなもので大きなものを、部分で全体を説明します（33‐34頁）。これは明らかに、「社会的事実の外在性・拘束性」から出発し、大きなものから小さなものを説明したデュルケームとは真逆です。

またタルドは、存在しているとは「異なっていること」だと言います。驚かされるのは「同一性」の定義です。同一性とは、差異が最小であることで、「差異の一種」にすぎない。静止が運動の一種、円が楕円の一変種であるのと同様で（36頁）、だから同一性は出発点や原点にはなりえないと言うのです。これがラトゥールの基本視点となっています。

ラトゥールは、社会科学者が「社会的social」という形容詞を使うとき、安定した状態を指していると指摘します。デュルケーム以来20世紀の社会学では、その固有の領域として「社会的」要因・次元・側面・影響を見定め、他の領域（経済・心理・政治・地理・宗教・科学的など）と区別することが重視されました。そこでは、「社会的でない活動の背景には社会的なコンテクストがある」という基本設定がおかれました。この第一の立場をラトゥールは、「社会的なものの社会学」と名づけます。

対して自らは社会学を「つながりをたどること」と定義し直し、この第二の立場を「連関の社会学」と呼びます（21頁）。人間活動の背後に社会的な紐帯やまとまり、コンテクストがあるとは前提せず、むしろ社会的でない事物の結びつき・連関・痕跡によってこそ、社会的なものを見ることができると考えるのです。

5　**モナド**
17‐18世紀の哲学者ライプニッツが考案した概念。モナドは世界の最小単位でありながら、世界全体を自己の内部に映し出し、自発的に世界全体を認識する存在であり、世界はそうしたモナドの集まりだととらえる。小さなものから大きな世界を見ていく志向をもつタルドやラトゥールが、こうしたモナド論に立脚するのも理解できる。

不確定性の発生源――グループからグルーピングへ

ラトゥールは、世界が何でできているかをめぐって、①グループ、②行為、③モノ、④事実、⑤研究、といった５つの不確定性を検討しています。

従来の社会学は安定した集団を前提してきましたが、①グループも安定した存在ではなく、グルーピングがつねに進行中のプロセスであると、ラトゥールは考えます。その紐帯は脆弱で、たえず境界線を引きなおす実践が行われています。社会的なまとまりを作り上げているグループはどこにもなく、それが第一の不確定性の発生源だと指摘します。

むしろ、グルーピングをめぐる論争自体を出発点とすべきと言います。社会の構成要素をめぐる論争から、社会的な結びつきをたどれるからです（59頁）。「社会的なまとまりはXでできている」類の宣言は、社会学者でなくアクター当事者が行うものなのです。グループ形成はそのつど遂行performされており、それ自体が研究者の聞きとるべきデータだというのです。

社会的なまとまりは直示的な対象でなく、遂行的な定義の対象、「ある」と言われることでつくられる対象なのです。常にみられるのは遂行であって、（従来の）社会学者のいう秩序や紐帯、「社会的慣性」ではありません。社会の安定性でなく不確定性を基調とすべきだとラトゥールは唱えます。

社会的世界には、多数の中継があります。ラトゥールはそれらを、中間項intermediaryでなく媒介子mediatorととらえます。中間項は意味や力をそのまま移送しますが、媒介子は変換や翻訳を行うので、より複雑な連鎖となり、不確定性がたえないのです。

アクターを超えた行為

「社会的」という語は、ひとつのまとまりを想起させますが、社会的な紐帯を作る諸要素はむしろ、異種混淆（ハイブリッド）です。人は、自分たちが作り出したのでない力に縛られています。行為 action は、数々のエージェンシー（agency 行為を生み出す力）の結節点、結び目、複合体であり、アクターを超えてなされる不確定性の発生源です。

行為がアクターを超えてなされるからといって、「社会的な力がコントロールしている」わけではないのです。「社会」「文化」「構造」「界」「個人」などに合成して行為を説明するのでなく、行為を、驚くべきこと、媒介、出来事のままにして、未決定性から始めるべきだとラトゥールは言います。

アクターとは行為の源でなく、無数の事物が群がる動的な標的なのです（88頁）。演劇のメタファーがわかりやすいです。演技／行為においては、誰が行為し、何が作用しているかは不明瞭です。行為は定置されず、つねに非局所的です。

アクター―ネットワークは、行為の不確定性の発生源です。隠れた社会的動因や（深層の）無意識を持ち出す必要はなく、私たち以外のエージェンシーが、私たちにあれこれさせているのです。

社会学は、「〈誰かが何かをする〉ようにする」ことに内在する散開（ディスロケーション）を重んじる学問分野になるといいます（112頁）。中間項でなく媒介子という見方を採れば、原因から結果が演繹されはせず、無数の外来子が合間に現れ、予測できない状況が多数起こります。行為の確定性から不確定性へ、問いが移行するのです。

モノのエージェンシー

権力や支配、力関係、不平等、格差といった社会学の問題群は根強いですが、権力は社会と同様、あるプロセスの結果であって、それ自体が説明をもたらす原因や説明原理ではないとラトゥールは指摘します。やはりそこには社会的以外のアクターが関与しています。

ＡＮＴが「社会的」と言うとき、「移動、転置、変換、翻訳、編入の呼び名」であり、従来の社会科学とはかなり異なります。それまで連関していなかった力どうしの束の間の連関を、ＡＮＴは「社会的」と言うのです。

対面的な相互作用と安定・持続的な相互作用、２種の社会的なものの区別・違いを、彼は強調します。動物と比べ人間の場合、社交スキルの役割は限定的であり、持続的なつながりの大部分は、他のものでつくられています。

ラトゥールによれば権力は、社会的な紐帯でできていません。弱くて朽ちやすい紐帯を、他の種類の結合へ移すべく、多くの仕事がつぎ込まれています。非社会的な物事がどう動員されてきたかを、経験的に見極める必要があるのです。

これまで社会学者のアクターとエージェンシーの定義は、人間に限定されてきましたが、モノ・非人間のアクターへの注目が、社会科学者に新しい情報をもたらしてくれます。「差異を作り出すことで事態を変える物事はすべてアクター」であり、まだ形象化されておらず潜在的な段階はアクタン actant です（１３４頁）。ヤカンやリモコンは、行為の進行への参与子です。非人間non-humanの要素を招き入れる必要があります。大半の社会学者は、モノは社会的活動の起源ではありえないとして、社会的権力の「反映」「表現」「象徴」「物象化」を見るにとどまったというのです。

物質的なものと社会的なものの区分が、集合行為の探究を混乱させてきました。ラトゥールは「社会」に代え、「集合体（コレクティブ）」という語を用います。行為の継続性は、人とモノがジグザグになって成り立っています。

また流動的な社会的なものは、連続的な実体ではなく、痕跡にわずかに姿を見せるといいます。非人間を社会的紐帯のリストに加えることで、社会的な結びつきをたどることはより精巧さを増すことができます。

構築、〈議論を呼ぶ事実〉

連関の社会学の発祥地は、科学社会学、サイエンス・スタディーズでした。ANTは当初、「科学的事実の社会的構築」と言っていましたが、「社会的」をのちに削除します。これは先述のとおりです。結果的にANTの科学論は、「科学」「事実」「社会的」「構築」すべての意味を一新することになったといいます。

構築（コンストラクション）の語が最もあてはまる例は、建設工事の現場です。構築の現場では、人間と非人間の結びつきを直接見ることができます。実験室でラトゥールは、科学のメイキング場面に立ち会いました。メイキングの場は、完成版とは違った光景であり、時間の次元を加え、存在しなかった物事が生まれる状況を垣間見せてくれます。ちがった展開や、失敗する可能性もあります。構築されたものは、実在するものの同義語だと言います（１６７頁）。

ラトゥールら科学社会学者は当初、構築主義を難なく適用できる現場として、実験室や研究所、そこにある計器などを考えました。科学こそ、徹底した作業を通して、人工性・人為性と客観性が並進する例であり、「事実の構築」という表現で、人工性と実在性が足並みそろえて進むのを記述しました。真実は、結果がわからない緊張感のなかで、徐々に生み出されてゆくものなのですね。

ところが、多くの研究者たちには「構築」の語は、それまでの科学の常識に反し、「真実でない」「作り上げられた偽物」のニュアンスで受けとられたそうです（その結果ラトゥールは、サイエンス・ウォーズなる騒動に巻き込まれます）。実験室において、事実はつねに人工的な状況から立ち現れます。仕組まれたことと客観的であることは、矛盾せず両立します。構築主義は実在論の増進と同義であるとさえ言います。むしろ、上手い構築か下手な構築かが焦点になります。他方で「構築」の語の利点は、人間と非人間が融合する場面に焦点が当たることにあります。非人間の存在が大きな役割を果たすので、わざわざ「社会的構築」（社会的に構築されている）と言う必要もないとラトゥールは言うわけです。

ＡＮＴの科学研究は、「科学の対象としての非人間・モノこそが社会的なものを説明できる」面を見開かされました。ラトゥールにとって説明することとは、事物と事物を結びつけ、ネットワークをたどることからなる「日常実践的な世界構築の取り組み」（１９３頁）であり、そこから社会的なものが生み出されています。こうして科学論は、社会学全体の実験室になったといいます。

アクター―ネットワーク理論、翻訳の社会学の生誕の局面は、ラトゥールの場合、微生物、ホタテガイ、岩礁といった非社会的なモノの結びつきを受け入れ、社会的存在と連関していることを見出したときでした。社会的なものは、他と区別されてどこかにあるのでなく、「非社会的な物事を結びつける動きとしてところかまわず循環している」（201頁）。連関としての社会的なものです。すべてのアクターは、〈他のアクターがあれこれする〉ようにする形で結びついています。それらは忠実な中間項でなく、個々に変換を起こす形で作用します。ラトゥールはこれを「非還元の原則」と呼びます。

ラトゥールは〈社会〉と合わせて、〈自然〉にも疑いの目を向けました。〈社会〉と〈自然〉は鎖の両端であり、同時に解体すべきものである。両者の共約不可能性から、社会的な結びつきの輪郭がたどれなくなっているというのです。自然／社会、客体／主体、物質／象徴、といった二分法で区分けできるものではありません。〈社会〉と〈自然〉は、二つの実在領域ではなく、17世紀に当時の論争を背景に同時に発明された、二つの収集装置であったといいます（207‐8頁）。実際には自然も〈厳然たる事実〉matter of factではないとして、〈議論を呼ぶ事実〉matter of concernを導入します。後者は不確定性が高く、激しい議論を呼びつつも実在し、非定型で関心を引きます。〈厳然たる事実〉の単数形の世界から、〈議論を呼ぶ事実〉の複数形の世界への移行であり、科学から活動中の科学science in actionへの移行です。そこではまさに、不確定性が糧にされるのです。

自然科学の単一性・客観性に対して社会科学の複数性・象徴的現実があるとされ、堅固な絶対主義と文化相対主義が対置されてきました。この常識的な解法を、ＡＮＴは支持しません。複雑で議論を呼ぶ媒介子の集まりが、ひとつの共通世界を形づくっているというのです。

報告、テクスト

ラトゥールは、研究そのものの不確定性にも目を向けます。社会的な結びつきをたどるとき、実際に何をするかといえば、報告を書き留めています。報告とはテクストです。研究は最初からでき上がったものでなく、物事のただ中で始めるものです。テクストは人工的でありかつ、正確さを求められます。

科学論や記号論に通じない人々にとってテクストは、作り話 story の意味にとられがちですが、テクストによる報告は、社会科学者の実験室でもあります。人為的だから注意を払って作ることで、客観性が打ち立てられるのです。

どんなに「紙にありのままの世界をとどめよう」としても、文章という媒介の制約を、無視することなどできません。むしろ、事実の制作の具体性が、社会的な結びつきの探索を広げるのです。「上手い報告とは、ネットワークをたどること」だとラトゥールは言います。彼の言うネットワークとは、参与子が媒介子として扱われる行為／作用の連鎖のことです。テクストに登場する各アクターは、媒介子として作用することで、読者には社会的なものの動きが目に入るのです。

書き手が一連の関係を描くときに、アクターのネットワークは浮かび上がります。ＡＮＴのいうネットワークは外在する対象でなく、記述のツールなのです。フィールド調査でとる小さなノートこそが、グループ形成やエージェンシー、存在論などの大きな問題に使えるのだとラトゥールは言います。
テクストとは対象を無媒介に描出したものでなく、痕跡を再現する実験の一部なのです。紙に記録する行為は途方もない変換行為であり、だからこそ力量と巧みさが求められます。上手い報告は、自ら社会的なものを遂行します。媒介子の連環を記述するなかから、社会的なものの循環が見えてくるのです。

連関をたどる――グローバルなものをローカル化する

以上の5つの不確定性を検討したうえで、ラトゥールはANTでいかに社会的な結びつきをたどれるのかを示しています。

ローカルとグローバルの関係において、ローカルな相互作用は確かな出発点とはなりません。その場はすでに、他の時間、場所、エージェンシーに由来する要素であふれているからです。それらを「相互作用をとりまくコンテクスト」とまとめてしまわずに、アリ（ant）のように視野を狭くとり、直解的で実証的にならねばなりません。ローカルとグローバル、ミクロとマクロの両極間の不確定性を糧にして、むしろそれを「資源」ととらえるのがANTなのです。

社会科学者はピラミッドや有機体、組織のような三次元のイメージを無節操に消費してきたとして、ラトゥールは「社会的領域を完全にフラットにし」、二次元に投影してとらえる見方を提示します。ローカルな相互作用に至る道を切れ目なく結びつけるため、変換や翻訳、媒介子を敷きつめ、連関の社会学が正確な道路地図を描き続けられるようにするのです。「グローバルな」役割を果たすとされたものを、「ローカルな」場と横並びにします。

文化は、具体的な場所や施設で作られています。人やモノによる行為／作用についての知識が、日々生み出されるさまを報告に入れていくことが、ミクロとマクロの関係のありようを発見するトレース装置となります。結局「マクロ」という形容詞が表すのは、（軍司令部やウォール街のトレーディング・ルームのように）等しくローカルでミクロだが、他の多くの場と結びつく場のことなのです。組織は小さな集まりの動きでできています。フラットな地形では、上部と下部は水平に並びます。高低差、起伏、裂け目、峡谷、見晴らしの良い高所はあっても、連続した足跡をたどれるのです。このネットワークを調査者が可能な限り記録できること、「構造」へ飛躍せず目に見え手でつかめるものにこだわることが重要です。ＡＮＴは、どんな姿形も展開させるための抽象的な投影原理だと言います。

フーコーのパノプティコン（一望監視施設）[6]に代えて、ラトゥールはオリゴプティコンなるものを提唱しています。駅の改札口のように、狭いところに記録を集中させて整理する場のことです。それは、パノプティコンの絶対主義的なまなざしが空想の場所（ユートピア）であったのとは異なり、しっかり特定できる地上の場所です。情報のたえまない移送を通して司令部と戦場が結びつくとき、両者は互いにローカルで、フラットな地形にあります。頂点から底辺への立体的な序列は、長らく社会科学の先入観となってきました。上／下、ローカル／グローバルといったスケール、座標系は、研究者が外から持ち込むものでなく、当事者のアクター自身が打ち立てるもので、アクターが尺度を決めるフレーミングや、フレームからフレームへの移動を、注意深く観察すればよい

6　パノプティコン（一望監視施設）

フーコー『監獄の誕生』に登場することで有名。18世紀にイギリスの哲学者ベンサムが構想したパノプティコンは円形の収容施設で、中央監視塔から３６０度、独房の囚人たちを一挙に見渡せる。孤立した囚人からは中央の管理者は見えず、管理者なしでも服従が可能になる。この施設は実現しなかったが、フーコーはこれを通して権力の自動化・非個人化をとらえた。

というのです。

ローカルなものを分散させなおす

他方、ローカルなものはどう生み出されるでしょうか。例えば講義室というローカルな場なら、そこに集まる数々のエージェンシーの終着点として、対面的な相互作用をとらえます。ローカルでない媒介子で、ローカルな環境は構成されています。現場での相互作用が「より具体的」な出発点という思い込みがありますが、離れた場の物材が大量のテンプレートを移送し、ローカルな場を定型化しています。講義室にも長い時間が折り畳まれています。人間同士の相互作用で心を満たすにしても、非人間的で非ローカルな参与子はとても多いのです。

主体・人格・個性を生成する装置は、どこにあるか？　人間の力能も、多様な場所から諸々のプラグインが組み合わさる結果だといいます。雑誌等の題目は、自分の「内面」を構成します。フローを循環する諸々のプラグインが、アクターに必要な補足ツールを提供しています。装置をダウンロードし、力能は導管を通って循環します。内部性は複合的に築き上げられるのです。

人間主体の外部はもはや、社会でも自然でもできていません。数多の微細な導管が前に出て、プラグインの循環へと置き換わります。それらはアクターを規定するのでなく、〈誰かが何かをする〉ようにするのです。アクターは結合の数が多いほど、存在の強度が強まります。ラトゥールによれば社会とは、時間・空間的に持続する混成的な存在の束なのです。

従来は「芸術か社会か」「個人か社会か」といった二者択一的な、ゼロサムゲームが想定されていましたが、新たなパラダイムではウィンウィンの状況が可能になります。結合や影響の数が多いほどよいからです。従来、人間の参与者と、別次元の社会的世界の間には不連続があるとされましたが、今では媒介子がつなぎます。社会は我々が「中に」いる広大な地平面ではなく、伝って移動するものだといいます。社会的な景色は、フラットなネットワーク状の地形をなしています。

集合体を組み直す、認識の政治

ラトゥールのいう社会学とは、参与子が集合体の組み直しに取り組めるようにする学問分野です。批判社会学はこれまで、社会学の他の務めが達成される前のタイミングで批判をし、政治的発言や社会工学を望んできました。しかし、諸連関の展開・収集という難業を中断してはならないと彼は強調します。むしろ新たな参与子を組み合わせることで、社会学は政治的な意義を取り戻せるといいます。

政治と認識論の古典的分離に戻るべきでもありません。科学には強力な収集力がありますが、連関の社会学はただ記述しているだけで、政治的な企図がないと非難されてきました。が、関与することとは、〈失敗と隣り合わせの報告〉を通して、集合体を再現前させることなのです。研究自体がある種の政治であり、共通世界の材料を集め、組み上げる営みです。事物間の連関をたどることと、その連関を全体に束ねて組み上げ、ひとつの共通世界をデザインすること。この両方を一挙に行うのでなく、分けて行う必要があるとラトゥールは言います。後者の喫緊性のために、前者を途中で止めてはならないと。

連関をたどる課題が実行されなければ、共通世界を組み立てる務めを果たすこともできないというのです。

受け入れるかは各自次第だが、認識利得の高い理論

いかがだったでしょうか。かなり難しく、とっつきにくく感じられた方も多いことでしょう。また、これまでの回とはかなり毛色が異なり、「社会」のとらえ方やノンモダンの議論などは、前のほうの回と矛盾する面を感じたり、議論の突飛さにしっくりいかずに違和感が残ったりした人もおられるかもしれません。

ラトゥールらのアクターネットワーク理論を受け入れるかどうかは各自におまかせするとして、この十数年ほど非常に注目を集め、広く浸透してきた潮流です。今後も影響力を持ち続けることが予想されます。デュルケーム以来の社会学の伝統的な思考習慣の自明性をはぎとり、良い意味で前提を問いなおさせてくれるうえに、新しい思考の地平と発想のヒントを豊富に与えてくれる、認識利得の高い強靭な理論です。今後の知識社会を見すえても、知識として知っておくに越したことはないと考え、できる限りかみ砕いてまとめておきました。皆さんの理解の参考になれば幸いです。

また、ラトゥールが科学の現場にメイキングの観点を持ち込み、「活動中の科学science in action」を明らかにした知見は、不可逆な緊迫した現場の生態を重視したドラッカーの時間論や、ウォーラーステインの「生きられた歴史」なども通じます。不可逆な質的変化や現場の流れを重視する時間論の視座を、科学論に投入したのがラトゥールであり、本書で扱ってきた他の論者とつながってくるのも、興味深い点です。知が立ち

上がる局面を、実験室でリアルタイムに観察するところから、結果的に意図せずして編み出され展開していったのが、彼のアクターネットワーク理論（ＡＮＴ）だったわけですね。

　このラトゥールのＡＮＴの知見を早い段階で吸収して、社会学に応用した人物がいます。ジョン・アーリです。彼は２０００年以降、ＡＮＴを存分に活用しながら、独自の「移動の社会学」を切りひらきました。次講ではそのＡＮＴとのつながりも見出しながら、彼の議論を追っていきましょう。

第11講　モビリティーズと複雑性――ジョン・アーリの仕事

ジョン・アーリは、１９９０年代の有名な『観光のまなざし』以来、観光研究をリードしてきました。しかし２０００年代からの移動論的転回や複雑性の仕事で、ラトゥールらのＡＮＴをとり入れながら新たな境地を切り開きました。本講ではそこを見てみましょう。

1節　社会を越える社会学

なぜ社会学が「社会を越える」のか

『社会を越える社会学』*Sociology beyond Societies*、これが２０００年刊行の彼の書名です。なぜ社会学が「社会を越える」必要があるのでしょう？　80年代にサッチャー元英首相は、「社会などない」と発言しました。アーリは、本人の意図とは別の面で、この言明が適切であったと指摘します。それはグローバル化などで、ポスト社会組成へと移行する流れが進行してきたからです。

社会学の言説はこれまで、「社会」を前提にしてきました。そのモデルは、自律的だった20世紀の米国社会であり、ちょうどパーソンズの社会システム論が妥当性をもちえていました。しかし実際、自己完結的な社会というのは、まずないんですね。ウォーラーステインは、社会がまるで自律的に発展した構造であるかのように、「社会」概念は無批判に使われてきたと指摘します。この「社会」は、（国境で仕切った）国民国家 nation states のイメージに基づいています。

自らが19世紀近代の産物である社会学は、自然を克服する近代社会の成功を自明視していました。〈伝統―近代〉の二分法のもと、デュルケームは近代の立場から、社会的事実の領域を確定しました。また20世紀の組織資本主義やその社会組成モデルは、欧米や日本など一部の諸社会にのみ該当するものだったと、アーリは指摘します。

ハイブリッドとしての人間・社会

グローバル化が進む今日、社会関係を再構築するのは、むしろ非人間的なモノである。こう語るアーリが、ラトゥールらのアクターネットワーク理論をとり入れているのは明らかです。機械、テクノロジー、モノ、イメージなど、人間と物理的世界は複雑にからみあい、可動的なハイブリッド（異種混交）を織りなしています。社会的現実という、自律した領域はないということになります。[1]

社会学は、〈社会〉と〈自然〉の対概念を土台に、19世紀ヨーロッパで確立しました。

1　ANTの代表的論者としてよく挙げられるのは、先述のラトゥールとミシェル・カロン、ジョン・ローの3人です。このうちラトゥールとカロンはフランス、ローはイギリスの人です。ローはアーリと同じランカスター大学の名誉教授であり、ランカスターがイギリスのANTの拠点となっていたわけですね。実際アーリは著書の謝辞でローの名を挙げており、密な影響関係にあったことがわかります。

自然は統御の対象とされ、「社会による自然の支配」という観点が自明視されます。ところが実際には、一つの〈自然〉なるものがあるのでなく、諸社会を横断して、多様な複数の自然があるわけです。環境とは、物理的なものと社会的なものが融合したハイブリッドであり、あらゆる自然は社会的営為や文化表象とからみ合い、結びついています。

ジェームズ・ギブソンのアフォーダンス概念は、こうしたハイブリッドを考えるうえで参考になります。環境であり同時に身体であるような、両者の互報性による調整・適応作用を指します。環境と身体のアフォーダンスは、客観的かつ主観的であり、一連のモノは、アフォーダンスの集積をもたらします。環境は、身体の動きを制約しながら、それを可能にしてもいるのですね。

2節　モビリティーズ・ターン

領域からフローへ

2007年刊の『モビリティーズ』でアーリは、移動論的転回＝モビリティーズ・ターン、移動を軸に社会をとらえ返すことを唱えます。テクノロジーもモバイルで携帯可能になり、移動中の人々のオン・ザ・ムーブの活動を可能にするアフォーダンスがととのってきました。ただし、一連の移動システムは相互に依存しあっているため、アクシデントに脆弱でもあります。

アーリは、移動性が社会を構成する面に焦点を当てています。従来の社会科学は非動的であったため、移動を軸にして領域横断的に組みかえていく必要が生じています。ほぼすべての移動は、不動のインフラの上に成り立っています。交通の利用を支えるのは複雑な社会プロセスであり、時間厳守の移動のシステム性がみられます。大都市の生活は、強力な客観的システムであると同時に、その都市を生きる人びとの多様な主観性を生み出してもいるとアーリは指摘します。

現前 presence と不在 absence はセットです。今日のネット社会では容易に実感できます。現前は断続的に達成、演示され、ネット・SNSのつながりと連動しています。弱い紐帯のネットワークは、移動を通じて世界中に広がります。移動システムの複雑さは、固定・係留装置に依拠し、流動性の高まりも、不動のシステムのおかげで成り立っているのです。

アーリは社会をとらえるメタファーを、領域からネットワーク、フローへと組みかえます。グローバルなフローは国境を横断して移動し、既存の社会を空洞化させてゆきます。インターネットは、流動体としての社会生活のメタファーとなりました。

鉄道とモダニティ

19世紀、鉄道による公共移動化を通して、人々の私的な移動が構造化されました。鉄道システムは、人や場所の新たなつながりをもたらしました。移動の公的組織化が進んだのです。人間の生活が機械に依存し、密に組み合わさることで、人間はむしろ生気を帯びてきます。近代とは、機械が経験に重ねられていく時代だというのです。

シヴェルブシュ『鉄道旅行の歴史』は、この分野の有名でユニークな研究です（⇩3・7講）。風景を突っ切って進む鉄道は、自然・時間・空間の関係を作り変えました。歩行や馬車のシリーズ・システムに対し、鉄道はネクサス・システムだとアーリは言います。諸要素が緊密なネクサス（連鎖）として一体的に働く必要があります。

鉄道システムは、モダニティの出現の核心をなし、時間と空間を「圧縮」しました。日常生活に時間割が入り込み、時計は均質的な時間の参照基準となりました。鉄道時刻表が発達し、近代的・客観的なクロックタイムが展開してゆきます。駅舎の大時計はその象徴であり、すべての旅行者が従います。社会に時間厳守の賛美を流布し、ナショナルなシステム全体に広げました。自然の源から抽象化されたクロックタイムが浸透し、鉄道のさらなる発達とともに、旅行時間の短縮が良いこととされ、速度への関心が不可逆に進んできました。

旅行は、観察を伴うものとして発達していきます。鉄道とその窓も、その役割を果たします。多くの場所は（ベンヤミンのいう）固有のアウラ[2]を失い、関係的なもの、移動途上で通過される場所へと化します。旅行者が訪れる場所は、流通する商品に似てきて、世界は田園と都市からなる大百貨店となり、消費の場所へと変貌をとげます。写真画像の循環・流通と相まって、鉄道は近代世界をもたらしました。土地 land から景観・風景 landscape への移行であり、手触りのない外観として新たな眺め、パノラマを生み出しました。

列車の客室の新たな空間によって、社交も独自にアフォードされたとアーリは指摘します。見知らぬ人と閉鎖空間に投げ込まれ、階級的なものも、等級別の列車内で受け入

2　**アウラ**
ベンヤミンが『複製技術時代の芸術作品』で使った用語。オーラ。その対象から発せられる固有の雰囲気。写真・映像という複製技術の発達で、芸術作品がもつ一回性のアウラが失われたと指摘した。だが、アウラそのものが複製技術によって産み出されもする。「本物らしさ」「自分らしさ」「沖縄らしさ」「自然らしさ」「伝統らしさ」…。近代社会は、より高度のリアルな「らしさ」を生産し、欲望・消費させる時代でもある。

れられました。乗客同士の深入りしない会話や儀礼的無関心[3]、読書習慣が広がりました（今日ではスマホですね）。駅舎は公共空間であり、都市空間において乗換駅はハブの役割を果たします。駅はファンタジーや小説、映画の舞台にもなり、予期せぬ交流の場になります。

国営鉄道は、組織資本主義の時代の典型です。鉄道は、A地点からB地点へと決められた区間を線形的(linear)に走る公的ヒエラルキーを形成しました(日本の「上り―下り」はそれを表しています)。次にみる自動車の非線形的な複雑系とは対照的です。日本の新幹線は世界初の高速鉄道システムであり、自動車が発達する中で、鉄道の側から速度への応答を示したものでした。

非線形的な自動車移動

一方、自動車システムの登場は、速度から利便性へと発想を変えました。鉄道時刻表の公的・客観的なクロックタイムから離脱し、個人的・主観的な時間性へのシフトを可能にしたのです。他方で道路状況に左右され、壊れやすく偶発的な形で生活を組み立てるよう強いられていきます。

自動車移動は、適応力のある複雑系だとアーリは言います。鉄道やバスとちがって移動がシームレス、つまり点から点へ途切れなく行えるのですね。個々人の時間は非同期化される一方で、空間移動は道路のリズムに同期化されます。都市の風景のかなりの部分は自動車専用の環境からなり、「都市空間に対する流動性の勝利」と形容されるほどに、時間と空間が再編成されてきました。自動車移動は他の制度・産業・関連業務と連環し

3　**儀礼的無関心**
ゴフマンの用語。相互作用の状況では、言葉を交わさずとも身ぶりや視線を通じて自己表出をして、他人になんらかの感情や関心が伝わることがある。儀礼的無関心は礼儀作法の一種として、相手をちらっと見て認識したことを表す程度にとどめ、特別な好奇心や感情がないことを暗黙に示す何気ない行為。

た強力な複合体であり、非線形的（non-linear）な自己組織システムとして拡大してきました。

人が車を運転する状況は、〈自動車‐ドライバー〉のハイブリッドであり、身体が拡張された状態といえましょう。人間と機械が統合し一体化することで、独特のアフォーダンスが生み出されます。また車内を自分の快適な空間にできることを、レイモンド・ウィリアムズは「モバイルな私事化」と呼びました。自動車においては「運転する身体」を中心に、新たな主体性が創り出されています。車内は住まう場でもあり、社交をアフォードする環境であったり仕事場であったり、サウンドスケープにもなりうる、マルチタスキングの空間なのですね。

自動車での移動はフレキシブルであると同時に、それしか手段がない場合、車利用を全面的に強制する面があります。これをアーリは、ウェーバーのいうモダニティの「鉄の檻」[4]だと形容しました。鉄道の時刻表にみられたクロックタイムから、車で点から点へスムーズに移動する瞬間的時間への転換がみられます。それは、時空間上の軌道の脱シンクロ化ともいえます。

鉄とガソリンを使う自動車システムが拡張し、その「経路依存性」がひとたびロックインされると、その発展プロセスは不可逆に展開し、郊外住宅、石油会社、郊外ショッピングモールなどへとつながっていきました。

4　**鉄の檻**　ウェーバーが『プロ倫』において、資本主義のシステムがひとたび立ち上がってしまえば、その維持や拡大が自己目的化し、人間をその歯車にしてしまうことを、こう形容した。アーリは車社会で車利用を強制される面に、この表現を使った。

３節　時間論の重要性

多様な時間レジーム――クロックタイムを超える

移動は、時間とも深く関わっています。時間は直接知覚できるものでなく、私たちは時計やカレンダーといった標識を通して、時間をみているのですね。ただ一つの時間が存在するのでなく多様な時間、さまざまな時間レジームがあることが指摘されています。

近代社会の中心軸は、抽象的で分割可能な時間計算です。産業資本社会では、**クロックタイム**によって仕事が他の文脈から切り離され、時間が仕事を計る尺度になりました。マルクスの労働、ウェーバーの合理性は、時間の節約と活動の最大化をめざすものでした。

鉄道が国境を越えて通過するようになると、共通の時間を設定する必要から、グリニッジ標準時が採用されました。地域や国ごとの時間レジームが解体され、脱文脈化、合理化された時間が広がっていきます。時間は資源となり、消費されます。生きられる時間が、等質な瞬間の無限の継起へと切り替わってゆくのです。他方で、クロックタイムには還元されない、**瞬間的時間**と**永続的時間**という別の時間様式もあり、不連続と連続性がともにみられることも、また重要です。

近代においてクロックタイムは**自然的時間**の特性とされ、**社会的時間**から切り離されてきました。それはニュートン／デカルト的な時間概念でした。ところが20世紀の科学（物理学）は、自然時間の理解を一変させました。自然、社会、個人は相関しあうという見方です。アインシュタインは、固定した絶対時間は存在しないことを示しました。

時間にしたがって生活を組織するのは、人間社会だけではありません。周期性は自然の基本原理であり、人間も動植物も、自身が時計なのです。動植物は24時間サイクルで内部機能を調整する時間装置をもっています。

他方、瞬間的な電子的衝動は、フローの空間に依拠しています。「無時間的な時間」です。現代の情報通信テクノロジーによって、人間の意識を超えた時間の枠組みが出現しました。「コンピュータイム」で時間の抽象化が進み、人間の経験と自然のリズムから切り離された瞬間的時間が広がっているのです。クロックタイムの線形的論理に代わって、社会・技術的関係の同時性が生まれています。

報道価値だけに従って、文脈や物語から切り離された出来事がコラージュ的に並び、「グローバルないま」が生産され続けます。個々の出来事の他世界への影響が、途方もなく拡大していきます。アーリは２０００年当時、３分間文化、テレビ向きのフローと言いましたが、これは今日ではＴｉｋＴｏｋ的な5秒文化と表現できるでしょう。未来はもはや期待をかけるものでなく、特に若者には即時的なものとして現れています。個々人の時間－空間が非同期化され、テクノロジーや組織の変容で、余暇と仕事などの区分は融解してきています。

一方でアーリは、ゆっくり堆積する**氷河の時間**のメタファーも示しています。氷河の時間は瞬間的時間に抗い、時間を自然の速さにまで落としてゆきます。変化は何世代にもおよびます。氷河は環境から切り離せず、その小さな変化は、長期の持続のあり方を変容させてもいきます。特定の計測装置に時間を押しつけられず、時々の評価や観察と記録を越えて、ゆっくりと流れてゆく時間です。

速さへの執着を捨て去り、平素の行いを緩やかな時間の流れに合わせることで、有機的、生態的なつながりの中に、時間経験を呼び戻すこともできるのです。瞬間的時間がもつ没場所性への抵抗の側面ももっています。氷河の時間は、国民国家のクロックタイムや、多くの旅行の瞬間的時間とも異なっています。

4節　複雑性と創発性

複雑性

アーリのいう複雑性理論は、自然を能動的で創造的なものとみなします。グローバルなものを、社会的と同時に自然的でもあるプロセスとしてとらえます。創発特性を重視し、全体を部分に還元しません。社会生活には、達成と失敗が混ざり合い、失敗は不完全性の必然的な帰結なので、失敗だけを排除することはできません。システムのなかで、カオスと秩序は内的に連関しあい、非線形的、動的で予測不能な、一連のグローバルなハイブリッドが展開されています。

20世紀の物理学では、時間と空間は「物体の入れ物」とはみなされず、動的なものとしてとらえられました。人間・動物は自らが時計であり、周期的な生物学的時間をもっています。生成とリズムは、不可逆な流れをもっています。

不可逆な流れだからといっても、無秩序が増大するというわけではなく、平衡から離れたところで秩序が保たれることを、熱力学の物理学者プリゴジンは示しています。大海に浮かぶ小島のごとく、局所的な秩序が無秩序のなかに浮かぶのです。非平衡は、新たな秩序の源となります。時間の不可逆性こそが、混沌から秩序をもたらします。決定論と偶然、自然と社会、存在と生成、安定と変化といった一連の二分法を、複雑性の思考は斥けます。

創発特性をみてみましょう。過去のちょっとした変化が、現在や未来に多大な影響をもたらすことがあります。原因と結果の間には、一貫した線形的な関係はなく、変数間のつながりは非線形的で、突然の転換が起こる可能性は常にあるのです。システムは創発的な効果をもち、部分の総和とは異なります。非線形的なものを抑制すれば、複雑性が相互作用のなかにしまい込まれる還元的な見方に陥ることになります。線形性の思考の罠です。

ネガティブ・フィードバック・メカニズムは、逸脱を最小限にして、規定の幅を維持する自己制御システムです。エアコンがそうです。対してポジティブ・フィードバックは、平衡点から遠ざかって増幅を続けるのでバランスを崩し、定常を保てなくなります。そこには結果を支配できる、中心的なヒエラルキーは存在しません。鉄とガソリンで走る自動車の優位がひとたび確立しロックインされると、「経路依存」して道路交通や車関連産業、郊外開発などが不可逆に拡張してゆきます。戦争や依存症、大都市圏への人口集中、過密と過疎の進行なども、ポジティブ・フィードバックに数えられるでしょう。システムの流動性や不完全性は、システムが複雑であるゆえに欠かせないものなのです。都市はさまざまなフローの交流の場であり、そうした移動性（移動と係留）があってこそ、複雑系は社会的世界のなかで発達することができます。

グローバルな創発――非線形の思考

（例えばアメリカ化のような）グローバル化を一方向的にとらえる還元的・線形的な傾向をアーリは批判し、グローバルな創発特性を強調します。グローバルなものは、社会組成的な境界を超えて広がる流動体、フローであり、アーリは「不変の可動物」と呼びます。社会学の〈社会〉概念はこれまで、領域のメタファーでとらえられ、空間・時間はそこに社会が入る、静態的な入れ物として扱われてきました。複雑性理論では、時間と空間は流れるものとなります。

構造と行為（エージェンシー）の共進化、二重性というギデンズの見方は、複雑性を充分にとらえ切れていないとアーリは批判します。複雑性において生じているのは、回帰というより反復であり、時間の不可逆性を通して構造も変動し、動的な創発が起きているのですね。

出来事や現象は感染性をもつため、小さな原因が大きな結果をもたらしえます。漸進・線形的にでなく、瞬間的に劇的な変化が起こることがあるからです。ファックスや携帯電話が爆発的に売れた時のように、富は（従来の経済学が想定した）希少性からでなく偏在性から生まれ、そうした利益は非線形的に生じるのです。

移動の社会学では、社会的・物質的な生活を川の流れのようにみるメタファーが求められます。スケープは、フローを中継するノードの連関であり、輸送スケープに沿って人々は旅しています。

インターネットの自己組織的な性質も、見逃すことはできません。そこでは準主体と準客体の新たなハイブリッドが形成されています。そのネットワークは固形でなく、安定せず偶発的です。知識がデジタル化された情報へと変容し、原因と結果、目的と手段、主体と客体、能動と受動の区分が消え去っていきます。情報量と複雑性が不可逆に増大する世界です。戦争もネットワークを主戦場とし、グローバル金融危機が引き起こされ、ネガティブ・フィードバックの欠如が深刻な結果をもたらします。

マルクスが分析した19世紀の資本主義は、局所的な性質にとどまっていました。今日、情報フローが広く及び、特定の場所からの開放が不可逆に進むと、情報の空間的な差異がなくなってゆきます。いまや国境は透過性をもっています。ただし、場所からの脱埋め込みと並行して、ローカルなものの再強化も相まって生じています。いわゆる**グローカル化**です。

ネガティブ・フィードバックにおいて秩序形成は、移動しながら達成され、秩序とカオスが絡みあっています。社会はその社会組成的な力が、グローバルな複雑性からなる諸システム内の要素になることで、変容してきました。国家はバウマン[5]の言う、造園国家から猟場番人、調整者へと役割を変え、情報のフロー、旅人、テロ、健康・環境リスクといったグローバルな流動体に対処しています。

社会組成的でナショナルなものを超えるグローバル・システムの複雑な分析に、従来

5　**ジグムント・バウマン**（1925–2017）
ポーランド出身の社会学者。著書に『近代とホロコースト』『リキッド・モダニティ』など多数。グローバル化や流動性の高まりとともに、国家は造園国家から猟場番人国家へ移行し、調整役にとどまるといった指摘は、アーリをはじめ多くの論者に引用されている。

の社会科学は充分に取り組んでおらず、アーリはこれが必要だと言います。ミクロからマクロ、生活世界からシステムといった線形的なスケールを、つながりのメタファーに置き換える。これはまさに、ラトゥールらのアクターネットワーク理論が主張してきたことです。相互作用は非線形的に、複雑になされます。システム内の各要素はローカルな情報資源にのみ反応するため、単線的には進まないのです。複雑性の思考が求められるゆえんです。

移動と不動の連環性は、複雑性の特徴であり、固定・係留のインフラがあってこそ、流動性は増大することが可能です。動きに富んだゾーンと乏しいゾーン、時空的な不均等も生まれてきます。移動／係留の弁証法が、社会的な複雑性を生み出しています。物理空間とサイバー空間のさらなる連結も進んでいきます。

複雑性の理論は、カオスの縁でバランスを保つ世界秩序化をとらえ、理論自ら創発システムの一部としてパフォームし、広がってゆくとアーリは示唆します。それは、自ら流れに身を任せる理論なのです。

最終講　社会の主観と社会の時間

社会的事実としての観光

ここまで5部11講にわたって、旅と理論の社会学をお届けしてきました。いかがだったでしょうか。最終講では、初回オリエンテーションでお話しした全体を通す2つの軸、「社会の主観と社会の時間」に即して、簡単にまとめておきたいと思います。

前半から9講にかけて取り上げてきた知識、象徴、観光、イメージはどれも、社会の主観に当たります。これらがあることで私たちは現実をとらえられ、現実に主観的な意味づけ、価値づけを与えることで、独自の現実を生み出し方向づけているのですね。主観だからといって、「それはあなたの主観でしょ」と、個人の主観に還元されるわけでなく、社会・集合レベルの主観があるわけですね。本書はそれを多面的に見てきました。ちなみに社会学の理論も、社会をとらえる主観のひとつです。旅・観光もそうです。本書を「旅と理論の社会学」とパラレルに並べたのも、そうした含意があったわけです。

図　リアリティの二重性

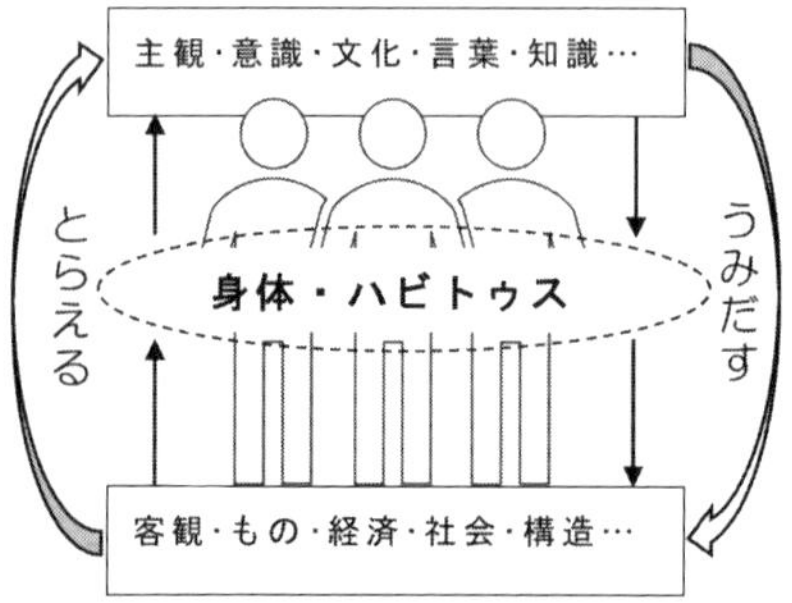

マキァーネルは『ザ・ツーリスト』で、デュルケームが社会的事実のリストに観光対象を含めていたことを指摘しています（53頁）。『社会学的方法の規準』の該当箇所を引用します。

「社会的事実は、これ〔心理学的事実〕よりもずっと自然かつ直接的に物としてのあらゆる特徴を帯びている。法は法典の中に存在しているし、日常生活のさまざまな動きは統計数字の中や歴史的記念物の中に記録されている。流行は服装の中に、美的趣味は芸術作品の中に刻み込まれている。このような社会的事実は、個人意識の外部に構築される傾向を、その本性そのものとしてもっているのだ。」（講談社版86－87頁）

マキァーネルは、歴史的記念物・碑（monuments）や芸術作品といった観光対象も、デュルケームが社会的事実に含めていたことからヒントを得て、観光に近代社会の構造を読み解くカギを見出したのですね（⇩8講）。

9講では、歴史観光とその諸事例を取り上げました。脱工業化（脱産業化）の時代には、過去の遺物となった（なりつつある）産業や伝統文化、建築物、町並みは、観光の文脈に置かれて見せる対象となります。公に見せるに値するようにととのえられ、オーセンティシティ staged authenticity を与えられます。ただし、単にその地域・場所の歴史を見せるだけではインパクトが弱いことから、世界遺産や日本遺産などの指定を受けたり、アートやメディアコンテンツの力を借りたりして、各地・場所は象徴資本を高める取り組みを見せているのでした。

「聖地巡礼」というと今日では、アニメや映画の舞台・ロケ地を訪ねることを指しますよね。でも長らく日本では、宗教的信仰と旅が結びつき、神社や寺への参り・詣でが聖地巡礼であったわけですね。今日のアニメ聖地巡礼が表すように、現代の旅・観光は前時代の宗教性をはぎとり、世俗化した視覚消費の行為となりました。SNS、インスタ映えもこれと連動しています。ベンヤミンのいう「礼拝的価値から展示的価値へ」[1]の移行が、まさに当てはまります。信仰から観光への流れ・移行は、旅において連続性をもってつながっています。実際今日でも神社や寺などの宗教的聖地は、世俗化した訪問先としても根強い人気を誇っています。

かつてデュルケームは、宗教を集合表象[2]（＝社会の主観）とみなし、社会的事実として研究対象にしました。マキァーネルはこれを受け継ぎ、脱工業化時代の近代社会のありようを見通すために、観光を集合表象、社会の主観として対象に位置づけたのでした。現代の観光は、かつての宗教が果たした役割を引き継いでいる面があります。博物館や城は、その地域・場所の聖なる歴史表象を収納し、象徴化されたマテリアルな空間なのです。

イメージこそが象徴資本として現実に作用する

正直言うとこれまで私は、沖縄観光や海洋博の研究から見出した沖縄イメージと、社会学者ブルデューの仕事・著作から特に重要性を見出した象徴資本とを、別の話題として暗黙裡に分けてしまい、つないで考えてきませんでした。しかし9講の歴史観光、コンテンツ観光で日本各地の諸事例を取り上げるなかで、むしろイメージと象徴資本が結びつくことを見出しました。各地が固有の歴史やコンテンツとして可視化し見せているのは結局、そうした歴史やコンテンツを地域イメージ化することで、現実の場所に意味

1 **礼拝的価値から展示的価値へ**
ベンヤミンの考察では、この変化は芸術に関して論じられた。複製技術の登場で、芸術は危機に陥った。対象への儀礼的・信仰的なコミットが弱まり、純粋に「見る」「見せる」観賞の側面が大きくなったという。この視座が観光の文脈に応用されている。

2 **集合表象**
デュルケームの有名な用語。道徳や宗教のように、社会的・集合的に共有される観念・表象・価値観・イメージなどを指す。彼は集合表象を直接扱うのでなく、それを表現する外的な現象を通して、外側からモノのように扱うことを唱えた。

や価値を与え、象徴資本を高めることで現実・場所を組みかえていく事態でした。イメージそのものが、現実に作用する象徴資本の役割を果たしているのであり、「イメージ＝象徴資本」とイコールで結びつけ、同義とみなすこともできましょう。

もちろん、イメージ戦略がいつもうまく行くとは限りません。成功事例は限られています。イメージが象徴資本として機能しえないケースも多いわけです。少子高齢化や人口減少、グローバル化に伴う産業空洞化、担い手となる人材不足など、地方各地の状況は深刻さを増し、懸念材料は枚挙に暇がないでしょう。しかし、そうであればなおのこと、世界遺産登録や大河ドラマ誘致などの象徴戦略、主観的評価や承認をとりつけることで地域・場所の知名度やイメージを高め、観光や移住を通じて地域振興につなげようとする営みは、今後も続くでしょう。

マキァーネルは、観光対象が可塑性を有し、その最終的な形や安定性は社会的に決定されると指摘しています（『ザ・ツーリスト』160頁）。またブルデューは『世界の悲惨』で、象徴資本にはプラスだけでなく、マイナスの象徴資本もあることを示唆しています。[3] 公害で名を知られた各地が、負の歴史を伝承しながら環境や健康の先進地域として未来志向をアピールし、負の認知度をポジティブな方向へ転換する取り組みを見せているのも、理解できます。主観的な象徴を変えることで、現実を変えていく営みにもつながっているわけですね。

3　フランスにおいて外国出身の若者たちが、その身体の外見や固有名、言葉のなまり、居住地が負の烙印（スティグマ）として機能することで、学校市場や労働市場で受ける困難を指しています（『世界の悲惨』Ⅰ、357-358）。

時間論から複雑性、創発性へ

最後に本書のもう一つの軸、社会の時間です。本書で取り上げた主要論者たちの多くは、近代の均質的で計測・分割可能な時間概念を相対化し、不可逆なプロセスを重視する視座をそれぞれ持っていた点で、共通します。エリアスの図柄論、ウォーラーステインの世界システム論、ブルデューの国家論は、より長期の「生きられた歴史」をとらえていました。ラトゥールのノンモダンやアーリのモビリティーズの議論は、非線形的な複雑性の視座から、近代の合理的・線形的な時間理解を完全に相対化しました。一言でいえば、不可逆で偶発性にみちた時間を対置したのですね。

ここで再び取り上げたいのが、ドラッカーの社会生態学です。彼の時間理解は驚くほどに、ラトゥール~アーリの複雑性の視座を先取りしていたかのように、共通する点が多い印象です。20世紀物理学におけるデカルト＝ニュートンからアインシュタインへの時間パラダイムの転換を、ともに受け入れた背景が影響しているのかもしれません。

ドラッカーは知識を、（数学のような）可逆的で概念的な分析よりも、不可逆な生きられた時間のなかの知覚としてとらえました。この知識観を具体化したものが、マネジメントという実践的な知識でした。行為と結びついた人間の知覚作用は、進行中の生きられた時間のプロセスのなかで発揮されるのです。そうした身体知が、次なる創発を呼ぶ可能性に開かれているのですね。

これはいみじくも、ラトゥールが科学論の文脈で、実験室で事実が構築されるメイキングの現場を観察した状況と通じます（⇩10講）。ラトゥールも時間の次元を加え、科学の営みをプロセスとしてとらえたのです。科学の真実は、結果がどうなるかわからない緊迫した時間の中で、徐々に生み出されるのですね。

またドラッカーは、１９５０年代末の早い時点で、複雑性の思考に近づいていました。

デカルト的モダンの乗り越えを通じてです。デカルトは科学で因果関係を扱い、世界を最小の要素に分解してとらえ、「全体は部分の総和である」という、数学的・機械的な世界観を確立しました。近代合理主義の典型的なビジョンを提示した人物です。対してドラッカーは、すでに20世紀には学問の潮流はデカルトの公理から離れ、因果から形態へと移行していると指摘しました。心理学の「自我」「人格」や社会学・人類学の「文化」のように、全体としてのみ把握できる形態があるわけです。そこでは部分は全体との関連でのみ存在し、全体を理解して初めて認識できるのですね。全体を細分化したデカルトとは真逆です。

これはまさに、11講のアーリの複雑性理論と重なります。全体は部分の総和に還元できず、システム全体として創発特性をもつという議論がありました。

ドラッカー×複雑性の社会学

またドラッカーのいうポストモダンの世界観は、成長・発展・リズム・生成などの時間の流れ、プロセスを重視します。少年⇩大人、ウラニウム⇩鉛、中小企業⇩大企業など、成長・生成・発展のプロセスは、不可逆な質の変化を伴います。静止した物体の属性をみる機械的世界観から、形態とプロセスを重視する有機的世界観へ。この転換こそがドラッカーのいうポストモダンであり、社会生態学の視座でもありました。

これが20世紀物理学において、時間と空間を「物体の入れ物」とみなさず、動的なものとしてとらえる見方と対応し、アーリの複雑性理論とも通じます。デカルト的モダンは、主体／客体、社会／自然などを二分法で分けてきましたが、ラトゥールはこうした対概念を解体し、融合させました。人間─非人間がともに能動的なアクターとして参与し、アクターネットワークを織りなします。複雑性理論も、社会と自然・生物を分けず、自然を能動的で創造的なものとしてとらえます。この点も、ドラッカーの社会生態学の視座と調和的です。エリアスの図柄理論による関係とプロセスの思考も、ドラッカーの有機的世界観と通じます。

結局のところ、ドラッカーの社会生態学、ウォーラーステインの世界システム論、エリアスの図柄理論、ラトゥールのANTは、不可逆で生態的な時間論をとっている点で、アーリの複雑性理論で全部がつながると考えてよいでしょう。

デカルト的な演繹・定量・還元的な思考を相対化し、経験的知覚にもとづいて全体的な形態や不可逆なプロセスをみていくドラッカーの作法は、組織のマネジメントを体系化する作業へと活用されました。また、モダンの「進歩の確実性」信仰を脱し、変化が常態化したポストモダン世界となったことで、「未知なるもの」に向けて仕事を組織化する作法として、イノベーションが確立されました。ドラッカーは有機的世界観を、そのように現実の実践活動に適用していったことが、今日でもいまだ色あせない彼のオリジナリティでもあるのですね。

現実への効用ということで言えば、性質は全く異なりますが、ラトゥールのANTも、ネットワークをたどって詳細に記述することで、それ自体が社会を遂行し浮かび上がらせ、組み直す実践行為になることを示しました。ドラッカーとラトゥールは全く異なるタイプの仕事をした二人ですが、学術的知見を現実遂行につなげたという点で、両者は似た志向性をもつ面もあったように思われますね。

この最終講では、複数の回や論者を横断的につなぎ、関係づける作業を行いました。ご参考になれば幸いです。

主な参考文献

（個別事例に関する文献は主に、該当箇所の注に掲載しています。）

ジョン・アーリ、2003『場所を消費する』吉原直樹他監訳、法政大学出版局
――、2006『社会を越える社会学』吉原直樹監訳、法政大学出版局
――、2014『グローバルな複雑性』吉原直樹監訳、法政大学出版局
――、2015『モビリティーズ　移動の社会学』吉原直樹・伊藤嘉高訳、作品社
アーリ&ラースン、2014『観光のまなざし　増補改訂版』加太宏邦訳、法政大学出版局
東浩紀、2016『弱いつながり　検索ワードを探す旅』幻冬舎文庫
――、2017『ゲンロン0　観光客の哲学』ゲンロン
バーバラ・アダム、1997『時間と社会理論』伊藤誓他訳、法政大学出版局
井坂康志、2018『P・F・ドラッカー　マネジメント思想の源流と展望』文眞堂
井坂康志・多田治、2021『ドラッカー×社会学　コロナ後の知識社会へ』公人の友社
岩切章太郎、2004『心配するな工夫せよ　岩切章太郎翁半生を語る』鉱脈社
上田惇生・井坂康志、2014『ドラッカー入門　新版』ダイヤモンド社
イマニュエル・ウォーラーステイン、1993『脱＝社会科学』本多健吉他訳、藤原書店

――、2013『近代世界システム』Ⅰ―Ⅳ、川北稔訳、名古屋大学出版会
ノルベルト・エリアス、1977『文明化の過程』上・下、赤井彗爾他訳、法政大学出版局
――、1981『宮廷社会』波田節夫他訳、法政大学出版局
――、1994『社会学とは何か』徳安彰訳、法政大学出版局
――、1996『時間について』青木誠之他訳、法政大学出版局
老川慶喜、2017『鉄道と観光の近現代史』河出ブックス
――、2014-19『日本鉄道史』幕末・明治／大正・昭和戦前／戦後・平成篇、中公新書
川北稔、1983『工業化の歴史的前提　帝国とジェントルマン』岩波書店
――、1996『砂糖の世界史』岩波ジュニア新書
――、2016『世界システム論講義』ちくま学芸文庫
木方十根、2010『「大学町」出現　近代都市計画の錬金術』河出ブックス
くにたち郷土文化館、1998『企画展　学園都市くにたち―誕生のころ』
――、2010『学園都市開発と幻の鉄道　激動の時代に生まれた国立大学町』
――、2020『「赤い三角屋根」誕生　国立大学町開拓の景色』
国立市史編さん委員会編、1990『国立市史』下巻、国立市
久保明教、2019『ブルーノ・ラトゥールの取説』月曜社
越澤明、2011『後藤新平　大震災と帝都復興』ちくま新書
堺屋太一、1984『イベント・オリエンテッド・ポリシー』ＮＧＳ
――、1985『知価革命』ＰＨＰ研究所
ヴォルフガング・シヴェルブシュ、1982『鉄道旅行の歴史』加藤二郎訳、法政大学出版局

Sharon Zukin, 1991, *Landscapes of Power : From Detroit to Disney World*, UC Press
ヴェルナー・ゾンバルト、2000『恋愛と贅沢と資本主義』金森誠也訳、講談社学術文庫
多田治、2004『沖縄イメージの誕生』東洋経済新報社
――、2008『沖縄イメージを旅する』中公新書ラクレ
――、2011『社会学理論のエッセンス』学文社
多田治編、2017『社会学理論のプラクティス』くんぷる
エミール・デュルケーム、2018『社会学的方法の規準』菊谷和宏訳、講談社学術文庫
『東京人』編集室編、2003『江戸・東京を造った人々1　都市のプランナーたち』ちくま学芸文庫
ピーター・ドラッカー、1959『変貌する産業社会』現代経営研究会訳、ダイヤモンド社
――、2005『テクノロジストの条件』上田惇生編訳、ダイヤモンド社
――、2007『断絶の時代』上田惇生訳、ダイヤモンド社
橋下徹・堺屋太一、2011『体制維新――大阪都』文藝春秋
フェザーストン&スリフト&アーリ編、2010『自動車と移動の社会学　オートモビリティーズ』近森高明訳、法政大学出版局
藤木久志、1985『豊臣平和令と戦国社会』東京大学出版会
ピエール・ブルデュー、1990『ディスタンクシオン』I・II、石井洋次郎訳、藤原書店
――、2007a『結婚戦略』丸山茂他訳、藤原書店
――、2007b『実践理性』加藤晴久他訳、藤原書店
――、2010『科学の科学』加藤晴久訳、藤原書店
――、2012『国家貴族』I・II、立花英裕訳、藤原書店
ピエール・ブルデュー編、2019『世界の悲惨』I、荒井文雄他監訳、藤原書店

ブルデュー&ヴァカン他、2009『国家の神秘』水島和則訳、藤原書店
ブルデュー&パスロン、1991『再生産』宮島喬訳、藤原書店
マイケル・ポランニー、2003『暗黙知の次元』高橋勇夫訳、ちくま学芸文庫
Dean MacCannel, 1976, *The Tourist: A New Theory of the Leisure Class*, UC Press.（ディーン・マキァーネル、2012『ザ・ツーリスト』安村克己他訳、学文社）
――, 2011, *The Ethics of Sightseeing*, UC Press.
町村敬志、2011『開発主義の構造と心性』御茶の水書房
松本典久、2021『鉄道と時刻表の150年　紙の上のタイムトラベル』東京書籍
三戸祐子、2005『定刻発車　日本の鉄道はなぜ世界で最も正確なのか？』新潮文庫
矢口祐人、2011『憧れのハワイ』中央公論新社
山口廣編、1987『郊外住宅地の系譜　東京の田園ユートピア』鹿島出版会
山口誠、2007『グアムと日本人　戦争を埋め立てた楽園』岩波新書
山中速人、1992『イメージの楽園　観光ハワイの文化史』筑摩書房
山本博文、1998『参勤交代』講談社現代新書
吉見俊哉、1992『博覧会の政治学』中公新書
ラトゥール&ウールガー、2021『ラボラトリー・ライフ』立石裕二他訳、ナカニシヤ出版
ブルーノ・ラトゥール、2008『虚構の「近代」』川村久美子訳、新評論
――、2007『科学論の実在』川崎勝他訳、産業図書
ブリュノ・ラトゥール、2019『社会的なものを組み直す』伊藤嘉高訳、法政大学出版局

初出一覧

第3講　「南国楽園」の系譜学

多田治「「日本のハワイ」としての沖縄の形成―新婚旅行ブームからリゾート・パラダイスへ―」『一橋社会科学』第7巻、91-104、2015年

第4講　巨大イベントと地域開発

多田治「都市開発と観光開発の歴史からみたメガイベント―大阪万博と沖縄海洋博を中心に―」『社会学年誌』61号、23-38、早稲田社会学会、2020年

第4講補講　北海道の開発・観光史

多田治「観光開発の比較史―ハワイ・沖縄・北海道の接続―」『グローカル研究』No.6、123-136、成城大学グローカル研究センター、2019年

いずれも大幅に適宜加筆を施しています。

他の箇所も、これまでの著書・論文、『多田ゼミ同人誌・研究紀要』に掲載の記事、講義内容、国際学会報告などを活用して適宜手を加え、書き下ろし内容も織り交ぜる形で構成しています。

あとがき

本書は、私の久々の単著となります。『社会学理論のエッセンス』以来12年ぶり、『沖縄イメージを旅する』からですと早や15年になります。時のたつ速さと長さは信じられないもので、懐かしく再会する人とも5年10年ぶりというのが普通です。ネットやメールが便利になり、直接会う必要や理由がなくなったこともあるでしょう。それでも直接会って話すと、やはり新鮮な喜びがあります。

本務校で担当する「社会学概論」「社会学理論」の内容がかなり蓄積されてきたので、一度この辺で一冊にまとめておきたい思いがありました。なるべく授業をそのままに近い形で再現したいと考え、講義形式をとりました。「ですます」の話し口調、スライドと同様に図・写真の多用、授業の途中に入れる「息ぬきタイム」の写真紀行の活用などです。個々の内容をより詳しく掘り下げたい場合は、これまでの私の著書を合わせて参照していただけますと幸甚です。

現在の本務校も、早や18年目となりました。前任校は6年ですから、合わせるとほぼ四半世紀。途方もない歳月です。基本はずっと仕事をしてきた感じなのですが、長くやっていると道中、自分が何をしてきたのか、すぐに忘れてしまいます。本書の執筆・作成で、あらためて自分の仕事やその内容を何度も振り返り、整理できたのは貴重でした。

18年の間に、講義やゼミでおびただしい数の学生・院生の皆さんと接してきたことになります。2020年からのコロナ禍でこの4年ほど、講義がオンデマンド配信に切り替わり、戸惑いながらも粛々と授業を進めてきました。顔を合わせることはなくとも、皆さんの感想コメントやレポートを、いつも楽しく読ませてもらっています。本書にはその知見や反応も盛り込まれているという意味では、受講生の皆さんとの共同作業の産物でもあります。記して感謝します。

今年度初めの院講義とゼミでは、上野千鶴子『情報生産者になる』（ちくま新書）をテキストに使用しました。本書の執筆にも大いに参考になり、フル活用させていただきました。その知見は本書に登場する11人の主要論者たち、知識―象徴―観光―イメージといった社会の主観、各地の諸事例など、膨大な情報量のコンテンツを横につなぎ関係づけるときに、上野先生が具体的に示されたノウハウや考え方はとても有効で、思考を活性化されました。また本書は、科研費の助成（課題番号21K12449）を受けた成果を含んでいます。記して感謝します。

また本書は、前著『ドラッカー×社会学』の続編にも当たります。共著者の井坂康志さん（ものつくり大学教授、ドラッカー学会共同代表）からは刊行後も、多くの示唆や刺激を受けています。また2018年末以降、井坂さんとのご縁を通じてたくさんのドラッカー界隈の方々とつながり、日ごろから活動を見守り励ましていただいています。ドラッカーをとり入れているだけあって、バイタリティと知性、お人柄のあふれる方が多く、いつも元気をもらっています。

前著はドラッカーに内容をしぼったので、今回は前回やり残したことを、全面展開させてもらいました。ところが驚いたことに、ドラッカーの視座は結局、本書のあらゆるところにリンクし、通底してくるのです。彼の知識社会論と社会生態学という2つの立場は、「社会の主観と社会の時間」という本書の2つの軸とも重なります。エリアス、ウォーラースティン、ブルデュー。身体知や生きられた時間が創発性をもち、複雑性の思考につながってくる。ラトゥールを半年かけて読み込み、アーリとつなげて理解したときに、結局ドラッカーと近い視座に達したという直観は、やはり間違いではありませんでした。本書はあらためて『ドラッカー×社会学』を地で行き、自分なりに本格展開することとなりました。

本書を、今年5月に他界された大学院時代の指導教授・佐藤慶幸先生に捧げます。つい先日、先生の同期の方も来られる同窓会の場で佐藤先生を偲ぶ時間をもち、私が先生のご研究についてお話しさせていただきました。先生の15冊にも及ぶご著書を、年表をたどりながら1冊ずつご紹介し、僭越ながら、院ゼミのほぼ末っ子に当たる私と先生の関係史も含めてお伝えしました。

準備をする中で気づいたのですが、99年刊行の『現代社会学講義』(有斐閣)の9章「ボランタリズムとボランタリー・アソシエーション」で、佐藤先生はドラッカー『ポスト資本主義社会』『非営利組織の経営』を引用しながら論を展開されています。コラム(囲み記事)でもドラッカーを紹介されています(162頁)。なるほど、たしかに佐藤先生の研究の方向性は、ドラッカーとも実に相性が合うのです。そういえば院生時代、先生から「公でも私でもない、これからは共の時代だ」という話をたびたび聞きましたが、そこにはドラッカーの知見も含まれていたのですね。私はすでに院生時代、佐藤先生から直接ドラッカーを習っていたことになります。21年の井坂さんとの共著が、先生のお仕事とも思わぬ接点があったことに、驚きを禁じえません。先生の最後のご著書となった『人間社会回復のために―現代市民社会論』（2008年、学文社）は、早稲田社会学ブックレットの一冊です。このシリーズで先生とご一緒できたことも、嬉しく思っています。

最後に、この出版事情の厳しい折に、本書を担当して実に丁寧な編集をしてくださり、私のわがままな要望にすべて手際よく応じてくださった公人の友社の萬代伸哉氏と、前著に続いて刊行を快く受け入れてくださった同社社長の武内英晴氏のご厚意に、心より感謝申し上げます。

この本を、昨年7月に他界した母に捧げます。

2023年10月

東京・国立にて

執筆者紹介

多田　治（ただ・おさむ）

一橋大学大学院社会学研究科教授。１９７０年大阪府生まれ。琉球大学法文学部助教授を経て現職。早稲田大学大学院文学研究科社会学専攻博士後期課程修了。博士（文学）。著書に『沖縄イメージの誕生』東洋経済新報社、『沖縄イメージを旅する』中公新書ラクレ、『社会学理論のエッセンス』学文社、『社会学理論のプラクティス』くんぷる、『いま、「水俣」を伝える意味』くんぷる（共編著）、『ドラッカー×社会学』公人の友社（共著）などがある。

旅と理論の社会学講義

2023年10月25日　第1版第1刷発行

著　者　　多田　治
発行人　　武内　英晴
発行所　　公人の友社
〒112-0002　東京都文京区小石川5-26-8
TEL 03-3811-5701　FAX 03-3811-5795
e-mail: info@koujinnotomo.com
http://koujinnotomo.com/
印刷所　　モリモト印刷株式会社

ISBN978-4-87555-900-9　C3036